中等职业教育“十四五”规划教材
职业教育课程改革规划创新教材

# 新编财务会计

卓茂荣　张惠琴　主编

U0809836

中国石化出版社
HTTP://WWW.SINOPEC-PRESS.COM
中国经济出版社
CHINA ECONOMIC PUBLISHING HOUSE
·北京·

## 内 容 提 要

本书以最新的《企业会计准则》为主线，全面阐述了财务会计的基本理论、基本方法、基本技能，主要内容包括财务会计报告的目标、会计信息质量要求、会计要素(资产、负债、所有者权益、收入、费用、利润)的确认、计量、记录以及财务会计报告的编制等。

通过对本书的学习，学生能够掌握财务会计核算的基本技能，清楚各项会计业务的核算步骤，并具有对各项具体的会计业务进行核算的实操能力，对各项会计信息进行初步分析的能力和自我成长所应有的综合职业能力。

本书适合职业院校财经类专业学生和在职财务人员参考使用。

**图书在版编目(CIP)数据**

新编财务会计 / 卓茂荣，张惠琴主编. — 北京 : 中国石化出版社，2025. 4. — ISBN 978-7-5114-7913-6

Ⅰ. F234. 4

中国国家版本馆 CIP 数据核字第 2025KT1773 号

未经本社书面授权，本书任何部分不得被复制、抄袭，或者以任何形式或任何方式传播。版权所有，侵权必究。

**中国石化出版社出版发行**

地址：北京市东城区安定门外大街 58 号
邮编：100011　电话：(010)57512500
发行部电话：(010)57512575
http://www. sinopec-press. com
E-mail：press@ sinopec. com
北京艾普海德印刷有限公司印刷
全国各地新华书店经销
*
787 毫米×1092 毫米 16 开本 21 印张 510 千字
2025 年 4 月第 1 版　2025 年 4 月第 1 次印刷
定价：65. 00 元

# 《新编财务会计》

## 编　委　会

主　编：卓茂荣　张惠琴

副主编：王　瑶　陈月桂　佘　思　郝　进

编　委：陈菊娟　康建华　陈显群　甘露林

王　姣　童慕雪　许心安　张妙容

陈思丽　李美莹　沈文丹　童春香

# 前言

《财务会计》自2022年1月首次出版以来，多次重印，受到职业院校经财商贸类专业师生的欢迎。为了感谢读者的厚爱、踏准时代节拍、确保教材能与时俱进，在出版社的大力支持下，此次对教材进行了较大幅度的修改。

《新编财务会计》相较于旧版，具有以下三大特色：

第一，踏准时代节拍。《新编财务会计》无论理论还是实践，都与时代同频共振。理论方面以新修订的《中华人民共和国企业所得税法实施条例》(2025年1月20日起施行)、第十四届全国人大常委会第十三次会议表决通过的《中华人民共和国增值税法》(2026年1月1日起施行，以下简称《增值税法》)等最新的财经法规为指导，系统介绍了企业财务会计核算与监督的基本理论和主要方法。实践方面以2024年3月财政部会计司编写组编写的《企业会计准则应用指南汇编2024》为蓝本，以当前企业实际发生的财务会计业务为载体，完整展示了企业财务会计各类业务的处理流程及操作步骤。

第二，重视课程思政。本教材每一项目均有明确的课程思政目标，将财务会计的专业理论、专业技能与社会主义核心价值观、会计职业道德等思政内容有机融为一体。此外，还在教材中解释了国家资产负债表的含义、介绍了国家建设金融强国的远大目标等最新思政内容，有意识地开阔学生的眼界，培养学生的家国情怀。

第三，突出职业特色。本教材所有业务均来源于福建省中小企业会计实践，高度仿真。本教材对财务会计的全部内容分项目进行编写，每一项目又由若干个子项目构成，每一子项目均包含了业务呈现、知识准备、业务处理三个环节，以适应“做中教与做中学”“教学做一体化”的职业教育特色。

本教材在编写过程中，引用了《中华人民共和国会计法》(以下简称《会计法》)、《增值税法》、《企业会计准则》、《小企业会计准则》、《企业会计准则应用指南汇编2024》、《中华人民共和国企业所得税法实施条例》等法律法规。

本教材的编写得到了福建省职业技术教育中心、晋江市职业技术教育中心、福建省晋江市职业中专学校、福建七匹狼股份有限公司的大力支持，在此表示深深的谢意。

为了方便师生使用本书，本书还配有习题集、PPT课件，有需要的教师请登录中国石化出版社资源信息库免费注册后下载使用。

**编者**

**2025年1月**

# 目录

# 项目一　财务会计总论

财务会计是现代企业一项重要的基础性工作，通过一系列会计程序，为财务会计报告使用者提供对决策有用的信息，并积极参与经营管理决策，提高企业经济效益，服务于市场经济的健康有序发展。

**学习目标**

**知识目标：**

了解财务会计的含义，理解财务会计的目标，掌握会计要素的特征及其分类，熟悉会计信息质量要求及财务会计工作的法律规范。

**能力目标：**

能够以法律制度为准绳，初步判断会计行为和会计工作是否违法违规；能够根据企业会计的具体情况选择合适的会计工作组织形式。

**思政目标：**

熟悉企业财务会计的法律规章，敢于同违反会计法律制度的行为作斗争；熟悉企业会计信息的质量要求，树立质量意识，增强责任感，把会计工作当成事业来追求，在会计岗位上守正创新，为民族复兴贡献会计人的一份力量。

## 子项目1　财务会计目标

**业务呈现**

小张和小李分别是某公司的管理会计和财务会计。管理会计部门只将他们编制的报表报送给单位管理层、董(监)事就好了，而财务会计报告不但要送给单位管理层、董(监)事，还要报送好些部门，小李想，他们要财务会计报告有什么用呢？

**知识准备**

### 一、财务会计的含义

财务会计是通过对企业已经完成的资金运动进行全面、系统的核算与监督，生成与企业财务状况、经营成果、现金流量有关的会计信息，提供给与企业有经济利害关系的外部使用者使用的经济管理活动。

财务会计侧重于满足企业外部有关方面的决策需要，对外提供财务报告，也称对外报告会计。

## 二、 财务会计报告的目标

《企业会计准则——基本准则》第四条对企业财务会计报告的目标有明确的规定：财务会计报告的目标是向财务会计报告使用者提供与企业财务状况、经营成果和现金流量等有关的会计信息，反映企业管理层受托责任履行情况，有助于财务会计报告使用者作出经济决策。

财务会计报告对不同的使用者有不同的功用，具体情形如表 1-1 所示。

**表 1-1 财务会计报告的不同功用**

| 财务会计报告使用者 | | | 会计信息的功能作用 |
|---|---|---|---|
| 外部使用者 | 主要使用者 | 投资人 | 从财务会计报告中了解企业的投资报酬率，作为投资决策的参考 |
| | | 债权人或银行 | 从财务会计报告中了解企业的获利能力和偿债能力，作为判断债权是否安全、是否要提前收回贷款、是否继续贷款以及是否调整贷款额度的参考 |
| | 非主要使用者 | 政府机关 | 税务机关根据会计信息核查企业是否依法纳税；政府相关部门根据会计信息判断企业是否依法经营 |
| | | 社会公众 | 通过财务会计报告，企业员工可以预测企业未来的发展空间，决定去与留；同行的其他企业可以了解彼此的竞争能力；供应商可以决定是否授信；经济分析师可以分析企业动态与发展趋势 |
| 内部使用者 | 企业内部各阶层的管理人员 | | 以会计信息作为收入预算、费用预算、经营计划、控制和绩效评估的依据，以及作为未来改进业务及经营方针的参考 |
| | 企业董事及监事 | | 以会计信息作为监督与考核的重要依据 |

知识拓展

### 管理会计

管理会计是从传统会计系统中分离出来，与财务会计并列，着重为企业进行最优决策、改善经营管理、提高经济效益服务的一个企业会计分支。

管理会计以资金的预测、规范和控制为重点，向企业内部提供经营决策管理活动所需要的管理信息，直接参与决策控制过程，也称经营型会计。

**业务处理**

小李以前学过，现在全想起来了(详见表 1-1)，比如上市公司要在指定媒体上公布财务会计报告，所有权与经营权合二为一的小企业就不必向董事、监事报送，因为小企业不存在董事和监事。

## 子项目 2　会计信息的质量要求

### 业务呈现

财务科科长对小李说：产品有质量要求，财务会计报告同样有质量要求，达不到质量要求的财务会计报告所提供的会计信息，对使用者的决策不但没有帮助，甚至会起反作用。财务科科长要求小李熟悉会计信息的质量要求，分清哪些是首要质量要求，哪些是次级质量要求。

### 知识准备

《企业会计准则——基本准则》规定的企业会计信息质量要求包含了八个方面的内容，分别是可靠性、相关性、可理解性、可比性、实质重于形式、重要性、谨慎性和及时性。

#### 一、可靠性

《企业会计准则——基本准则》第十二条规定：企业应当以实际发生的交易或者事项为依据进行会计确认、计量和报告，如实反映符合确认和计量要求的各项会计要素及其他相关信息，保证会计信息真实可靠、内容完整。

解析(关键词：可靠、实际、真实、完整、充分披露)

应当在符合重要性与成本效益原则的前提下，保证会计信息的完整性；报表及其附注内容都应当保持完整；与使用者决策相关的有用信息应当充分披露。

#### 二、相关性

《企业会计准则——基本准则》第十三条规定：企业提供的会计信息应当与财务会计报告使用者的经济决策需要相关，有助于财务会计报告使用者对企业过去、现在或未来的情况作出评价或者预测。

解析(关键词：相关、决策、反馈、预测)

会计信息是否具有价值，关键看其是否与使用者的决策需要相关。相关的会计信息能够证实或者修正过去的预测，因而具有反馈的价值，相关的会计信息还应当有助于财务报告使用者预测企业未来的财务状况、经营成果和现金流量，因而具有预测的价值。

相关性是以可靠性为基础的，相关性要求企业在确认、计量和报告会计信息过程中应当充分考虑使用者的决策模式和信息需要，尽可能做到相关性。

### 三、可理解性

《企业会计准则——基本准则》第十四条规定：企业提供的会计信息应当清晰明了，便于财务会计报告使用者理解和使用。

解析（关键词：理解、清晰明了、使用）

企业提供的会计信息只有清晰明了、容易理解，才能提高其有用性，满足使用者进行经济决策的需要，实现财务会计报告的目标。

### 四、可比性

《企业会计准则——基本准则》第十五条规定：企业提供的会计信息应当具有可比性。同一企业不同时期发生的相同或者相似的交易或者事项，应当采用一致的会计政策，不得随意变更。确需变更的，应当在附注中说明。不同企业发生的相同或者相似的交易或者事项，应当采用规定的会计政策，确保会计信息口径一致、相互可比。

解析（关键词：可比、会计政策、一致、规定、变更）

同一企业在不同时期可比，便于使用者比较不同时期的财务报告信息，全面客观地评价过去、预测未来，从而做出决策；不同企业在相同会计期间可比，方便投资人等财务会计报告使用者评价不同企业的会计信息。

会计政策不得随意变更，如果国家有规定则必须变更，国家无规定但是变更能提供更可靠、更相关的会计信息则允许变更，无论哪种变更都要在附注中说明。

### 五、实质重于形式

《企业会计准则——基本准则》第十六条规定：企业应当按照交易或者事项的经济实质进行会计确认、计量和报告，不应仅以交易或事项的法律形式为依据。

解析（关键词：经济实质、法律形式）

多数情况下，交易或事项的经济实质和法律形式是一致的，但也有不一致的时候，这时就应当以经济实质进行确认、计量和报告。如企业按合同销售商品但又签订了售后回购协议，虽然从法律形式上实现了销售收入，但商品所有权上的主要风险和报酬并没转给购货方，所以不应确认为销售收入，而应将其视同融资业务进行会计处理。

### 六、重要性

《企业会计准则——基本准则》第十七条规定：企业提供的会计信息应当反映与企业财务状况、经营成果和现金流量等有关的所有重要交易或者事项。

解析（关键词：重要、省略或错报、职业判断、性质、金额大小）

如果会计信息省略或错报会影响使用者的经济决策，该信息具有重要性。重要性的应用需要依赖职业判断。企业应当依据其所处环境和实际情况，从项目的性质(是否属于企业日常经营活动)和金额大小(通过单项金额占资产总额、负债总额、所有者权益总额、营业收入总额、营业成本总额等直接相关项目总金额的比重来判断金额大小)两方面加以分析判断。

### 七、 谨慎性

《企业会计准则——基本准则》第十八条规定：企业对交易或者事项进行会计确认、计量或者报告应当保持应有的谨慎，不应高估资产或者收益、低估负债或者费用。

解析(关键词：谨慎、高估低估、准备、可靠性和相关性)

在面临不确定性因素的情况下作出职业判断应当保持谨慎性。谨慎性要求企业不得高估资产或收益、低估负债或费用；但是如果企业故意低估资产或收益、高估负债或费用、计提各种准备(秘密准备)也是不允许的，因为这不符合会计信息的可靠性和相关性要求。企业按规定计提各类准备，采用加速折旧法提取折旧等均符合谨慎性的要求。

### 八、 及时性

《企业会计准则——基本准则》第十九条规定：企业对于已经发生的交易或者事项，应当及时进行会计确认、计量和报告，不得提前或者延后。

解析(关键词：及时、时效、提前或延后、收集、处理、传递)

会计信息的价值在于帮助使用者作出经济决策，具有时效性。即使是可靠、相关的会计信息，如果不及时提供，对使用者的效用也将大大降低，甚至不再有任何意义。及时性包括及时收集会计信息、及时处理会计信息和及时传递会计信息。我国上市公司按时披露年报、季报就是会计信息及时性的具体表现。

业务处理

小李通过学习并结合自身的工作实践认识到，虽然会计信息的质量要求有八方面的内容，但只有可靠性、相关性、可理解性和可比性属于会计信息的首要质量要求。所谓首要质量要求就是企业财务会计报告所提供的会计信息应当具备的基本质量特征，而实质重于形式、重要性、谨慎性和及时性属于会计信息的次级质量要求，是对会计信息首要质量要求的补充和完善。

## 子项目 3　会计要素与会计科目

业务呈现

财务科科长要求小李充分认识理解会计要素、会计科目的含义，能根据会计要素的特征和确认条件确认交易或事项应与哪一类或哪几类会计要素相关，并能够深刻把握各会计要素之间的内在联系。

## 知识准备

会计要素是组成会计报表的基本单位，是对财务会计对象所作的基本分类。

会计科目是根据会计确认、计量、报告的要求，对会计要素的具体内容进行分类，也是交易或者事项的标的物之特定名称。

我国《企业会计准则》规定的会计要素包括资产、负债、所有者权益、收入、费用和利润六个方面。其中资产、负债、所有者权益为资产负债表的三大会计要素；收入、费用、利润为利润表的三大会计要素。

我国《企业会计准则——应用指南》提供了会计科目设置的指引，并从会计要素出发，将会计科目分为资产类、负债类、共同类、所有者权益类、成本类、损益类六大类（图 1-1）。

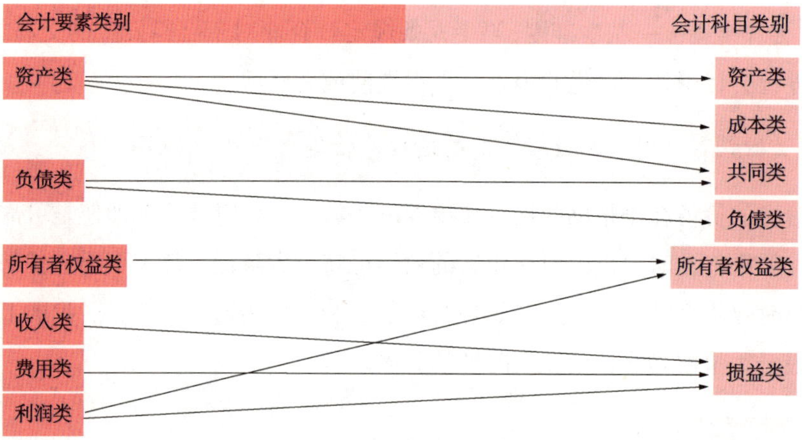


图 1-1　会计要素与会计科目的关系

### 一、资产

资产是企业过去交易或者事项形成的，由企业拥有或者控制的，预期会给企业带来经济利益的资源。

解析（关键词：资产、拥有或控制、所有权、经济利益）

（1）所谓由企业拥有或者控制是指企业享有某项资产的所有权，或者虽然不享有某项资产的所有权但企业能够控制该项资产，如企业融资租入固定资产。

（2）资产预期会给企业带来经济利益是指资产具有直接或间接导致现金和现金等价物流入企业的潜力，这是资产的重要特征。

（3）任何一项资源要确认为资产，都必须符合资产的定义，并同时满足下列两个条件。

① 与该项资源相关的经济利益很可能会流入企业；

② 该项资源的成本或价值能够可靠地计量。

在某些情况下，企业取得某项资源的实际成本很小甚至没有发生成本，但是如果其公允价值能够可靠计量的话，也被认为符合资产可计量性的确认条件。

对资产类会计要素的具体内容进行分类，形成了资产类会计科目和成本类会计科目，详见表 1-2 和表 1-3。

**表 1-2 资产类会计科目设置**

| 科目代码 | 会计科目名称 | 类别 |
|---|---|---|
| 1001 | 库存现金 | 货币资金 |
| 1002 | 银行存款 | |
| 1012 | 其他货币资金 | |
| 1101 | 交易性金融资产 | 流动资产 |
| 1121 | 应收票据 | |
| 1122 | 应收账款 | |
| 1123 | 预付账款 | |
| 1131 | 应收股利 | |
| 1132 | 应收利息 | |
| 1164 | 合同资产 | |
| 1165 | 合同资产减值准备 | 资产备抵项 |
| 1231 | 其他应收款 | 流动资产 |
| 1241 | 坏账准备 | 资产备抵项 |
| 1321 | 代理业务资产（受托代销商品） | 存货 |
| 1401 | 材料采购 | |
| 1402 | 在途物资 | |
| 1403 | 原材料 | |
| 1404 | 材料成本差异 | |
| 1405 | 库存商品 | |
| 1406 | 发出商品 | |
| 1407 | 商品进销差价 | |
| 1408 | 委托加工物资 | |
| 1411 | 周转材料 | |
| 1421 | 消耗性生物资产 | 农业专用 |
| 1471 | 存货跌价准备 | 资产备抵项 |
| 1475 | 合同履约成本 | |
| 1476 | 合同履约成本减值准备 | 资产备抵项 |
| 1477 | 合同取得成本 | 非流动资产 |

| 科目代码 | 会计科目名称 | 类别 |
|---|---|---|
| 1478 | 合同取得成本减值准备 | 资产备抵项 |
| 1481 | 持有待售资产 | 非流动资产 |
| 1482 | 持有待售资产减值准备 | 资产备抵项 |
| 1505 | 债权投资 | 非流动资产 |
| 1525 | 债权投资减值准备 | 资产备抵项 |
| 1503 | 可供出售金融资产 | 非流动资产 |
| 1511 | 长期股权投资 | |
| 1512 | 长期股权投资减值准备 | |
| 1521 | 投资性房地产 | |
| 1531 | 长期应收款 | |
| 1532 | 未实现融资收益 | |
| 1601 | 固定资产 | |
| 1602 | 累计折旧 | 资产备抵项 |
| 1603 | 固定资产减值准备 | |
| 1604 | 在建工程 | 非流动资产 |
| 1605 | 工程物资 | |
| 1606 | 固定资产清理 | |
| 1621 | 生产性生物资产 | 农业专用 |
| 1622 | 生产性生物资产累计折旧 | |
| 1631 | 油汽资产 | 石油天然气开采专用 |
| 1632 | 油汽资产累计折旧 | |
| 1701 | 无形资产 | 非流动资产 |
| 1702 | 累计摊销 | 资产备抵项 |
| 1703 | 无形资产减值准备 | |
| 1711 | 商誉 | 非流动资产 |
| 1801 | 长期待摊费用 | |
| 1811 | 递延所得税资产 | |
| 1901 | 待处理财产损溢 | |

**表 1-3　成本类会计科目设置**

| 科目代码 | 会计科目名称 | 类别 | 科目代码 | 会计科目名称 | 类别 |
|---|---|---|---|---|---|
| 5001 | 生产成本 | 成本类 | 5401 | 工程施工 | 建造承包商专用 |
| 5101 | 制造费用 | | 5402 | 工程结算 | |
| 5201 | 劳务成本 | | 5403 | 机械作业 | |
| 5301 | 研发支出 | | | | |

## 二、负债

负债是指企业在过去的交易或事项中形成的，预期会导致经济利益流出企业的现时义务。

**解析(关键词：负债、经济利益、义务)**

(1) 负债预期会导致经济利益流出企业，这是负债的本质特征。

(2) 利益流出的形式是多种多样的，可以是企业货币资金的流出，也可以是企业存货、设备或者无形资产的流出，还可以将企业的负债转为资本等。

(3) 任何一项现时义务要确认为负债，都必须符合负债定义，并同时满足下列两个条件。

① 与现时义务相关的经济利益很可能会流出企业。

如果某项现时义务导致经济利益流出企业的可能性已不存在了，就不能确认为负债，如果已经确认为负债了，也要从企业的负债中转出。

② 将来流出企业的经济利益金额能够可靠地计量。

对于与法定义务有关的经济利益流出金额，通常可以根据合同或者法律规定的金额给予确定；对于与推定义务有关的经济利益流出金额，企业应当根据履行相关义务所需要支付的最佳估计数进行估计，并综合考虑有关货币时间价值、风险等因素的影响。

对负债类会计要素的具体内容进行分类，形成了负债类会计科目，详见表 1-4。

有些会计科目兼具资产类和负债类双重性质，如果这些科目期末余额在借方则为资产类会计科目，如果这些科目期末余额在贷方则为负债类会计科目，这些科目被称为共同类会计科目，详见表 1-5。

**表 1-4　负债类会计科目设置**

<table>
<tr><th>科目代码</th><th>会计科目名称</th><th>类别</th><th>科目代码</th><th>会计科目名称</th><th>类别</th></tr>
<tr><td>2001</td><td>短期借款</td><td rowspan="5">流动负债</td><td>2245</td><td>持有待售负债</td><td rowspan="2">流动负债</td></tr>
<tr><td>2101</td><td>交易性金融负债</td><td>2314</td><td>代理业务负债</td></tr>
<tr><td>2201</td><td>应付票据</td><td>2411</td><td>预计负债</td><td rowspan="8">非流动负债</td></tr>
<tr><td>2202</td><td>应付账款</td><td>2501</td><td>递延收益</td></tr>
<tr><td>2203</td><td>预收账款</td><td>2601</td><td>长期借款</td></tr>
<tr><td></td><td>合同负债</td><td>财会〔2018〕15 号</td><td>2602</td><td>长期债券</td></tr>
<tr><td>2211</td><td>应付职工薪酬</td><td rowspan="4">流动负债</td><td>2801</td><td>长期应付款</td></tr>
<tr><td>2221</td><td>应交税费</td><td>2802</td><td>未确认融资费用</td></tr>
<tr><td>2232</td><td>应付利息</td><td>2811</td><td>专项应付款</td></tr>
<tr><td>2241</td><td>其他应付款</td><td>2901</td><td>递延所得税负债</td></tr>
</table>

**表 1-5　共同类会计科目设置**

| 科目代码 | 会计科目名称 | 类别(或说明) |
|---|---|---|
| 3101 | 衍生工具 | 期末借方余额，反映衍生工具形成资产的公允价值；期末贷方余额，反映衍生工具形成负债的公允价值 |
| 3201 | 套期工具 | 期末借方余额，反映套期工具形成资产的公允价值；期末贷方余额，反映套期工具形成负债的公允价值 |
| 3202 | 被套期项目 | 期末借方余额，反映被套期项目形成资产的公允价值；期末贷方余额，反映被套期项目形成负债的公允价值 |

## 三、 所有者权益

所有者权益是企业全部资产扣除全部负债后由所有者享有的剩余权益。公司的所有者权益又称为股东权益。

解析(关键词：投资者投入资本、其他综合收益、留存收益)

(1) 所有者权益包括投资者投入企业的资本(含实收资本和资本公积)、其他综合收益、留存收益(含盈余公积和未分配利润)等。

(2) 所有者权益的确认与计量主要取决于资产、负债、收入、费用等其他会计要素的确认和计量。所有者权益是企业的剩余权益，与其他会计要素紧密联系。比如，企业接受投资者投入资产，如果该项资产符合企业资产的确认条件，相应的所有者权益也就符合了确认条件；当该项资产价值可以可靠计量时，所有者权益的金额也就确定了。

(3) 负债和所有者权益同为企业权益，但两者在性质上又有本质的区别，负债是企业债权人对企业资产的索取权；所有者权益是企业所有者对企业净资产的索取权。

对所有者权益类会计要素的具体内容进行分类，形成了所有者权益类会计科目，详见表 1-6。

**表 1-6　所有者权益类会计科目设置**

| 科目代码 | 会计科目名称 | 类别(或说明) | 科目代码 | 会计科目名称 | 类别(或说明) |
|---|---|---|---|---|---|
| 4001 | 实收资本 | 资本 | 4103 | 本年利润 | 累计盈余 |
| 4002 | 资本公积 | | 4104 | 利润分配 | |
| 4003 | 其他综合收益 | 未在当期损益中确认的利得和损失 | 4201 | 库存股 | |
| 4101 | 盈余公积 | 资本 | 4301 | 专项储备 | 风险准备金性质 |

## 四、 收入

收入指企业在日常活动中形成的、会导致所有者权益增加的、与所有者投入资本无关的经济利益的总流入。

**解析(关键词：收入、日常活动、所有者权益、投入资本、经济利益)**

(1) 日常活动就是企业为了完成其经营目标，在工商部门核定的经营范围内所从事的经营性活动。如工业企业制造并销售产品、保险公司签发保单、软件企业为客户开发软件。明确界定日常活动是为了与利得区分开来，企业非日常经营活动所形成的经济利益的流入应当确定为利得，而不能作为企业的收入。

(2) 不会导致所有者权益增加的经济利益流入不能确认为收入。比如向银行借款，虽然也有经济利益流入企业，但并没有增加所有者权益，所以不能确认为收入。收入还是与投资者投入资本无关的经济利益的总流入。

(3) 收入的确认(详见项目十二中的子项目 1)。

对收入类会计要素的具体内容进行分类，形成了损益类会计科目中的收入类会计科目，详见表 1-7。

**表 1-7　损益类会计科目设置**

| 科目代码 | 会计科目名称 | 类别(或说明) | 科目代码 | 会计科目名称 | 类别(或说明) |
|---|---|---|---|---|---|
| 6001 | 主营业务收入 | 收入要素 | 6405 | 税金及附加 | 费用要素 |
| 6051 | 其他业务收入 | | 6601 | 销售费用 | |
| 6101 | 公允价值变动损益 | | 6602 | 管理费用 | |
| 6111 | 投资收益 | 利润要素 | 6603 | 财务费用 | |
| 6115 | 资产处置损益 | 双重性质 | 6701 | 资产减值损失 | |
| 6117 | 其他收益 | 收入要素 | 6702 | 信用减值损失 | |
| 6301 | 营业外收入 | 利润要素 | 6711 | 营业外支出 | 利润要素 |
| 6401 | 主营业务成本 | 费用要素 | 6801 | 所得税费用 | 费用要素 |
| 6402 | 其他业务成本 | | 6901 | 以前年度损益调整 | 过渡性科目 |

## 五、费用

费用是指企业在日常活动中形成的、会导致所有者权益减少的、与向所有者分配利润无关的经济利益的总流出。

解析(关键词：费用、日常活动、所有者权益、经济利益)

(1) 费用必须是企业在其日常活动中形成的，这样界定是为了与损失区分开来，企业非日常活动形成的经济利益流出企业不能确认为企业的费用，而应确认为企业的损失。

(2) 费用的增加会导致所有者权益减少，但与所有者减资退股或者向所有者分配利润无关。

(3) 费用的确认条件：

① 与费用相关的经济利益已经流出或者很可能流出企业；

② 与费用相关的经济利益流出企业的结果会导致资产减少或负债增加；

③ 与费用相关的经济利益流出金额能够可靠地计量。

对费用类会计要素的具体内容进行分类，形成了损益类会计科目中的费用类会计科目，详见表 1-7。

## 六、利润

利润是企业一定会计期间的经营成果，利润包括收入减去费用后的净额、直接计入当期利润的利得和损失等。

解析(关键词：利润、日常活动、经营成果、利得与损失)

(1) 收入减去费用后的净额是反映企业日常经营活动的经营成果，一般情况下，应当是企业利润的主要构成。

(2) 直接计入当期利润的利得和损失是企业非日常经营活动的业绩。企业应当严格区分收入与利得、费用与损失，才能更加全面地反映企业的经营成果。

(3) 利润的确认条件：

① 利润的确认依赖于收入和费用、利得与损失的确认。

② 利润金额的计量也依赖于收入和费用、利得与损失的金额的计量。

对利润类会计要素的具体内容进行分类，部分内容形成了所有者权益类会计科目，详见表 1-6；部分内容形成了损益类会计科目，详见表 1-7。

企业应结合自身特点，设置符合会计准则规定和企业需要的会计科目。比如企业可根据本单位情况自行增设、分拆、合并会计科目，对不存在的交易或者事项，不设会计科目。

知识拓展

## 小企业及其会计科目

成为小企业必须同时满足下列三个条件：①不承担社会公众责任，即非上市公司及非金融企业；②规模较小(标准另定)；③不属于企业集团内的母公司及子公司。

小企业一级会计科目共有67个，比企业少设了60多个，但已设小企业一级会计科目，其名称与企业会计科目完全一致。

小企业会计科目(总账科目)如表1-8所示。

**表1-8　小企业会计科目**

| 编号 | 会计科目名称 | 编号 | 会计科目名称 | 编　号 | 会计科目名称 |
|---|---|---|---|---|---|
| 一、资产类 | | 1602 | 累计折旧 | 3001 | 实收资本 |
| 1001 | 库存现金 | 1604 | 在建工程 | 3002 | 资本公积 |
| 1002 | 银行存款 | 1605 | 工程物资 | 3101 | 盈余公积 |
| 1004 | 备用金 | 1606 | 固定资产清理 | 3103 | 本年利润 |
| 1012 | 其他货币资金 | 1621 | 生产性生物资产 | 3104 | 利润分配 |
| 1101 | 短期投资 | 1622 | 生产性生物资产累计折旧 | 四、成本类 | |
| 1121 | 应收票据 | 1701 | 无形资产 | 4001 | 生产成本 |
| 1122 | 应收账款 | 1702 | 累计摊销 | 4101 | 制造费用 |
| 1123 | 预付账款 | 1801 | 长期待摊费用 | 4301 | 研发支出 |
| 1131 | 应收股利 | 1901 | 待处理财产损溢 | 4401 | 工程施工 |
| 1132 | 应收利息 | 二、负债类 | | 4403 | 机械作业 |
| 1221 | 其他应收款 | 2001 | 短期借款 | 五、损益类 | |
| 1401 | 材料采购 | 2201 | 应付票据 | 5001 | 主营业务收入 |
| 1402 | 在途物资 | 2202 | 应付账款 | 5051 | 其他业务收入 |
| 1403 | 原材料 | 2203 | 预收账款 | 5111 | 投资收益 |
| 1404 | 材料成本差异 | 2211 | 应付职工薪酬 | 5301 | 营业外收入 |
| 1405 | 库存商品 | 2221 | 应交税费 | 5401 | 主营业务成本 |
| 1407 | 商品进销差价 | 2231 | 应付利息 | 5402 | 其他业务成本 |
| 1408 | 委托加工物资 | 2232 | 应付利润 | 5403 | 税金及附加 |
| 1411 | 周转材料 | 2241 | 其他应付款 | 5601 | 销售费用 |
| 1421 | 消耗性生物资产 | 2401 | 递延收益 | 5602 | 管理费用 |
| 1501 | 长期债券投资 | 2501 | 长期借款 | 5603 | 财务费用 |
| 1511 | 长期股权投资 | 2701 | 长期应付款 | 5711 | 营业外支出 |
| 1601 | 固定资产 | 三、所有者权益类 | | 5801 | 所得税费用 |

**业务处理**

小李在校期间学过会计要素和科目，此次结合企业的业务再学习，感受更深了，特别是对要素特征及确认条件的体会。至于要素间的内在联系，小李认为可从以下三个方面进行描述。

（1）资产负债表的三大会计要素也是反映企业财务状况的会计要素，三者的关系可以通过会计等式“资产=负债+所有者权益”来体现。这一会计等式从静态角度反映企业在某一特定日期的财务状况，它是复式记账、试算平衡和编制资产负债表的理论依据，也是会计核算方法体系的理论基础。

（2）利润表三大会计要素的关系可以通过会计等式“收入-费用=利润”来体现。这一会计等式从动态角度反映企业在某一会计期间取得的经营成果。

（3）由于所有者权益包括了从经营利润中提取的公积金和未分配的利润，因此“资产=负债+所有者权益”实际上包含了“收入-费用=利润”的内容。

# 子项目4　会计工作规范和会计工作组织

**业务呈现1**

财务科科长希望小李能够充分了解在会计工作中违法违规的会计行为或会计现象主要有哪些，以及单位负责人和会计人员对这些违法违规的会计行为应分别承担哪些法律责任，从而对法律法规形成敬畏之心，坚持依法做账。

**知识准备**

企业会计机构和会计人员如何处理各种经济关系，不仅会对本企业的财务收支、利益分配产生影响，还会对国家、其他经济组织及企业员工产生影响。因此会计处理各种经济业务事项必须符合具有约束力的规范。

我国会计行为规范主要有会计法律、会计行政法规、会计部门规章、地方性会计法规等。

## 一、会计法律

会计法律是全国人民代表大会及其常务委员会经过一定立法程序制定的有关会计工作的法律，包括《会计法》和《中华人民共和国注册会计师法》（以下简称《注册会计师法》）。

1985年1月，第六届全国人大常委会第九次会议通过了《会计法》，自1985年5月

1 日起施行。从 1993 年至今，《会计法》经历了三次修正，2024 年 6 月 28 日，第十四届全国人大常委会第十次会议对《会计法》进行第三次修正，并于 2024 年 7 月 1 日起施行。

《会计法》是会计法律制度中层次最高的法律规范，是制定其他会计法规的依据，也是指导会计工作的最高准则。

1993 年 10 月 31 日，第八届全国人大常委会第四次会议通过了《注册会计师法》，2014 年 8 月 31 日，第十二届全国人大常委会第十次会议公布了《注册会计师法》通过修订的决定。《注册会计师法》是规范注册会计师及其行业行为的最高准则。

### 二、 会计行政法规

会计行政法规是由国务院制定并发布，或者由国务院有关部门拟订并经国务院批准后发布，调整经济生活中某些方面会计关系的法律规范，主要有《总会计师条例》和《企业财务会计报告条例》。

《总会计师条例》主要规定了总会计师的职责、权限、任免、奖惩等。

《企业财务会计报告条例》规定了企业财务会计报告的构成、编制和对外提供的要求、法律责任等。它是对《会计法》中有关财务会计报告规定的细化。

### 三、 会计部门规章

会计部门规章是指财政部及其他相关部委根据法律和国务院行政法规、决定、命令，在本部门权限范围内制定的、调整会计工作中某些方面内容的、国家统一的会计准则制度和规范性文件。包括国家统一的会计核算制度、会计监督制度、会计机构和会计人员管理制度以及会计工作管理制度。

会计部门规章主要有《会计基础工作规范》《企业会计准则》《小企业会计准则》《会计档案管理办法》《财政部门实施会计监督办法》等。

### 四、 地方性会计法规

地方性会计法规是指省、自治区、直辖市、计划单列市、经济特区的人民代表大会及其常务委员会在与宪法、法律和行政法规不相抵触的前提下，根据本地区的情况制定、发布的会计规范性文件。

知识拓展

#### 国际或外国财经法规

中资企业在构建人类命运共同体的进程中是先锋，更是桥梁，越来越多的中资企业走出国门，在国外，特别是共建“一带一路”国家设立分公司或分支机构。这些分公司或分支机构在向当地税务机关及政府有关部门提供财务会计报告时，就必须遵守当地的会计准则与财经法规；一些在海外上市的国内公司也必须按照海外上市地的会计准则与财经法规，提供满足上市地要求的财务会计报告。

**业务处理1**

小李在校期间学过会计法律、行政法规和企业会计制度等内容，对有关法律条文还有印象，单位负责人和会计人员对各自违法违规行为应承担的法律责任如下。

单位负责人：

对本单位会计工作和会计资料的真实性、完整性负责；任用会计人员应符合《会计法》的有关规定；不得授意、指使、强令会计机构和会计人员违法办理会计事项，伪造、变造会计资料，提供虚假财务会计报告。

单位负责人如有违反应按情节轻重给予罚款和行政处分。构成犯罪的，依法追究刑事责任。

单位负责人不得打击报复依法履职、抵制违反会计法律制度规定行为的会计人员

会计人员：

如有不依法设置账簿，未按规定取得、填制原始凭证，以及将未经审核通过的会计凭证登记会计账簿，随意更改会计处理方法，不能如实提供会计资料或所提供的财务会计报告编制依据不统一，损毁、灭失会计资料，未按规定建立并实施单位内部会计监督制度等行为，应按情节轻重给予罚款和行政处分。构成犯罪的，依法追究刑事责任。

**业务呈现2**

财务科科长请小李思考，应当如何组织本企业的会计工作。

**知识准备**

企业必须根据国家法律法规的有关规定，结合本企业的具体情况设置会计机构，配备德才兼备的会计工作人员，在不与会计法律法规及国家统一的会计制度相抵触的情况下，制定本企业的各项财务会计制度，开展会计工作。

### 一、 会计机构和会计人员

大中型企业或业务繁多的企业应单独设置会计机构，配备会计机构负责人和会计人员。其中：国有大中型企业和国有资产控股的大中型企业必须设置总会计师。

会计业务比较简单的小型、微型企业，在相关机构中设置会计人员并指定会计主管人员。会计主管人员相当于会计机构负责人。

不具备设置会计机构和会计人员条件的小型、微型企业，可以选择具备代理条件的

记账机构代理记账。

## 二、 会计工作组织形式

1. 集中核算

集中核算是指会计核算工作由企业的会计部门集中统一进行，企业内各门店、各柜组、各职能部门在经济业务发生或者完成时不对其进行会计核算，但必须进行原始记录，做好原始凭证的取得、填制和初步审核工作。

集中核算减少了核算的中间环节，有利于企业会计部门及时全面掌握会计核算的各种情况，提高了工作效率。在实行会计电算化的企业里，一般采用集中核算。

2. 分散核算

分散核算也叫非集中核算，是指企业内各门店、各柜组、各职能部门对自身发生的各项经济业务进行比较全面的会计核算，在每个会计期末，企业会计部门综合各门店、各柜组、各职能部门的会计核算资料后，编制并定期报送企业各种会计报表。

分散核算有利于提高企业内各门店、各柜组、各职能部门的成本意识、财务管理意识，各门店、各柜组、各职能部门可以及时利用会计核算提供的信息加强内部管理。

**业务处理2**

小李认为：企业如何设置会计机构、配备会计人员，采取哪种会计工作组织形式，不是由会计部门单独决定的，还应与企业管理层及有关部门相协调。

财务科科长对小李的回答比较满意。财务科科长认为会计工作组织既要依法进行，也要符合企业的实际，还必须有利于企业明确经济责任、优化内部管理。

# 项目二　货币资金

货币资金是企业生产经营过程中停留在货币形态的资金，具有极强的流动性和收付的经常性。货币资金按其存放地点可分为库存现金、银行存款、其他货币资金；按币种可分为记账本位币和外币(指记账本位币以外的货币)。

**学习目标**

**知识目标：**

了解货币资金、库存现金、银行存款、其他货币资金的含义，掌握库存现金、银行存款以及其他货币资金的核算方法、清查方法。

**能力目标：**

能及时、准确完成现金、银行存款、其他货币资金等各项货币资金业务的会计处理；能够对各项货币资金进行定期、不定期清查并及时依据有关规定处理清查结果。

**思政目标：**

熟悉领会货币资金管理的各项法规条文，在对货币资金进行核算与监督的过程中能够坚持准则、廉洁自律，确保企业货币资金的安全。

## 子项目1　库存现金

**业务呈现1**

福建苏喜服饰有限公司员工陈青报销(职业病防治)医药费的单据如图2-1所示。

**知识准备**

库存现金是由企业财会部门掌握、用以支付日常零星开支的库存资金，包括库存的人民币和外币。企业必须按照《现金管理暂行条例》的规定，加强对现金的管理。

### 一、库存现金管理规定

1. 现金使用范围

开户单位可以在下列范围内使用现金：

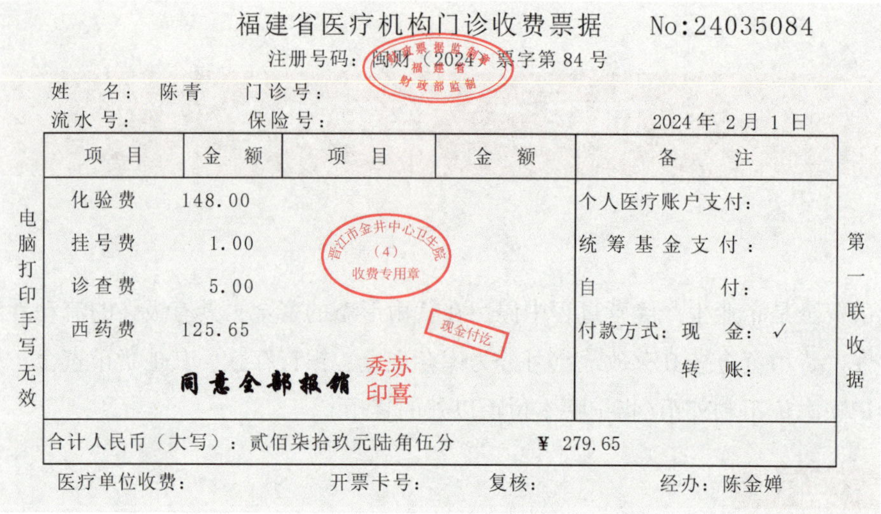

福建省医疗机构门诊收费票据　　No:24035084

注册号码：闽财（2024）票字第 84 号

姓　名：陈青　　门诊号：

流水号：　　保险号：　　2024 年 2 月 1 日

| 项　目 | 金　额 | 项　目 | 金　额 | 备　注 |
|---|---|---|---|---|
| 化验费 | 148.00 | | | 个人医疗账户支付： |
| 挂号费 | 1.00 | | | 统筹基金支付： |
| 诊查费 | 5.00 | | | 自　付： |
| 西药费 | 125.65 | | | 付款方式：现　金：✓ |
| | | | | 转　账： |
| 合计人民币（大写）：贰佰柒拾玖元陆角伍分 | ¥ 279.65 | | | |

医疗单位收费：　　开票卡号：　　复核：　　经办：陈金婵

电脑打印手写无效

第一联收据

同意全部报销　秀苏印喜

晋江市金井中心卫生院（4）收费专用章

现金付讫

图 2-1　医药费单据

（1）职工工资、各种工资性津贴；

（2）个人劳动报酬；

（3）根据国家规定发放给个人的科学技术、文化艺术、体育等各种奖金；

（4）各种劳保、福利费用以及国家规定的对个人的其他支出；

（5）向个人收购农副产品及其他物资的价款；

（6）出差人员必须随身携带的差旅费；

（7）转账结算起点(1 000 元)以下的零星支出；

（8）中国人民银行确定需要支付现金的其他支出。

除第(5)、第(6)项外，开户单位支付给个人的款项，超过使用现金限额的部分应当以支票或银行本票支付；确需要全额支付现金的，经开户银行审核后，予以支付现金。

机关、团体、部队、全民所有制和集体所有制企业事业单位购置国家规定的专项控制商品，必须采取转账结算方式，不得使用现金。

2. 库存现金限额

开户银行应当根据实际需要，核定开户单位 3～5 天的日常零星开支所需的库存现金限额，边远地区和交通不便地区开户单位的库存现金限额天数可适当放宽，但不得超过 15 天的日常零星开支。

3. 不得坐支现金

所谓坐支现金，是指开户单位从现金收入中直接支付现金的行为。

开户单位支付现金，可以从开户银行提取，也可以从库存现金限额中支付，不得坐支。因特殊情况需要坐支的，应事先报经开户银行审查批准，由开户银行核定坐支范围和限额。坐支单位应定期向开户银行报送坐支金额和使用情况。

4. 其他规定

在现金管理中，还包括一些其他规定：

（1）从开户银行提取现金，应当写明用途，由本单位财会部门负责人签字盖章，经开户银行审核后，予以支付现金，不得谎报用途套取现金；

（2）不得用转账凭证套换现金；

（3）不得使用不符合会计制度的凭证等顶替库存现金，即“白条顶库”；

（4）不得相互借用现金；

（5）不得将单位的现金收入按个人储蓄方式存入银行，即“公款私存”；

（6）不得保留账外公款；

（7）转账结算凭证具有与现金相同的支付能力，开户单位不得对现金结算给予比转账结算优惠待遇，不得拒收支票、银行汇票和银行本票。

## 二、 库存现金日常收付的管理

现金日常收付应按一定的程序及有关规定进行处理，其主要环节有：

（1）依法取得或填制原始凭证。

（2）审核现金收付款凭证，如图 2-2 所示。

图 2-2 现金收付款凭证

（3）当面清点所收现金或所付现金的数额。当日收到的现金应于当日送存开户银行，当日送存有困难的，由开户银行确定送存时间。

（4）现金收付款凭证上除分别加盖“现金收讫”“现金付讫”的章外，都要加盖“出纳”的章。

（5）根据有关凭证登记“库存现金日记账”，做到日清月结，账款相符。

## 三、 库存现金的会计核算

1. 库存现金的总分类核算

（1）设“库存现金”总账，核算企业库存现金的收入、付出和结存情况。

（2）收到现金借记本科目，贷记相关科目；付出现金借记相关科目，贷记本科目。

2. 库存现金的明细分类核算

企业应设“库存现金日记账”进行序时核算。其格式如图 2-3 所示。

**库存现金日记账**

| 24年 | | 凭证 | 票据 | 摘要 | 借方金额 | | | | | | | | | 核 | 贷方金额 | | | | | | | | | 核 | 余额 | | | | | | | | 核 |
|---|---|---|---|---|---|---|---|---|---|---|---|---|---|---|---|---|---|---|---|---|---|---|---|---|---|---|---|---|---|---|---|---|---|
| 月 | 日 | 号数 | 号数 | | 百 | 十 | 万 | 千 | 百 | 十 | 元 | 角 | 分 | 对 | 百 | 十 | 万 | 千 | 百 | 十 | 元 | 角 | 分 | 对 | 十 | 万 | 千 | 百 | 十 | 元 | 角 | 分 | 对 |
| 1 | 31 | | | 本月合计 | | | 5 | 1 | 0 | 8 | 8 | 0 | 0 | | | | 5 | 1 | 0 | 3 | 7 | 0 | 0 | | | | | 2 | 0 | 9 | 0 | 0 | ✓ |
| 2 | 1 | 银付 001 | 现金支票 100348 | 向银行提现 | | | | 1 | 0 | 0 | 0 | 0 | 0 | ✓ | | | | | | | | | | | | | 1 | 2 | 0 | 9 | 0 | 0 | ✓ |
| | | | | | | | | | | | | | | | | | | | | | | | | | | | | | | | | | |

**图 2-3　库存现金日记账**

（1）按照库存现金收付业务发生的先后顺序逐笔登记“库存现金日记账”；

（2）每日终了，应计算当日库存现金收入合计数、支出合计数和结存数；

（3）将结存数与实际库存数相核对，做到账款相符；

（4）有外币现金业务的企业，应分别用人民币和各种外币设“库存现金日记账”。

**知识拓展**

## 数字人民币

数字人民币（字母缩写暂定为 e-CNY）是由中国人民银行发行的数字形式的法定货币，由指定运营机构参与运营并向公众兑换，以广义账户体系为基础，支持银行账户松耦合功能，与纸钞、硬币等价，具有价值特征和法偿性，支持可控匿名。

截至 2024 年 6 月末，数字人民币累计交易金额已经超过 7 万亿元，数字人民币试点范围已拓展至 17 个省（市）的 26 个地区，在批发零售、餐饮文旅、教育医疗、城市治理等领域广泛推广运用，并推出基于数字人民币智能合约的预付资金管理、供应链金融、信贷服务、小微企业服务等产品。

**业务处理1**

（1）按现金管理规定及相关程序审核其真实性、合法性、准确性、完整性。

（2）根据审核无误的单据编制记账凭证（以会计分录代替）。

借：应付职工薪酬—福利费　　　　279. 65

　　贷：库存现金　　　　279. 65

（3）根据审核无误的记账凭证或单据，登记“库存现金日记账”（图 2-4 和图 2-5）。

（4）会计登记“应付职工薪酬”明细账、总账，不在此处示范。

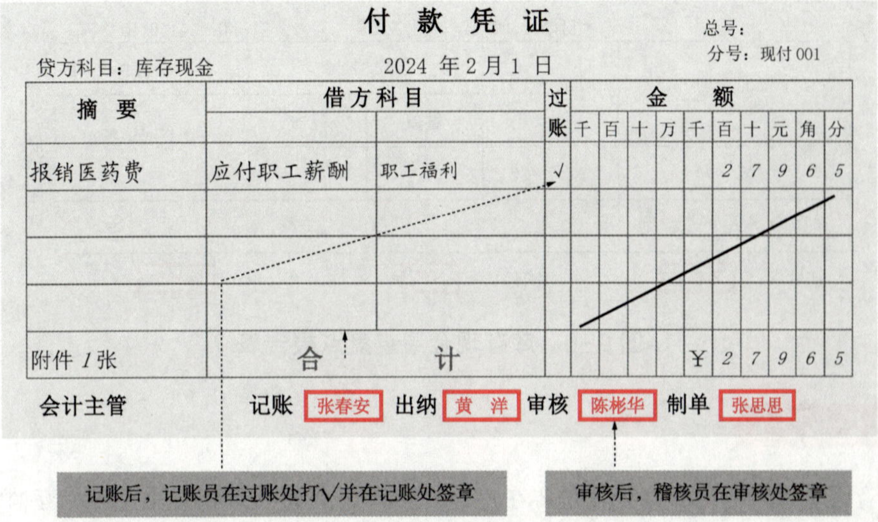

付款凭证

贷方科目：库存现金　　2024 年 2 月 1 日　　总号：　分号：现付 001

| 摘要 | 借方科目 | | 过账 | 金额 |
| --- | --- | --- | --- | --- |
| 报销医药费 | 应付职工薪酬 | 职工福利 | √ | 27965 |
| | | | | |
| | | | | |
| | | | | |
| 附件 1 张 | 合计 | | | ¥27965 |

会计主管　记账 张春安　出纳 黄洋　审核 陈彬华　制单 张思思



图 2-4　付款凭证

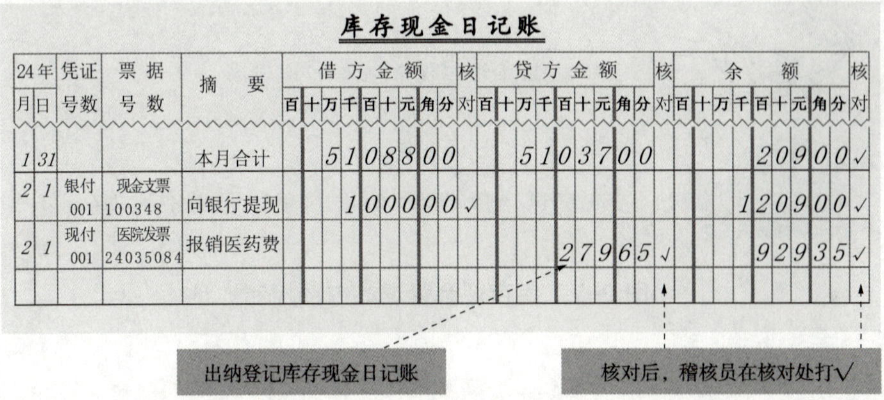

库存现金日记账

| 24年 月 | 日 | 凭证号数 | 票据号数 | 摘要 | 借方金额 | 核对 | 贷方金额 | 核对 | 余额 | 核对 |
| --- | --- | --- | --- | --- | --- | --- | --- | --- | --- | --- |
| 1 | 31 | | | 本月合计 | 5108800 | | 5103700 | | 20900 | √ |
| 2 | 1 | 银付 001 | 现金支票 100348 | 向银行提现 | 1000000 | √ | | | 120900 | √ |
| 2 | 1 | 现付 001 | 医院发票 24035084 | 报销医药费 | | | 27965 | √ | 92935 | √ |
| | | | | | | | | | | |



图 2-5　库存现金日记账

## 初试身手

假设该公司 2024 年 2 月 1 日只发生两笔与库存现金相关的业务，请在“库存现金日记账”上结出当日收入合计数、当日支出合计数、当日结存数。

**业务呈现2**

库存现金清查盘点报告表如图 2-6 所示。

库存现金清查盘点报告表

日期：2024 年 2 月 2 日　　　　NO：24140110

| 账面余额 | 实存金额 | 清查结果 | | 备注 |
|---|---|---|---|---|
| | | 盘盈 | 盘亏 | 原因待查 |
| 920. 00 | 849. 09 | | 70. 91 | |
| 单位负责人处理意见 | | | | |

盘点人：陈彬华　　出纳员：黄洋　　制单：陈彬华

第二联记账联

图 2-6　库存现金清查盘点报告表

## 知识准备

库存现金管理的内部控制就是要在出纳和会计之间建立起相互牵制、相互监督的机制，避免由出纳或会计单独处理一项经济业务的全过程，从而有效加强对现金收、付、存的管理。钱账分管、现金清查都是库存现金日常管理中常用的内部控制制度(图 2-7)。

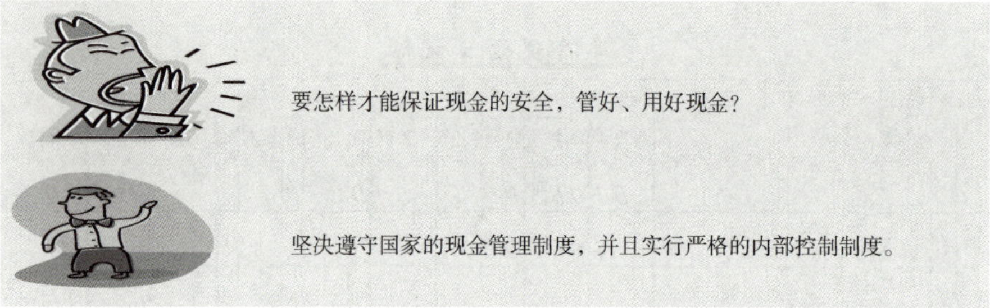


图 2-7　库存现金管理的内部控制

### 一、 钱账分管制度

所谓“钱账分管”就是非出纳人员不得经管库存现金的收、付业务和保管业务；出纳人员不得经管稽核、会计档案及收入费用、债权债务账目的登记(图 2-8)。

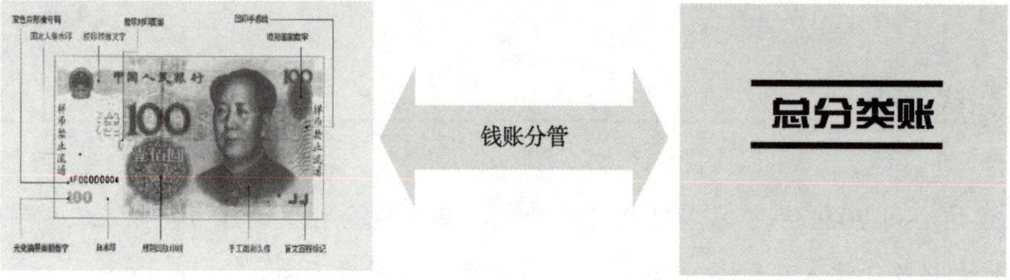


图 2-8　钱账分管

### 二、 库存现金的清查

为了及时发现或防止库存现金的收付差错以及贪污、盗窃等行为，企业必须定期或不定期对库存现金进行清查盘点。

1. 现金清查方法

实地盘点(图 2-9)，将盘点后实际库存现金的数额与(盘点时)库存现金日记账的账面余额核对。

图 2-9　清点现金

2. 现金清查结果的核算

企业应当设置“待处理财产损溢—待处理流动资产损溢”账户进行现金清查的会计核算，有关账务处理如表 2-1 所示。

**表 2-1　现金清查结果的账务处理**

| | |
|---|---|
| 盘盈(现金长款)：实际库存现金的金额>账面结存现金的金额 | |
| 批准前 | 借：库存现金<br>　贷：待处理财产损溢—待处理流动资产损溢 |
| 批准后 | 借：待处理财产损溢—待处理流动资产损溢<br>　贷：营业外收入(原因不明的)<br>　　其他应付款(查明原因的) |
| 盘亏(现金短款)：实际库存现金的金额<账面结存现金的金额 | |
| 批准前 | 借：待处理财产损溢—待处理流动资产损溢<br>　贷：库存现金 |
| 批准后 | 借：其他应收款(责任人赔偿)<br>　管理费用(日常收付中因找零等发生的正常短少)<br>　营业外支出(非常损失，如火灾等则扣除责任赔偿后的净额)<br>　贷：待处理财产损溢—待处理流动资产损溢 |

## 知识拓展　小企业现金盘盈的会计处理

现金盘盈，小企业会计处理与企业会计处理完全相同；现金盘亏，无论是日常收付中的正常短少还是原因不明的损失，小企业均将其计入“营业外支出”账户。

小企业内部有周转使用备用金的，可单独设置“1004 备用金”科目。

**业务处理2**

(1) 按规定的程序审核原始凭证。(略)

(2) 根据审核无误的单据编制记账凭证(用会计分录表示)。

| | |
|---|---|
| 借：待处理财产损溢—待处理流动资产损溢 | 70.91 |
| 　　贷：库存现金 | 70.91 |

（3）根据审核无误的记账凭证或原始凭证，登记“库存现金日记账”“待处理财产损溢”明细账，并根据会计核算程序的要求登记有关总账。（略）

### 初试身手

假设【业务呈现 2】盘亏现金，系日常收付中因找零而产生的正常短少，请分别按《企业会计准则》和《小企业会计准则》的规定进行批准后的账务处理。

## 子项目 2　银行存款

银行存款就是企业存放在开户银行或其他金融机构里的各种货币性资产。企业通过银行办理收付款结算业务时，必须遵守银行信贷制度和现金管理制度。

### 业务呈现1

企业通过银行办理收付款结算业务，有关单据如图 2-10、图 2-11 所示。

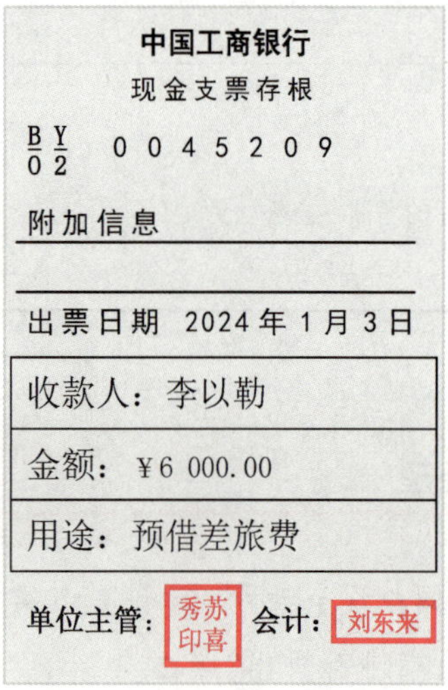

中国工商银行
现金支票存根
BY/02　0045209
附加信息
出票日期　2024年1月3日

| | |
|---|---|
| 收款人：李以勒 | |
| 金额：¥6 000.00 | |
| 用途：预借差旅费 | |

单位主管：秀苏印喜　会计：刘东来

图 2-10　转账支票

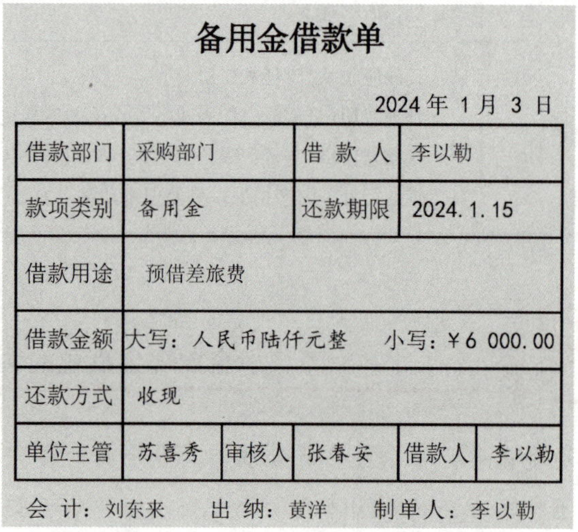

备用金借款单

2024年1月3日

| | | | | | |
|---|---|---|---|---|---|
| 借款部门 | 采购部门 | | 借 款 人 | 李以勒 | |
| 款项类别 | 备用金 | | 还款期限 | 2024.1.15 | |
| 借款用途 | 预借差旅费 | | | | |
| 借款金额 | 大写：人民币陆仟元整　小写：¥6 000.00 | | | | |
| 还款方式 | 收现 | | | | |
| 单位主管 | 苏喜秀 | 审核人 | 张春安 | 借款人 | 李以勒 |

会 计：刘东来　　出 纳：黄洋　　制单人：李以勒

图 2-11　企业备用金借款单

### 知识准备

### 一、银行存款管理的一般规定

（1）一个单位只能开立一个基本存款账户，用于日常现金存取和银行结算。

(2) 银行账户必须有足够存款，保证转账结算的支付，不得签发空头支票。

(3) 企业收付款结算凭证应如实填明款项的来源或用途，以方便银行监督。

(4) 企业必须实行钱账分管、证(指结算凭证)印(指印章)分管制度。

(5) 企业账户不得代其他单位或个人存取现金，不得外借或出租银行账户。

## 二、 银行转账结算方式

企业在生产经营过程中发生的货币收支，除法律规定可以使用现金直接支付外，都必须通过银行结算。中国人民银行规定了企业可以采用的银行结算方式有支票、银行本票、银行汇票、商业汇票、汇兑、委托收款、托收承付、信用卡等。

### (一) 支票

支票是由出票人签发的，委托办理支票存款业务的银行在见票时无条件支付确定金额给收款人或者持票人的票据。支票使用范围广泛，单位和个人在同一票据交换区域的各种款项结算均可使用。

#### 1. 支票的种类

支票按付款方式可以分为现金支票、转账支票、普通支票。

(1) 现金支票：只能提取现金，不得转账。

(2) 转账支票：只能转账，不得提取现金。

(3) 普通支票：既可用于转账，也可用于提取现金。

(4) 划线支票：普通支票左上角划两条平行线为划线支票，划线支票不得提现。

#### 2. 支票的填写

(1) 绝对记载事项，如图 2-12 所示。

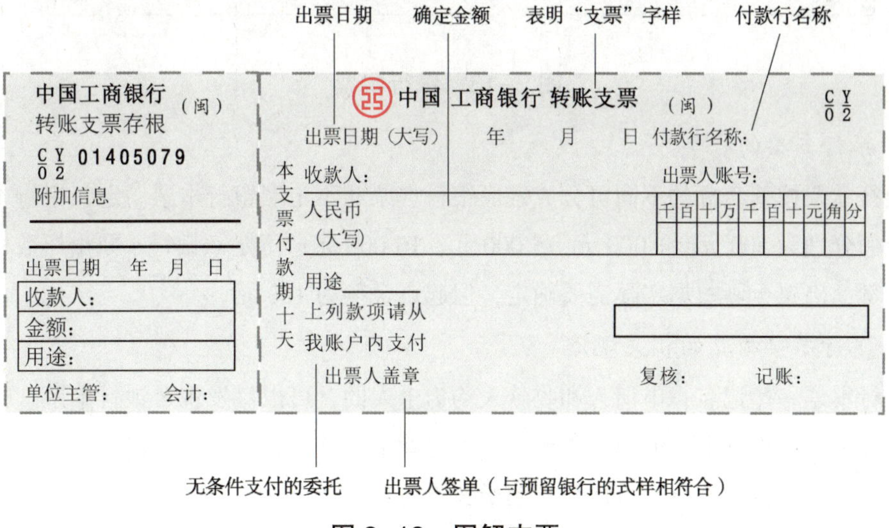


图 2-12 图解支票

我国票据都是记名票据，签发支票时应写明收款人名称，签发时未记载收款人名称的可由出票人授权补记，可授权补记的还有支票的金额。

（2）相对记载事项：付款地、出票地。

（3）非法定记载事项：支票的用途、合同编号、约定的违约金、管辖法院，等等。

3. 支票结算相关规定

支票无起点金额限制，付款期限 10 天(从签发的次日算起，遇到节假日顺延)。

出票人签发空头支票、与预留银行签章式样不符或支付密码错误的支票，由中国人民银行按照《中华人民共和国票据法》《票据管理实施办法》的有关规定进行监管。持票人有权要求出票人支付票面金额 2%的赔偿金。

**（二）银行本票**

银行本票是由银行签发的，承诺在见票时无条件支付确定金额给收款人或者持票人的票据。单位或个人在同一交换区域需要支付的各种款项，均可使用银行本票进行结算。银行本票模板如图 2-13 所示。

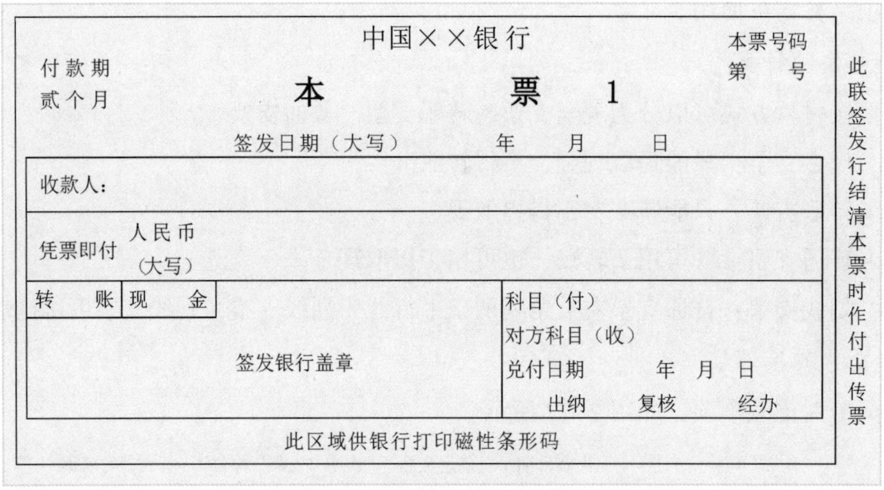

中国××银行

本票号码 第 号

付款期 贰个月

本 票 1

签发日期（大写） 年 月 日

收款人：

凭票即付 人民币（大写）

转 账 | 现 金

签发银行盖章

科目（付）

对方科目（收）

兑付日期 年 月 日

出纳 复核 经办

此区域供银行打印磁性条形码

此联签发行结清本票时作付出传票

**图 2-13 银行本票**

1. 银行本票的种类

银行本票按其金额的不同可分成定额银行本票和不定额银行本票。定额银行本票的票面金额分别为 500 元、1 000 元、5 000 元、10 000 元；不定额银行本票由压数机压印出票金额，出票金额根据实际需要确定，但起点金额为 100 元。

2. 银行本票结算的相关规定

银行本票一律记名，申请人和收款人均为个人的，可以签发现金银行本票。银行本票不予挂失，允许背书，但现金银行本票不得背书转让。

银行本票的付款期限，自出票日起最长不得超过 2 个月。

银行本票丧失后，失票人可以凭借人民法院出具的享有票据权利的证明，向出票银行请求付款或者退款。

## （三）银行汇票

银行汇票是出票银行签发的，见票时出票银行按实际结算金额无条件支付给收款人或持票人的票据。单位或个人的各种款项结算均可使用银行汇票。银行汇票模板如图 2-14 所示。

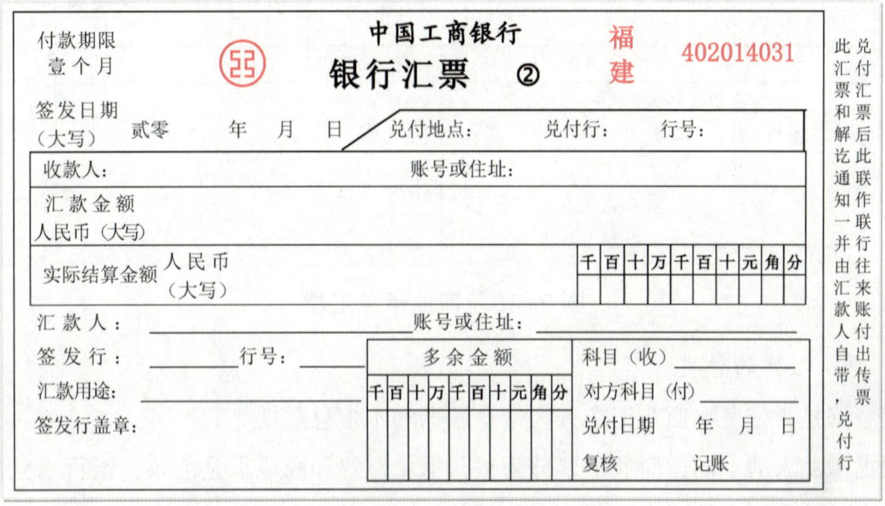

中国工商银行
银行汇票 ②
付款期限 壹个月
福建 402014031
签发日期（大写） 贰零 年 月 日 兑付地点： 兑付行： 行号：
收款人： 账号或住址：
汇款金额 人民币（大写）
实际结算金额 人民币（大写） 千 百 十 万 千 百 十 元 角 分
汇款人： 账号或住址：
签发行： 行号： 多余金额 千 百 十 万 千 百 十 元 角 分
汇款用途：
签发行盖章：
科目（收）
对方科目（付）
兑付日期 年 月 日
复核 记账
此汇票和解讫通知一并由汇款人自带，兑付行
兑付汇票后此联作联行往来账付出传票

图 2-14 银行汇票

1. 银行汇票的解讫通知

解讫通知是银行汇票的第三联，是银行汇票所特有的，在兑付行兑付后随报单寄签发行，由签发行作为余款收入传票，是银行之间往来的记账凭证。

银行汇票签发行应将银行汇票和解讫通知一并提交给申请人。

2. 银行汇票结算的相关规定

银行汇票一律记名，申请人和收款人均为个人的，可以签发现金银行汇票。

收款企业受理银行汇票时，应在出票金额内将实际结算金额和多余金额准确地填入银行汇票(第二联)和解讫通知(第三联)的有关栏目内。

银行汇票允许背书，但未填写实际结算金额或者实际结算金额超过汇票金额的银行汇票不得背书转让。

收款企业办理结算时还要填写进账单，然后连同银行汇票、解讫通知一并送交开户银行办理转账。银行汇票的付款期限，自出票日起最长不得超过 1 个月。

## （四）商业汇票

商业汇票是出票人签发的，委托付款人在指定日期(或者见票时)无条件支付确定的金额给收款人或持票人的票据。在银行开户的法人以及其他组织之间，有真实的交易关系或债权债务关系时，才能使用商业汇票。商业承兑汇票模板如图 2-15 所示。

商业承兑汇票（卡片） 1

汇票号码
第 号

签发日期 年 月 日

| 付款人 | 全 称 | | | 收款人 | 全 称 | | | 此联承兑人付款人留存 |
|---|---|---|---|---|---|---|---|---|
| | 账 号 | | | | 账 号 | | | |
| | 开户银行 | | 行号 | | 开户银行 | | 行号 | |
| 汇 票 金 额 | 人民币（大写） | | | | | 千 百 十 万 千 百 十 元 角 分 | | |
| 汇票到期日 | 年 月 日 | | | 合同交易号码 | | | | |
| 本汇票请你单位承兑，并及时将承兑汇票寄交我单位，此致<br>承兑人<br>收款人盖章<br>负责 经办 | | | | 备注 | | | | |

图 2-15 商业承兑汇票

1. 商业汇票的种类

按票据是否带息，商业汇票分为带息票据和不带息票据。

根据承兑人的不同，商业汇票分为银行承兑汇票和商业承兑汇票，银行承兑汇票的承兑人为承兑申请人的开户银行；商业承兑汇票的承兑人就是付款人。

2. 商业汇票结算的相关规定

商业汇票一律记名，除非汇票正面记明“不得转让”，否则允许背书转让。

持票人提示承兑：定日付款或出票后定期付款，应在票据到期日前向付款人提示承兑；见票后定期付款的，应自出票日起 1 个月内向付款人提示承兑；见票即付，汇票无须提示承兑。

持票人提示付款：商业汇票的付款期限最长不得超过 6 个月。见票即付的汇票自出票日起 1 个月内向付款人提示付款；定日付款、出票后定期付款、见票后定期付款的汇票自票据到期日起 10 日内向承兑人提示付款。

### （五）汇兑

汇兑是汇款人委托银行将其款项支付给收款人的一种结算方式，也就是俗称的汇款，汇兑适用于企业和个人各种款项的结算。信汇凭证模板如图 2-16 所示。

1. 汇兑的种类

汇兑按汇款方式的不同可分成电汇和信汇。电汇是通过电报将款项划转给收款人，速度较快但费用较高；信汇是通过邮寄方式将款项划转给收款人，速度较慢但费用较低。

2. 汇兑结算的相关规定

需要在汇入银行提取现金的必须满足两个条件，第一，收款人和付款人均为个人；第二，在信汇或者电汇凭证的汇款金额前填有“现金”字样。

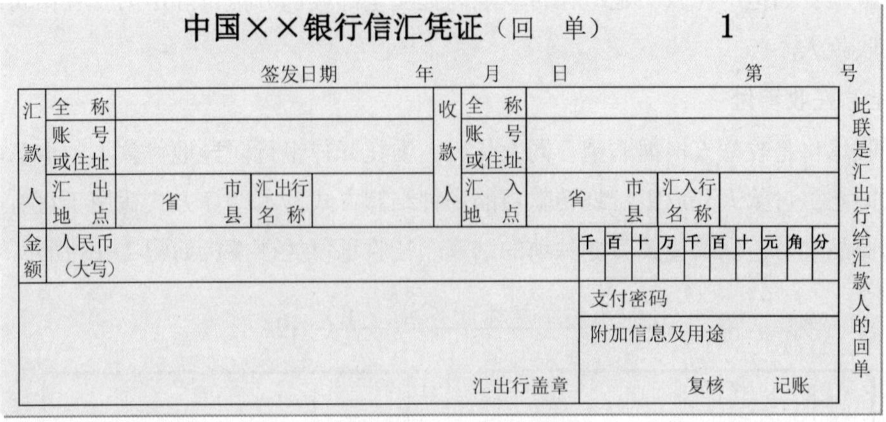

中国××银行信汇凭证（回　单）　1

签发日期　年　月　日　第　号

| 汇款人 | 全称 | | | 收款人 | 全称 | | |
|---|---|---|---|---|---|---|---|
| | 账号或住址 | | | | 账号或住址 | | |
| | 汇出地点 | 省　市县 | 汇出行名称 | | 汇入地点 | 省　市县 | 汇入行名称 |
| 金额 | 人民币（大写） | | | 千百十万千百十元角分 | | | |
| | | | | 支付密码 | | | |
| | | | | 附加信息及用途 | | | |
| 汇出行盖章 | | | | 复核　记账 | | | |

此联是汇出行给汇款人的回单

图 2-16　信汇凭证

收款人支取汇兑款项的期限为 2 个月，汇入银行对发出取款通知后 2 个月仍未被取走的款项应退给汇出银行。

收款人经审查确认不属于本单位的应收款项，应拒绝受汇，汇入行应立即办理退汇。

### （六）委托收款

委托收款是收款人委托银行向付款人收取款项的一种结算方式，单位和个人凭已承兑的商业汇票、债券、存单等付款人债务证明办理款项结算时，公用事业性单位收取水电费、通信费等费用时，均可采用委托收款结算方式。委托收款凭证模板如图 2-17 所示。

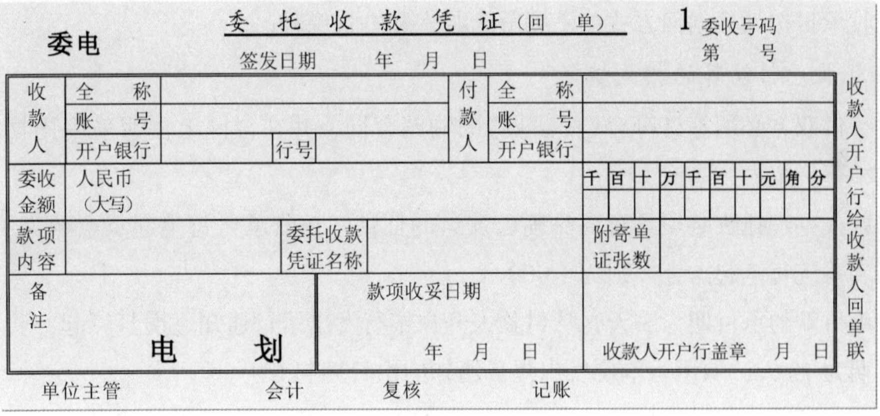

委电　委　托　收　款　凭　证（回　单）　1　委收号码

签发日期　年　月　日　第　号

| 收款人 | 全称 | | 付款人 | 全称 | |
|---|---|---|---|---|---|
| | 账号 | | | 账号 | |
| | 开户银行 | 行号 | | 开户银行 | |
| 委收金额 | 人民币（大写） | | | 千百十万千百十元角分 | |
| 款项内容 | | 委托收款凭证名称 | | 附寄单证张数 | |
| 备注　电　划 | | 款项收妥日期　年　月　日 | | 收款人开户行盖章　月　日 | |

单位主管　会计　复核　记账

收款人开户行给收款人回单联

图 2-17　委托收款凭证

1. 委托收款的种类

委托收款按款项划回方式的不同分为邮寄和电报两种，供收款单位选用。

2. 委托收款结算的相关规定

委托收款不受起点金额的限制，但收款方应提供收款依据，如已承兑的商业汇票、债券、存单等付款人债务证明。付款方在收到委托收款通知之次日起 3 日内，应审查完毕并主动通知银行是否付款，如不通知则视作同意付款，银行于第 4 日从其账户中支付所托收款项；如拒绝付款，也应在付款期内提交全部或部分拒付理由书，并由付款银行转交给收款人。

### （七）托收承付

托收承付是收款人根据购销合同发货后，委托开户银行向异地付款人收取款项，经付款人同意，付款人开户银行划转款项的一种结算方式。本结算方式适用于订有合同的异地间商品交易，以及相关劳务款项的结算。托收承付凭证模板如图 2-18 所示。

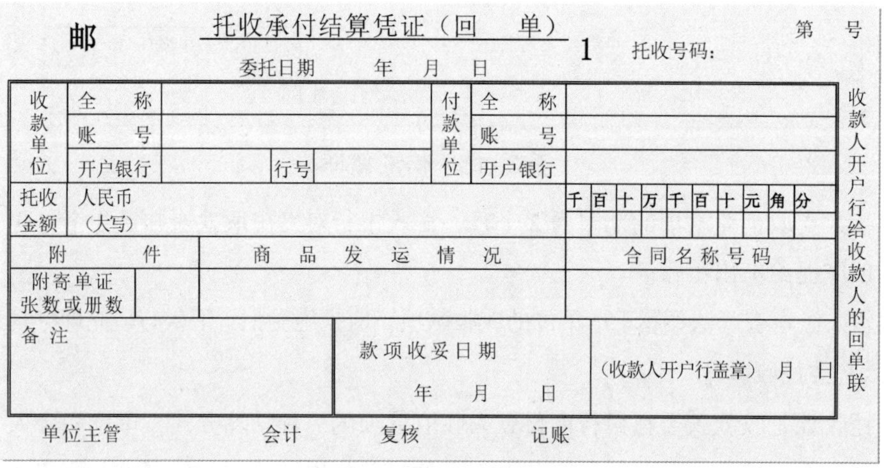
邮　托收承付结算凭证（回　单）　1

第　号

委托日期　年　月　日　　托收号码：

| | | | | | |
|---|---|---|---|---|---|
| 收款单位 | 全　称 | | 付款单位 | 全　称 | |
| | 账　号 | | | 账　号 | |
| | 开户银行 | 行号 | | 开户银行 | |
| 托收金额 | 人民币（大写） | | | | 千 百 十 万 千 百 十 元 角 分 |
| 附　件 | | 商 品 发 运 情 况 | | 合 同 名 称 号 码 | |
| 附寄单证张数或册数 | | | | | |
| 备 注 | | 款 项 收 妥 日 期　年　月　日 | | （收款人开户行盖章）　月　日 | |

单位主管　会计　复核　记账

收款人开户行给收款人的回单联

**图 2-18　托收承付凭证**

1. 托收承付的种类

托收承付按款项划回方式的不同分为邮寄和电报两种。

2. 托收承付结算的相关规定

收、付双方必须签订符合《民法典》的购销合同，并在合同上注明采用托收承付结算方式结算货款。

收款人办理托收必须具有商品确已发运的证件，托收承付每笔起点金额为 1 万元，新华书店系统每笔起点金额则为 1 000 元。

验单付款的承付期为 3 天，从付款人开户银行发出承付通知之次日算起；验货付款的承付期为 10 天，从承运单位发出提货通知的次日算起。

代销、寄销、赊销商品的款项，不得采用托收承付结算方式进行结算。

### （八）信用卡

信用卡是商业银行向个人和单位发行的，凭以向特约单位购物、消费和向银行存取现金，具有消费信用的特制载体卡片。信用卡具有先消费后付款的功能，同城异地均可使用。中国银行信用卡如图 2-19 所示。

1. 信用卡的种类

（1）信用卡按发行对象分为个人卡和单位卡。

（2）信用卡按信用等级分为金卡和普通卡。

（3）信用卡按清偿方式分为贷记卡、准贷记卡和借记卡。

① 贷记卡又名透支卡，用户不用先存钱，凭卡内有效信用额度，可先消费后还款。

② 准贷记卡，用户按要求先存入一定额度备用金，当备用金余额不足时，可在发卡行规定的信用额度内透支，但透支部分自透支当日起计收利息。

图 2-19　中国银行信用卡

③ 借记卡，用户必须先存款才能消费或取现，无透支功能。

2. 单位卡结算的相关规定

单位卡可申领若干张，持卡人资格由申领单位代表人或委托代理人书面指定或注销；单位卡一律不得存入或支取现金，单位卡里的资金由基本存款户转账存入，撤销单位卡时，单位卡里的剩余资金也只能转账给单位基本存款户；单位卡不得用于 10 万元以上的商品交易或劳务供应款的结算；无论个人卡还是单位卡，都不得转借或出租。

## 三、银行存款的核算

1. 银行存款的总分类核算

（1）设置“银行存款”总账，核算企业银行存款的增加、减少和结存情况。

（2）企业银行存款增加，借记银行存款账户，贷记相关账户；企业银行存款减少，借记相关账户，贷记银行存款账户。

2. 银行存款的明细分类核算

企业应设“银行存款日记账”进行明细核算。其格式如图 2-20 所示。

**银行存款日记账**

| 24年 | | 凭证 | 结算 | 摘要 | 借方金额 | | | | | | | | | 核 | 贷方金额 | | | | | | | | | 核 | 余额 | | | | | | | | | 核 |
|---|---|---|---|---|---|---|---|---|---|---|---|---|---|---|---|---|---|---|---|---|---|---|---|---|---|---|---|---|---|---|---|---|---|---|
| 月 | 日 | 号数 | 方式 | | 百 | 十 | 万 | 千 | 百 | 十 | 元 | 角 | 分 | 对 | 百 | 十 | 万 | 千 | 百 | 十 | 元 | 角 | 分 | 对 | 百 | 十 | 万 | 千 | 百 | 十 | 元 | 角 | 分 | 对 |
| 1 | | | | 上年结转 | | | | | | | | | | | | | | | | | | | | | | 5 | 6 | 9 | 3 | 0 | 0 | 0 | 0 | ✓ |
| 1 | 1 | 银付001 | 现金支票100348 | 向银行提现 | | | | | | | | | | | | | | 1 | 2 | 0 | 0 | 0 | 0 | ✓ | | 5 | 6 | 8 | 1 | 0 | 0 | 0 | 0 | ✓ |

图 2-20　银行存款日记账

（1）出纳按银行存款收、付款业务的先后顺序逐日逐笔登记银行存款日记账。

（2）每日终了，出纳加计银行存款收付总数，结出银行存款结存额。

**业务处理1**

（1）按法规、程序审核原始凭证。（略）

（2）根据审核无误的单据编制记账凭证(用会计分录表示)。

借：其他应收款—李以勒　　　　　　　　6 000.00
　　贷：银行存款　　　　　　　　　　　　6 000.00

（3）根据审核无误的记账凭证或原始凭证，登记银行存款日记账(登记方法与登记现金日记账基本相同)和其他应收款明细账，按账务处理程序的要求登记相关总账。

**业务呈现2**

2025 年 1 月 31 日，福建苏喜服饰有限公司出纳与开户银行核对当月 21 日至 31 日的账目。有关表单如图 2-21、图 2-22 所示。

**银行存款对账单**

| 25年月 | 日 | 结算凭证号码 | 摘要 | 借方金额 | 贷方金额 | 余额 |
|---|---|---|---|---|---|---|
| 1 | 20 | 略 | 略 | | | 56670000 |
| 1 | 21 | 现金支票 101129 | 提取现金 | 200000 | | 56470000 |
| 1 | 22 | 电汇凭证 2934507 | 收回货款 | | 5265000 | 61735000 |
| 1 | 25 | 电汇凭证 9037081 | 归还货款 | 6318000 | | 55417000 |
| 1 | 27 | 转账支票 425005 | 收到投资款 | | 30000000 | 85417000 |
| 1 | 30 | 委托收款 650519 | 支付水费 | 120000 | | 85297000 |
| 1 | 30 | 电汇凭证 315902 | 预收货款 | | 10000000 | 95297000 |

中国工商银行晋江支行金井营业部 2025 年 1 月 31 日

图 2-21　银行存款对账单

**银行存款日记账**

| 25年月 | 日 | 凭证号数 | 结算方式 | 摘要 | 借方金额 | 核对 | 贷方金额 | 核对 | 结存 | 核对 |
|---|---|---|---|---|---|---|---|---|---|---|
| 1 | 20 | | 略 | 略 | | | | | 56670000 | ✓ |
| 1 | 21 | 银付 012 | 现金支票 101129 | 向银行提现 | | | 200000 | ✓ | 56470000 | ✓ |
| 1 | 22 | 银收 015 | 电汇凭证 2934507 | 收回货款 | 5265000 | ✓ | | | 61735000 | ✓ |
| 1 | 25 | 银付 013 | 电汇凭证 9037081 | 归还货款 | | | 6318000 | ✓ | 55417000 | ✓ |
| 1 | 27 | 银收 016 | 转账支票 425005 | 收到投资款 | 30000000 | ✓ | | | 85417000 | ✓ |
| 1 | 28 | 银收 017 | 转账支票 832008 | 收到违约金 | 500000 | ✓ | | | 85917000 | ✓ |
| 1 | 30 | 银付 014 | 转账支票 108903 | 预付购料款 | | | 5000000 | ✓ | 80917000 | ✓ |

图 2-22　银行存款日记账

## 知识准备

### 一、 银行存款的清查

（1）银行存款清查目的：防止记账差错、避免存款被挪用、掌握存款实有数。

（2）银行存款清查方法：定期将银行存款日记账与开户行转来的银行对账单逐笔核对，找出开户行和企业之间的未达账项。

所谓未达账项就是由于结算凭证在企业与银行之间的传递上有先有后，造成一方已登记入账而另一方尚未登记入账的款项。

未达账项有以下四种：

企业已记增加，开户行未收到结算凭证尚未记增加；

企业已记减少，开户行未收到结算凭证尚未记减少；

开户行已记增加，企业未收到结算凭证尚未记增加；

开户行已记减少，企业未收到结算凭证尚未记减少。

### 二、 银行存款清查结果的处理

银行存款日记账与银行对账单余额如不符，应查明原因。记账错漏造成的，更正错账；未达账项造成的，就编制“银行存款余额调节表”进行调节。

## 业务处理2

（1）核对银行存款日记账和银行对账单，找出未达账项有四笔，分别是：

① 1 月 28 日，企业收到违约金 5 000 元已入账，但开户银行尚未入账。

② 1 月 30 日，企业预付购料款 50 000 元已入账，但开户银行尚未入账。

③ 1 月 30 日，开户银行代付水费 1 200 元已入账，企业尚未入账。

④ 1 月 30 日，开户银行代收预购货款 100 000 元已入账，企业尚未入账。

（2）编制“银行存款余额调节表”，如图 2-23 所示。

**银行存款余额调节表**

银行账号：——　　2025 年 1 月 31 日　　币种：人民币

| 银行对账单 | 金额 | | | | | | | | | 银行存款日记账 | 金额 | | | | | | | | |
|---|---|---|---|---|---|---|---|---|---|---|---|---|---|---|---|---|---|---|---|
| | 百 | 十 | 万 | 千 | 百 | 十 | 元 | 角 | 分 | | 百 | 十 | 万 | 千 | 百 | 十 | 元 | 角 | 分 |
| 调节前的余额 | | 9 | 5 | 2 | 9 | 7 | 0 | 0 | 0 | 调节前的余额 | | 8 | 0 | 9 | 1 | 7 | 0 | 0 | 0 |
| 加：企业已收、银行未收的金额 | | | | 5 | 0 | 0 | 0 | 0 | 0 | 加：银行已收、企业未收的金额 | | 1 | 0 | 0 | 0 | 0 | 0 | 0 | 0 |
| 减：企业已付、银行未付的金额 | | | 5 | 0 | 0 | 0 | 0 | 0 | 0 | 减：银行已付、企业未付的金额 | | | | 1 | 2 | 0 | 0 | 0 | 0 |
| 调节后的余额 | | 9 | 0 | 7 | 9 | 7 | 0 | 0 | 0 | 调节后的余额 | | 9 | 0 | 7 | 9 | 7 | 0 | 0 | 0 |

会 计：刘东来　　出 纳：黄洋

图 2-23　银行存款余额调节表

# 子项目 3　其他货币资金

其他货币资金是企业除库存现金、银行存款以外的货币资金，包括第三方支付平台账户存款、银行本票存款、银行汇票存款、外埠存款、存出投资款、信用卡存款、信用证保证金存款、在途资金等。

**业务呈现1**

福建苏喜服饰有限公司为方便与主要材料供应商的结算，经有关部门批准同意在江苏常熟开设临时存款账户。现电汇 10 万元往临时存款账户。

**知识准备**

### 一、 设置账户

企业应设“其他货币资金”账户核算除库存现金、银行存款以外的货币资金。同时按其他货币资金的存放地点或用途开设明细账，进行明细核算。

### 二、 账务处理

（1）银行存款转为银行本（汇）票存款时应根据银行本（汇）票的申请书（存根）编制记账凭证；银行存款转为信用卡存款、信用证保证金存款、外埠存款、在途资金、投资款时应根据支票存根或信汇凭证等银行结算单据编制记账凭证。本票申请书（存根）如图 2-24 所示。

借：其他货币资金（根据具体业务确定明细账户）
　　贷：银行存款

**中国××银行晋江市分行签发本票**

**申请书（存根）**

申请日期　　年　月　日　　　　第　　号

收款单位或个人名称＿＿＿＿＿＿＿＿　本票号码＿＿＿＿＿＿

本票金额（大写）＿＿＿＿＿＿＿＿＿＿＿＿

申请签发　　申请人名称＿＿＿＿＿＿＿＿

申请人地址（或账号）＿＿＿＿＿＿＿＿

申请人签章　　银行出纳　　复核　　记账　　验印

此联由申请签发单位或个人留存，代记账凭证

图 2-24　本票申请书（存根）

（2）使用其他货币性资产时，根据审核无误的单据编制记账凭证：

借：相关账户（根据具体业务确定账户名称）
　　贷：其他货币资金（根据具体业务确定明细账户）

（3）企业收回或结清其他货币性资产时，根据审核无误的单据编制记账凭证：

借：银行存款
　　贷：其他货币资金（根据具体业务确定明细账户）

## 知识拓展　货币性资产

货币性资产是指企业持有的货币资金和将以固定或可确定的金额收取的资产。包括货币资金、应收账款和应收票据、其他应收款、准备持有至到期的债券投资等。

**业务处理1**

（1）审核原始凭证（见图2-25，审核过程略）。

**中国工商银行信汇凭证（回　单）　1**

签发日期 2024 年 2 月 5 日　　　　第　　号

<table>
<tr><td rowspan="3">汇款人</td><td>全　称</td><td colspan="3">福建苏喜服饰有限公司</td><td rowspan="3">收款人</td><td>全　称</td><td colspan="3">福建苏喜服饰有限公司常熟办事处</td><td rowspan="6">此联是汇出行给汇款人的回单</td></tr>
<tr><td>账　号<br>或住址</td><td colspan="3">350125966124756</td><td>账　号<br>或住址</td><td colspan="3">876508108640352</td></tr>
<tr><td>汇　入<br>地　点</td><td>江苏省常熟市/县</td><td>汇入行<br>名　称</td><td>常熟工行<br>向北营业点</td><td>汇　出<br>地　点</td><td>福建省晋江市/县</td><td>汇出行<br>名　称</td><td>中国工商银行<br>晋江支行</td></tr>
<tr><td>金额</td><td colspan="5">人民币（大写）壹拾万元整</td><td colspan="4">千 百 十 万 千 百 十 元 角 分<br>¥ 1 0 0 0 0 0 0 0</td></tr>
<tr><td colspan="6" rowspan="2">中国工商银行福建省分行晋江支行<br>2024.5.2<br>转讫<br>汇出行盖章</td><td colspan="4">支付密码</td></tr>
<tr><td colspan="4">附加信息及用途<br>常熟办事处业务备用金<br>复核　　记账</td></tr>
</table>

图2-25　信汇凭证

（2）根据审核无误的原始凭证编制记账凭证（用会计分录代替）。

| | | |
|---|---|---|
| 借：其他货币资金—外埠存款（江苏常熟） | 100 000.00 | |
| 　　贷：银行存款 | | 100 000.00 |

（3）根据审核无误的记账凭证或原始凭证，登记其他货币资金明细账和银行存款日记账，按账务处理程序的要求登记相关总账。（略）

## 业务呈现2

福建苏喜服饰有限公司常熟办事处转来由临时存款账户开出的转账支票存根联，如图2-26所示；材料供应商所提供的增值税专用发票，如图2-27所示；运输部门承运单（运杂费由供应单位承担，不在此处展示）等单据。

**中国工商银行**

转账支票存根

$\frac{B\ Y}{0\ 2}$ 0 0 5 3 2 1 8

附加信息

出票日期 2025年3月10日

| |
|---|
| 收款人：江苏常熟国营棉纺一厂 |
| 金额：¥67 800.00 |
| 用途：支付所购材料价税款 |

单位主管：秀苏印喜　会计：刘东来

**图2-26　转账支票存根**

江苏省增值税专用发票

发　票　联

机器编号：320581095243

开票代码：039 057102393
开票号码：0928351783
开票日期：2025年3月10日
校 验 码：88315 88758 91283 32554

| 购买方 | 名　　称：福建苏喜服饰有限公司<br>纳税人识别号：350582001393<br>地 址、电 话：晋江工业园区 0595-8320812<br>开户行及账号：晋江工行英林分理处 3501259661247 | | | 密码区 | 11+6*+03193<-9-2>0-3905/<br>3*9>+12-1+1238>>08<6043?<br>?-9300←62-65>0/-136=988<br>…<1234>>>>2/3>>3><942%& | | |
|---|---|---|---|---|---|---|---|
| 货物或应税劳务、服务名称 | 规格型号 | 单位 | 数量 | 单价 | 金　额 | 税率 | 税　额 |
| 锦棉布 | | 码 | 3 000 | 20.00 | 60 000.00 | 13% | 7 800.00 |
| 合　计 | | | | | ¥60 000.00 | | ¥7 800.00 |
| 价税合计（大写） | ※陆万柒仟捌佰元整 | | | | （小写）¥67 800.00 | | |
| 销售方 | 名　　称：江苏常熟国营棉纺一厂<br>纳税人识别号：350581756375103<br>地 址、电 话：常熟市香港路18幢8号 96857055<br>开户行及账号：常熟工行香港路营业处 390518308490532 | | | 备注 | 江苏常熟国营棉纺一厂 390518308490532 发票专用章 | | |

第三联　发票联　购货方记账凭证

收款人：　　复核：　　开票人：刘文儒　　销货方：（章）

**图2-27　增值税专用发票**

## 业务处理2

（1）审核原始凭证（审核过程略）。

（2）根据审核无误的原始凭证编制记账凭证（用会计分录代替）。

借：在途物资—锦棉布 60 000.00
　　应交税费—应交增值税（进项税额） 7 800.00
　　贷：其他货币资金—外埠存款（江苏常熟） 67 800.00

（3）根据审核无误的记账凭证或原始凭证，登记其他货币资金明细账和相关账户的明细账，按账务处理程序的要求登记有关账户的总账。（略）

**初试身手**

如果撤销江苏常熟临时存款账户，并将账户内剩余款项 32 200 元汇回企业的基本存款账户，有关单据审核无误，请进行相应账务处理。

# 子项目 4　第三方支付平台结算业务

**业务呈现1**

2024 年 5 月 8 日，福建著成服饰股份有限公司淘宝网店正式开业，当日向广东深光电子厂销售 T 恤 500 件，单件 T 恤含税价 29.38 元，并通过支付宝平台进行货款结算。

**知识准备**

在电子商务中，网上交易的双方互不认识，卖方不愿先发货，担心发货后收不到款；买方不愿先付款，担心付款后收不到货或者收到的货质量低劣、缺斤短两。不打消买卖双方的顾虑，网上交易就无法进行。第三方支付平台就是在这种大背景下顺势而生的。

所谓第三方支付平台是指由信誉度高、实力强的第三方企业建立的独立于银行的第三方交易支付机构，是在银行直接支付环节中增加的一个中介平台。

## 一、 第三方支付平台结算业务流程

第三方支付平台是为买卖双方设立中间过渡账户，充当中介角色，通过支付托管实现支付保证，让买卖双方的支付结算活动更安全、更有效，从而促进了我国电子商务的繁荣发展。

选择第三方支付平台进行商品交易，首先要在第三方支付平台开通账户，日常交易结算业务流程如图 2-28 所示。

（1）买方（付款方）在网上选购商品并下订单。

（2）买方（付款方）支付货款，存入第三方支付平台。

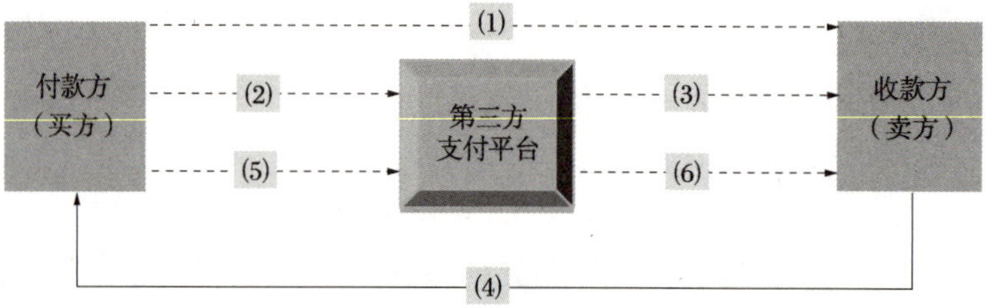


图 2-28　第三方支付平台结算业务流程图

(3) 第三方支付平台收到货款并通知卖方(收款方)发货。

(4) 卖方(收款方)发货。

(5) 买方(付款方)收到货后，向第三方支付平台发出“确认收货”的指令。

(6) 第三方支付平台划转货款给卖方(收款方)。

## 二、 第三方支付平台结算业务的账务处理

(1) 企业通过网上银行，将存款从银行账户转入第三方支付平台账户，应根据网上银行电子回执编制记账凭证(用会计分录代替)。

借：其他货币资金—第三方支付平台账户存款
　　贷：银行存款

提示：企业将第三方支付平台的账户余额转回银行账户，则编制相反的会计分录。

出纳根据记账凭证及所附的原始凭证登记“银行存款日记账”和“其他货币资金明细账”。

(2) 企业在电商平台进行商品采购，当确认收货时，根据收货单、增值税专用发票以及电商平台打印的支付凭证编制记账凭证(用会计分录代替)。

借：原材料/库存商品(或其他相关科目)
　　应交税费—应交增值税(进项税额)
　　贷：其他货币资金—第三方支付平台账户存款

出纳根据记账凭证及所附的原始凭证登记“其他货币资金明细账”。

(3) 企业在电商平台销售商品，当发出商品确认销售时，根据增值税专用发票以及电商平台打印的收款凭证或交易记录编制记账凭证(用会计分录代替)。

借：其他货币资金—第三方支付平台账户存款
　　贷：主营业务收入
　　　　应交税费—应交增值税(销项税额)

出纳根据记账凭证及所附的原始凭证登记“其他货币资金明细账”。

## 业务处理1

5 月 8 日，福建著成服饰股份有限公司会计人员，根据增值税专用发票(见图 2-29)和电商平台打印的交易记录(略)编制记账凭证。

| | |
|---|---|
| 借：其他货币资金—支付宝平台账户存款 | 14 690. 00 |
| 贷：主营业务收入 | 13 000. 00 |
| 应交税费—应交增值税(销项税额) | 1 690. 00 |

出纳人员根据编制的记账凭证及单据登记“其他货币资金明细账”。

福建省增值税专用发票

此联不作报销、扣税凭证使用

机器编号：352006015627

开票代码：0423005100252
开票号码：07192358 36
开票日期：2024 年 5 月 8 日
校 验 码：91825 99658 14958 83543

| 购买方 | 名 称：广东深光电子厂<br>纳税人识别号：44030 32258 12679 255<br>地址、电话：深圳市香港路 97 号 0755—7015812<br>开户行及账号：建行深圳宝安支行 1052 3333 6666 8888 | 密码区 | *6*+32130<-1+3>0-3905/*8<br>7*3->+513+1209>>A8</4993<br>9+3001←29-56>0/+369=909<br>+8<014>>>2+/3>>5><472000 |
|---|---|---|---|

| 货物或应税劳务、服务名称 | 规格型号 | 单位 | 数量 | 单价 | 金 额 | 税率 | 税 额 |
|---|---|---|---|---|---|---|---|
| *服装*T 恤 | | 件 | 500.00 | 26.00 | 13 000.00 | 13% | 1 690.00 |
| 合 计 | | | | | ¥13 000.00 | | ¥1 690.00 |
| 价税合计（大写） | ※壹万肆仟陆佰玖拾元整 | | | | （小写）¥14 690.00 | | |

| 销售方 | 名 称：福建著成服饰股份有限公司<br>纳税人识别号：91350 58200 13356 789<br>地 址、电 话：晋江工业园区 0595—8320812<br>开户行及账号：中国农业银行晋江支行 6381 0072 5844 0513 | 备注 | 福建著成服饰股份有限公司<br>350582001393<br>发票专用章 |
|---|---|---|---|

收款人： 复核： 开票人：曾 林 销货方：（章）

第一联：记账联 销售方记账凭证

**图 2-29 增值税专用发票记账联**

## 业务呈现2

2024 年 5 月 11 日，广东深光电子厂确认收货，支付宝账户平台将货款转到福建著成服饰股份有限公司银行存款基本账户。

## 业务处理2

福建著成服饰股份有限公司财务会计人员，根据审核无误的“中国农业银行网上银行电子回单”(如图 2-30所示)及相关资料编制记账凭证。

借：银行存款 14 690.00

　　贷：其他货币资金—支付宝平台账户存款 14 690.00

电子回单详情

**网上银行电子回单**

| | | | |
|---|---|---|---|
| 回单编号：046960384508070141599 | | | 第1次打印 |
| 付款方 账号 | 326152938 | 收款方 账号 | 6381007258440513 |
| 付款方 户名 | 支付宝（中国）网络技术有限公司 | 收款方 户名 | 福建著成服饰股份有限公司 |
| 付款方 开户行 | | 收款方 开户行 | 中国农业银行晋江支行 |
| 金额（小写） | 14 690.00 | 金额（大写） | 壹万肆仟陆佰玖拾元整 |
| 币种 | 人民币 | 交易渠道 | EBNK |
| 摘要 | 转账取款 | 凭证号 | 65130104050016047 |
| 交易时间 | 2024-5-11 | 会计日期 | 20240511 |
| 附言 | 淘宝网店销售款 | | 中国农业银行股份有限公司 回单专用章 |

打印日期:2024-05-11

图 2-30　中国农业银行网上银行电子回单

出纳人员根据所编制的记账凭证及单据登记“其他货币资金明细账”。(略)

# 项目三　应收及预付款项

合同资产、应收及预付款项均为企业在日常生产经营过程中发生的各项短期债权，其中：应收及预付款项包括应收账款、应收票据、其他应收款、预付账款等。

学习目标

**知识目标：**

了解合同资产、应收及预付款项的含义和内容，熟悉合同资产、应收及预付款项的确认条件，掌握合同资产、应收及预付款项的核算方法。

**能力目标：**

能及时、准确完成合同资产、应收及预付款项各项业务的会计处理；能够准确计算折扣、贴现、坏账、资产减值等业务的数额并进行相应的账务处理。

**思政目标：**

坚持依法办事、按合同办事，在会计核算与监督过程中坚持准则、不做假账，并不断提高自身专业技能，树立服务意识。

## 子项目1　合同资产与应收账款

业务呈现1

石狮工程机械有限公司发生某项经济业务，原始凭证如图3-1~图3-3所示。

另合同规定：石狮工程机械有限公司3个月内完成在福建苏喜服饰有限公司第四生产车间2条全自动服装生产线的安装调试工作，在安装调试验收合格后的10天内，福建苏喜服饰有限公司应付清设备及运费的价税款。

**福建省增值税专用发票**

此联不作报销、扣税凭证使用

开票代码：042 005100234
开票号码：9891823050
开票日期：2024 年 9 月 30 日
校 验 码：58115 99658 14958 83524

机器编号：350005015612

| | | | | | | | |
|---|---|---|---|---|---|---|---|
| 购买方 | 名　　称：福建苏喜服饰有限公司<br>纳税人识别号：350582001393<br>地 址、电 话：晋江工业园区 0595-8320812<br>开户行及账号：晋江工行英林分理处 350125966124756 | | | 密码区 | 1*6*+03193<-9-2>0-3905/*<br>27*->+2-1+1128>0>8<6/493<br>2-3900←62-65>0/-136=999<br>+08<14>>>>2/3>>3><942011 | | |
| 货物或应税劳务、服务名称 | 规格型号 | 单位 | 数量 | 单价 | 金额 | 税率 | 税额 |
| 全自动服装生产线 | | 套 | 2 | 380 000.00 | 760 000.00 | 13% | 98 800.00 |
| 合　计 | | | | | ¥760 000.00 | | ¥98 800.00 |
| 价税合计（大写） | ※捌拾伍万捌仟捌佰元整 | | | | （小写）¥858 800.00 | | |
| 销售方 | 名　　称：石狮工程机械有限公司<br>纳税人识别号：350585001328<br>地 址、电 话：石狮智能产业园 0595-8880899<br>开户行及账号：石狮工行永宁分理处 350188089934569 | | | 备注 | 石狮工程机械有限公司<br>350585001328<br>发票专用章 | | |

收款人：　　复核：　　开票人：李翰林　　销货方：（章）

第一联：记账联　销货方记账凭证

图 3-1　增值税专用发票

**代垫费用清单（存根）①**

日期：2024 年 9 月 30 日　　No. 141208

| | | | |
|---|---|---|---|
| 单位名称 | 福建苏喜服饰有限公司 | 费用项目 | 运杂费（从石狮智能产业园至晋江工业园区） |
| 金　额 | 壹仟零肆拾元整　¥1 040.00 | 附送单据 | 2 张 |

单位：石狮工程机械有限公司　　复核：唐佳雪　　制单：黄丽玲

图 3-2　代垫费用清单

**中国工商银行**

**转账支票存根**

$\frac{B}{0}\frac{Y}{2}$

0059043

附加信息

出票日期　2024 年 9 月 8 日

| |
|---|
| 收款人：福建石狮海通物流公司 |
| 金额：¥1 040.00 |
| 用途：代垫含税运费 |

单位主管：强石印坚　会计：唐佳雪

图 3-3　银行转账支票存根

## 知识准备

合同资产是指企业因向客户转让商品而有权收取对价的权利，且该权利取决于时间流逝之外的其他因素。

### 一、 设置账户

设置“合同资产”总账科目，该科目借方登记企业已向客户转让商品而获得的有条件收取的对价金额，贷方登记企业取得收款权从有条件转为无条件的金额，期末借方余额反映企业留存的有条件收取的对价金额。

### 二、 账务处理

（1）企业向客户转让商品获得有条件收取的对价金额。

借：合同资产—某客户
　　贷：主营业务收入（或其他业务收入）
　　　　应交税费—应交增值税（销项税额）

（2）条件满足，收到对价金额。

借：银行存款
　　贷：合同资产—某客户

（3）条件满足，但对价尚未收到。

借：应收账款—某客户
　　贷：合同资产—某客户

（4）期末逐项分析计算，对可回收金额低于其账面价值的合同资产计提减值准备。

借：资产减值损失
　　贷：合同资产减值准备

（5）已提减值准备的合同资产，价值回升且不超过原减值范围的应按回升额给予转回。

借：合同资产减值准备
　　贷：资产减值损失

## 业务处理1

（1）分析经济业务，确定科目及入账金额。

企业销售全自动服装生产线 2 条，货已发出，但是要安装调试验收合格后才结算生产线的价款及运费，价款的取得取决于时间流逝之外的其他因素，因此应通过“合同资产”科目进行会计核算：

合同资产的入账金额=760 000+98 800+1 040=859 840(元)

(2) 编制记账凭证(用会计分录代替)。

| | |
|---|---|
| 借：合同资产—福建苏喜服饰有限公司 | 859 840.00 |
| 　贷：主营业务收入—全自动服装生产线 | 760 000.00 |
| 　　应交税费—应交增值税(销项税额) | 98 800.00 |
| 　　银行存款 | 1 040.00 |

(3) 根据审核无误的记账凭证及所附原始凭证登记相关的日记账、明细账等。(略)

## 初试身手

2024 年 12 月 30 日，石狮工程机械有限公司完成了 2 条全自动服装生产线的安装调试工作，经验收合格。但福建苏喜服饰有限公司因自身资金紧缺，无法及时支付设备及运费的价税款，经协商，给予三个月的信用期限，请同学以石狮工程机械有限公司会计的身份进行相应的账务处理。

### 业务呈现2

福建苏喜服饰有限公司发生某项经济业务，原始凭证如图 3-4~图 3-7 所示。

福建省增值税专用发票

全国统一发票监制章 国家税务总局 福建省税务局

此联不作报销、扣税凭证使用

开票代码：025 005100899
开票号码：8094138007
开票日期：2025 年 1 月 8 日
校 验 码：92015 6698179549 35248

机器编号：350018016913

| | | | |
|---|---|---|---|
| 购买方 | 名　　称：厦门海西商城<br>纳税人识别号：350582003137<br>地 址、电 话：厦门飞翔路 18 号 8520812<br>开户行及账号：翔安工行 350256912347651 | 密码区 | *7*+03193<-9-2>0-3905/*1<br>3*6->+2-1+1128>0>8<6/434<br>-32900←62-65>0/-989=138<br>8<1+4>0>>>3/2>4>>0<42091 |

| 货物或应税劳务、服务名称 | 规格型号 | 单位 | 数量 | 单价 | 金额 | 税率 | 税额 |
|---|---|---|---|---|---|---|---|
| 夹克衫 | | 件 | 2 000 | 68.00 | 136 000.00 | 13% | 17 680.00 |
| 合　计 | | | | | ¥136 000.00 | | ¥17 680.00 |
| 价税合计（大写） | ※壹拾伍万叁仟陆佰捌拾元整 | | | | （小写）¥153 680.00 | | |

| | | | |
|---|---|---|---|
| 销售方 | 名　　称：福建苏喜服饰有限公司<br>纳税人识别号：350582001393<br>地 址、电 话：晋江工业园区 0595-8320812<br>开户行及账号：晋江工行英林分理处 350125966124756 | 备注 | 福建苏喜服饰有限公司 320723604980312 发票专用章 |

第一联：记账联 销货方记账凭证

收款人：　　复核：　　开票人：林美艺　　销货方：（章）

图 3-4　增值税专用发票

代垫费用清单（存根）①

日期：2025 年 1 月 8 日　　No. 141208

| | | | |
|---|---|---|---|
| 单位名称 | 厦门海西商城 | 费用项目 | 运杂费　（从晋江至厦门海西商城） |
| 金　　额 | 贰佰壹拾捌元整　　￥218.00 | 附送单据 | 2 张 |

单位：　福建苏喜服饰有限公司　　复核：刘东来　　制单：黄洋

图 3-5　代垫费用清单

**中国工商银行**

转账支票存根

B Y / 0 2　0 0 5 9 0 4 3

附加信息

出票日期　2025 年 1 月 8 日

| |
|---|
| 收款人：福建晋江海通物流公司 |
| 金额：￥218.00 |
| 用途：代垫含税运费 |

单位主管：秀苏印喜　　会计：刘东来

图 3-6　银行转账支票存根

中国工商银行异地托收承付结算凭证（回单）　　第　　号

委托日期　2025 年 1 月 8 日　　托收号码：

| | | | | | | |
|---|---|---|---|---|---|---|
| 付款人 | 全　称 | 厦门海西商城 | 收款人 | 全　称 | 福建苏喜服饰有限公司 | |
| | 账号或地址 | 350256912347651 | | 账　号 | 350125966124756 | |
| | 开户银行 | 厦门工行翔安分理处 | | 开户银行 | 晋江工行英林分理处 | 行号 3225 |
| 委托金额 | 人民币（大写） | 壹拾伍万叁仟捌佰玖拾捌元整 | | 千百十万千百十元角分 | ￥1 5 3 8 9 8 0 0 | |
| 附　　件 | | 商品发运情况 | | 合同名称号码 | | |
| 附寄单证张数或册数 | 2 张 | 2025 年 1 月 8 日发运 | | 0466 | | |
| 备注： | 款项收妥日期　年　月　日 | 收款人开户银行盖章　月　日 | | | | |

此联是收款单位开户银行给收款人的回单

（印章：中国工商银行福建省分行晋江支行　转讫）

图 3-7　银行托收承付结算凭证

**知识准备**

应收账款是企业在对外销售存货或者提供劳务过程中形成的应向购买方或者劳务接受方收取但尚未收到的款项。

## 一、 设置账户

设置“应收账款”总账，该账户借方登记因销售商品或提供劳务而应向购买方收取的款项，贷方登记收到购买方支付的账款，余额表示尚未收回的账款。

同时在“应收账款”总账下按债务人设三栏式明细账，如图 3-8 所示。

**明　细　账**

科目 应收账款　户名 某公司

| 年 | | 记账凭证 | | 摘要 | 借 | | | | | | | | | 方 | 核对号 | 贷 | | | | | | | | | 方 | 借或贷 | 结 | | | | | | | | | 余 |
|---|---|---|---|---|---|---|---|---|---|---|---|---|---|---|---|---|---|---|---|---|---|---|---|---|---|---|---|---|---|---|---|---|---|---|---|---|
| 月 | 日 | 种类 | 号数 | | 千 | 百 | 十 | 万 | 千 | 百 | 十 | 元 | 角 | 分 | | 千 | 百 | 十 | 万 | 千 | 百 | 十 | 元 | 角 | 分 | | 千 | 百 | 十 | 万 | 千 | 百 | 十 | 元 | 角 | 分 |
| | | | | | | | | | | | | | | | | | | | | | | | | | | | | | | | | | | | | |

图 3-8　三栏式明细账

## 二、 确定应收账款入账价值

应收账款的入账价值为发票上列明的各项金额，包括应收未收的销货款或劳务款、增值税销项税额以及代购货单位垫付的包装费、运杂费等。但合同另有约定的除外。

**业务处理2**

（1）审核原始凭证（包含对入账金额的审核）。

应收账款的入账金额＝销货款+应代收的增值税销项税额+各项代垫费用

本业务应收账款入账金额＝136 000+17 680+218＝153 898（元）

（2）编制记账凭证（用会计分录代替）。

借：应收账款—厦门海西商城　　153 898.00
　贷：主营业务收入—夹克衫　　136 000.00
　　应交税费—应交增值税（销项税额）　　17 680.00
　　银行存款　　218.00

（3）根据审核无误的记账凭证或原始凭证，登记银行存款日记账、主营业务收入明细账、应交税费明细账和应收账款明细账，按账务处理程序的要求登记相关总账。（略）

### 知识拓展　合同资产与应收账款的区别

（1）产生的原因不同：合同资产是因履行合同而产生的权利，应收账款是因销售商品或提供劳务而产生的权利。

（2）收款的条件不同：合同资产的收款条件取决于合同约定，通常需要履行其他义务才能收款，而应收账款只是单纯的收款，不需要履行其他义务。

（3）承担的风险不同：合同资产面临履约风险和信用风险，而应收账款承担信用风险。

## 业务呈现3

2024 年 12 月 9 日，福建苏喜服饰有限公司销售夹克衫给福州市海峡商业城，如图 3-9所示。

福建省增值税专用发票

开票代码：024 005070234
开票号码：9891823009
开票日期：2024 年 12 月 9 日
机器编号：350005396108　　此联不作报销、扣税凭证使用　　校 验 码：81105 69817 9549 93214

| | | | | | | | |
|---|---|---|---|---|---|---|---|
| 购买方 | 名　　称：福州市海峡商业城<br>纳税人识别号：350582003137<br>地 址、电 话：福州市东街9号7205812<br>开户行及账号：建行350125966124756 | | | 密码区 | 2*5*+03193<-9-2>0-3905/?<br>73*>++2-9+1128>0>8<6/933<br>-9009←62@5>00/-1-888=36<br>00+<4>3>2>1>2/33><444911 | | |
| 货物或应税劳务、服务名称 | 规格型号 | 单位 | 数量 | 单价 | 金额 | 税率 | 税额 |
| 夹克衫 | | 件 | 2 000 | 199.00 | 398 000.00 | 13% | 51 740.00 |
| 合　计 | | | | | ¥398 000.00 | | ¥51 740.00 |
| 价税合计（大写） | ※肆拾肆万玖仟柒佰肆拾元整 | | | | （小写）¥449 740.00 | | |
| 销售方 | 名　　称：福建苏喜服饰有限公司<br>纳税人识别号：350582001393<br>地 址、电 话：晋江工业园区 0595-8320812<br>开户行及账号：晋江工行英林分理处 350125966124756 | | | 备注 | 福建苏喜服饰有限公司<br>320723604980312<br>发票专用章 | | |

第一联：记账联　销货方记账凭证

收款人：　　复核：　　开票人：林美艺　　销货方：（章）

图 3-9　增值税专用发票

合同规定：商品由购货方自提，货款由福州市海峡商业城采用汇兑方式结算，销售方福建苏喜服饰有限公司给予相应的商业折扣是“2/15、n/30”。福建苏喜服饰有限公司采用最可能发生金额确定可变对价，基于对客户的了解，预计客户在半个月内付款的可能性为 90%，半个月后付款的可能性为 10%。

## 知识准备

### 一、商业折扣

商业折扣是商品交易中最常见的促销手段。企业根据供求关系、目标客户或其他因素，在商品标价上给予一定的扣除。商业折扣一般在交易发生时就已确定，对应收账款的入账价值没影响，交易双方均无须在账面上反映。如果是商业折扣，应收账款的入账价值应按扣除商业折扣后的销售额加以确认。图 3-10 为森马服饰商业折扣广告。

图 3-10　森马服饰商业折扣广告

## 二、 现金折扣

现金折扣通常发生在以赊销方式销售商品或提供劳务的交易中。如果客户在折扣期内付款，供货方则在总价款上给予一定的优惠。其表现形式见图 3-11。

| 信用条件 | 含义 |
| --- | --- |
| 2/10 | 自发票日期起，10 天内付款给予总价款 2%的折扣 |
| 1/20 | 自发票日期起，20 天内付款给予总价款 1%的折扣 |
| n/30 | 自发票日期起，全部账单价款在 30 天内付清无折扣 |

图 3-11 现金折扣表现形式

企业销售商品时给予客户的现金折扣，应当按照《企业会计准则第 14 号——收入》中关于可变对价的相关规定进行会计处理。

若合同中存在可变对价，企业应当按照期望值或最可能发生金额确定可变对价的最佳估计数。但是企业不能在这两种方法之间随意进行选择。

对于已履行的履约义务，其分摊的可变对价后续变动额应当调整变动当期的收入。

## 三、 销售折让

销售折让是因出售商品的质量不符合要求或其他原因而在售价款上给购买方的减让，企业销售折让发生在确认收入之前，视同商业折扣；发生在确认收入之后，则冲减当期销售收入，当期销项税按规定允许抵扣的还应冲减销项税额。

具体应编制会计分录如下：

借：主营业务收入(折让的销售金额)

  应交税费—应交增值税(销项税额)

  贷：应收账款(或银行存款)等科目

**业务处理3**

(1) 审核原始凭证(包含对入账金额的审核)。

福建苏喜服饰有限公司按最可能发生金额确定可变对价的最佳估计数，确认商品销售收入的金额为 398 000×(1-2%)= 390 040(元)。

现金折扣不影响增值税，增值税金额为 398 000×13%=51 740(元)。

本业务中应收账款的入账金额为 390 040+51 740=441 780(元)。

(2) 编制记账凭证(用会计分录代替)。

借：应收账款—福州市海峡商业城　　441 780.00
　　贷：主营业务收入—夹克衫　　390 040.00
　　　　应交税费—应交增值税(销项税额)　　51 740.00

(3) 根据审核无误的记账凭证或原始凭证，登记应收账款、主营业务收入和应交税费明细账，按账务处理程序的要求登记相关总账。(略)

**业务呈现4**

接【业务呈现3】福州市海峡商业城在15天内付款，福建苏喜服饰有限公司收到价税款441 780元并已存入企业基本存款账户，请进行相应的会计处理。

**业务处理4**

(1) 审核原始凭证。(略)

(2) 编制记账凭证(用会计分录代替)。

借：银行存款　　441 780.00
　　贷：应收账款—福州市海峡商业城　　441 780.00

(3) 根据审核无误的会计凭证登记相关账目。(略)

### 初试身手

如果福建苏喜服饰有限公司是在2024年12月30日收到福州市海峡商业城汇来的款项，其金额是多少，又该如何进行账务处理？

## 子项目2　应收票据

企业在销售存货或者提供劳务时，采用商业汇票结算的，应当设置并通过“应收票据”账户进行核算。

**业务呈现1**

2025年2月8日，福建苏喜服饰有限公司销售新款男衬衫10箱300件给厦门海西商城并代垫了运费，同时收到厦门海西商城签发的为期三个月的商业承兑汇票一张，如图3-12~图3-15所示。

**福建省增值税专用发票**

国家税务总局 福建省税务局

此联不作报销、扣税凭证使用

机器编号：350009057632

开票代码：042 005100234
开票号码：8094138007
开票日期：2025 年 2 月 8 日
校 验 码：92015 6698179549 35248

| | | | | | | | |
|---|---|---|---|---|---|---|---|
| 购买方 | 名　　称：厦门海西商城<br>纳税人识别号：350582003137<br>地 址、电 话：厦门飞翔路 18 号 8520812<br>开户行及账号：翔安工行 350256912347651 | | | | 密码区 | *7*+03193<-9-2>0-3905/*1<br>3*6->+2-1+1128>0>8<6/434<br>-32900←62-65>0/-989=138<br>8<1+4>0>>>3/2>4>>0<42091 | |
| 货物或应税劳务、服务名称 | 规格型号 | 单位 | 数量 | 单价 | 金额 | 税率 | 税额 |
| 男衬衫 | | 件 | 300 | 174.74 | 52 422.00 | 13% | 6 814.86 |
| 合　计 | | | | | ¥52 422.00 | | ¥6 814.86 |
| 价税合计（大写） | ※伍万玖仟贰佰叁拾陆元捌角陆分 | | | | （小写）¥59 236.86 | | |
| 销售方 | 名　　称：福建苏喜服饰有限公司<br>纳税人识别号：350582001393<br>地 址、电 话：晋江工业园区 0595-8320812<br>开户行及账号：晋江工行英林分理处 350125966124756 | | | | 备注 | 福建苏喜服饰有限公司<br>320723604980312<br>发票专用章 | |

第一联：记账联 销货方记账凭证

收款人：　　复核：　　开票人：林美艺　　销货方：（章）

图 3-12　增值税专用发票

**代垫费用清单（存根）①**

日期：2025 年 2 月 8 日　　No. 110208

| | | | |
|---|---|---|---|
| 单位名称 | 厦门海西商城 | 费用项目 | 运杂费　（从晋江至厦门海西商城） |
| 金　额 | 柒佰陆拾叁元壹角肆分　¥763.14 | 附送单据 | 2 张 |

单位：　福建苏喜服饰有限公司　　复核：刘东来　　制单：黄洋

图 3-13　代垫费用清单

**中国工商银行**

B Y / 0 2　转账支票存根

0 5 3 9 2 4 7

附加信息

出票日期　2025 年 2 月 8 日

| |
|---|
| 收款人：福建晋江海通物流公司 |
| 金额：¥763.14 |
| 用途：代垫含税运费 |

单位主管：　　会计：

图 3-14　银行转账支票存根

<table>
<tr><td colspan="6">商业承兑汇票　　2　A/0　A/1　5220020863<br>出票日期（大写）：贰零贰伍年零贰月零捌日</td></tr>
<tr><td rowspan="3">付款人</td><td>全　称</td><td>厦门海西商城</td><td rowspan="3">收款人</td><td>全　称</td><td>福建苏喜服饰有限公司</td></tr>
<tr><td>账　号</td><td>350256912347651</td><td>账　号</td><td>350125966124756</td></tr>
<tr><td>开户银行</td><td>厦门翔安工商银行</td><td>开户银行</td><td>晋江工商银行英林分理处</td></tr>
<tr><td colspan="2">出票金额</td><td colspan="2">人民币（大写）　陆万元整</td><td colspan="2">千 百 十 万 千 百 十 元 角 分<br>　 　 ¥ 6 0 0 0 0 0 0</td></tr>
<tr><td colspan="2">汇票到期日</td><td>（大写）贰零贰伍年伍月零捌日</td><td rowspan="2">付款人开户行</td><td>行号</td><td>3275</td></tr>
<tr><td colspan="2">交易合同号码</td><td>0003521998</td><td>行址</td><td>厦门市翔安区飞翔路 9—11 号</td></tr>
<tr><td colspan="3">厦门海西商城 财务专用章<br>出票人盖章</td><td colspan="3">备注：</td></tr>
</table>

收款行随托收凭证寄付款行作借方凭证附件

**图 3-15　商业承兑汇票**

知识准备

## 一、 登记“应收票据备查账簿”

收到商业汇票后，在到期前应妥善保管，并在“应收票据备查账簿”上登记，应收票据备查账簿格式如图 3-16 所示。

应收票据备查账簿

票据种类：　　　　第　　页

| 年 | | 凭证号 | 摘要 | 交易合同号 | 票据基本情况 | | | | | 承兑人及单位名称 | 背书人及单位名称 | 贴现 | | | 承兑 | | 转让 | | | |
|---|---|---|---|---|---|---|---|---|---|---|---|---|---|---|---|---|---|---|---|---|
| 月 | 日 | | | | 票据号码 | 签发日期 | 到期日期 | 票面金额 | 票面利率 | | | 日期 | 利率 | 净额 | 日期 | 金额 | 日期 | 受理单位 | 票面金额 | 实收金额 |
| | | | | | | | | | | | | | | | | | | | | |

**图 3-16　应收票据备查账簿**

## 二、 不带息票据账务处理

（1）发出商品，收到商业汇票，销售方根据审核无误的单据编制记账凭证：

借：应收票据（面值）—某公司

　　贷：主营业务收入（或其他业务收入）

　　　　应交税费—应交增值税（销项税额）

（2）商业汇票到期前的第 10 天，持商业汇票到银行办理委托收款手续并取回第一联，待银行从对方收到款项后，根据银行转来的收款通知联编制记账凭证：

借：银行存款

　　贷：应收票据（面值）—某公司

（3）商业汇票到期，对方无力付款，将票据款项转为应收账款：

借：应收账款—某公司
　　贷：应收票据（面值）—某公司

## 三、 带息票据账务处理

（1）发出商品，收到商业汇票，销售方根据审核无误的单据编制记账凭证：

借：应收票据（面值）—某公司
　　贷：主营业务收入（或其他业务收入）
　　　　应交税费—应交增值税（销项税额）

（2）期末，对未到期带息票据提取利息：

［利息＝面值×应提取的月（天）数×票面年利率÷12（360）］

借：应收票据—某公司
　　贷：财务费用

（3）商业汇票到期收到款项，根据银行转来的收款通知联编制记账凭证：

借：银行存款
　　贷：财务费用（差额）
　　　　应收票据【账面余额（面值＋已提利息）】—某公司

**业务处理1**

（1）审核原始凭证（包含对入账金额的审核）。

（2）编制记账凭证（用会计分录代替）：

| | |
|---|---|
| 借：应收票据—某公司 | 60 000. 00 |
| 　　贷：主营业务收入—男衬衫 | 52 422. 00 |
| 　　　　应交税费—应交增值税（销项税额） | 6 814. 86 |
| 　　　　银行存款 | 763. 14 |

（3）根据审核无误的记账凭证或原始凭证，登记银行存款日记账、主营业务收入、应收票据、应交税费的明细账，按账务处理程序的要求登记相关总账。（略）

（4）妥善保管商业汇票，并在应收票据备查账簿上进行登记。

## 初试身手

2025 年 5 月 8 日，福建苏喜服饰有限公司填写一张进账单，连同商业汇票一并提交银行，票据款及时入账，请进行相应的账务处理。(可在老师的指导下完成)

### 业务呈现2

2025 年 4 月 7 日，福建苏喜服饰有限公司将商业承兑汇票(见图 3-15)提交银行进行贴现，贴现凭证如图 3-17 所示。

**票据贴现凭证**（收账通知） 4

填写日期 2025 年 4 月 7 日　　　　第　　号

| | | | | | |
|---|---|---|---|---|---|
| 申请人 | 全　称 | 福建苏喜服饰有限公司 | 贴现汇票 | 种类及号码 | 商业承兑汇票 |
| | 账　号 | 350125966124756 | | 发票日 | 2025 年 2 月 8 日 |
| | 开户银行 | 晋江工行英林分理处 | | 到期日 | 2025 年 5 月 8 日 |
| 汇票承兑人 | 厦门海西商城 | 账号 | 350256912347651 | 开户银行 | 厦门翔安工行 |
| 汇票金额 | 人民币（大写）：陆万元整 | | 千百十万千百十元角分 | ¥ 6 0 0 0 0 0 0 | |
| 年贴现率 | 6 % | 实付金额 | 千百十万千百十元角分 | ¥ 5 9 7 0 0 0 0 | |
| 贴现利息 | 300.00 | | | | |
| 上述款项已入你单位账户。<br>此致<br>银行盖章<br>2025 年 4 月 7 日<br>（中国工商银行福建省分行 晋江支行 2025.4 转讫） | | 备注： | | | |

图 3-17　票据贴现凭证

### 知识准备

#### 一、 贴现的含义

所谓贴现就是企业将未到期的票据转让给商业银行，银行将票据到期值扣除贴现利息后的净额支付给企业。

#### 二、 贴现的计算

（1）票据的到期值 $\begin{cases}\text{不带息票据=票面金额} \\ \text{带息票据=票面金额+票面利息}\end{cases}$

（2）贴现天数=票据到期日-贴现日(注意：算头不算尾)

（3）贴现利息=票据到期值×贴现天数(月数)×年贴现率÷360(12)

（4）贴现净额(银行实付金额)=票据到期值-贴现利息

#### 三、 贴现的账务处理

企业票据贴现后，应根据审核无误的有关原始凭证编制记账凭证。

（1）银行承兑汇票贴现，银行无追索权，因此收到贴现金额时，编制如下会计分录。

借：银行存款（银行实付的贴现净额）
    财务费用（差额，根据具体业务判断借贷方向）
    贷：应收票据（账面余额）

（2）商业承兑汇票贴现，银行有追索权，因此收到贴现金额时，编制如下会计分录。

① 收到贴现金额：

借：银行存款（银行实付的贴现净额）
    财务费用（差额，根据具体业务判断借贷方向）
    贷：短期借款（账面余额）

② 商业承兑汇票到期，对方按时支付票款：

借：短期借款
    贷：应收票据（账面余额）

③ 商业承兑汇票到期，对方未支付票款，由企业归还银行贴现款项：

借：短期借款
    贷：银行存款

同时：

借：应收账款—某公司
    贷：应收票据（账面余额）

**业务处理2**

（1）审核原始凭证（包含对入账金额的审核）。

（2）编制记账凭证（用会计分录代替）。

| | | |
|---|---|---|
| 借：银行存款 | 59 700.00 | |
| 财务费用 | 300.00 | |
| 贷：短期借款 | | 60 000.00 |

（3）根据审核无误的记账凭证或原始凭证，登记相关账户的日记账、明细账。（略）

（4）专人负责登记应收票据备查账簿。

# 子项目 3　预付账款

预付账款是采购方在商品交易中，按照合同的约定，预先支付给销售方全部或者部分的货款。

## 业务呈现

2025 年 2 月 9 日，福建苏喜服饰有限公司预付购料款，有关原始凭证如图 3-18、图 3-19 所示。

中国工商银行

转账支票存根

B Y
0 2　0 5 3 9 4 6 5

附加信息

出票日期　2025 年 2 月 9 日

| | |
|---|---|
| 收款人：福建佳兴有限责任公司 | |
| 金额：¥200 000.00 | |
| 用途：预付购料款 | |

单位主管：秀苏印喜　会计：刘东来

图 3-18　银行转账支票存根

收据

2025 年 2 月 9 日　　字 № 0020125

今收到　福建苏喜服饰有限公司

交来　预付材料款

人民币（大写）贰拾万元整

¥ 200 000.00

收款单位公章：福建佳兴有限责任公司 发票专用章　收款人：刘海发　交款人：王苏苏

第二联　交客户

图 3-19　收据

## 知识准备

如果预付账款不多，可以并在“应付账款”账户中核算；如果经常发生预付账款，应单设“预付账款”账户核算，并按供货单位设置明细账，进行明细核算。

（1）企业采用预付款项购买商品或劳务，事前预付或到货后补付货款，均应编制如下分录：

借：预付账款—某公司

　　贷：银行存款

（2）采用预付账方式购买的存货验收入库，应编制如下会计分录：

借：库存商品(或原材料)
　　应交税费—应交增值税(进项税额)
　　贷：预付账款—某公司

（3）供应商收到预付款后无法供货或所供货款低于预付款，则采购方收到供应商退回的款项，应编制如下会计分录：

借：银行存款
　　贷：预付账款—某公司

**业务处理**

（1）审核原始凭证。

（2）编制记账凭证(用会计分录代替)。

借：预付账款—福建佳兴有限责任公司　　200 000.00
　　贷：银行存款　　200 000.00

（3）根据审核无误的记账凭证或原始凭证，登记银行存款日记账、预付账款明细账，按账务处理程序的要求登记相关总账。(略)

### 初试身手

（1）福建佳兴有限责任公司收到预付款后，发来福建苏喜服饰有限公司订购的A材料，增值税专用发票注明：价款180 000元，增值税23 400元，材料已验收入库，请进行相应的账务处理。

（2）接上题，经协商，福建佳兴有限责任公司同意尾款3 400元不用支付，请进行相应的账务处理。

## 子项目4　其他应收款

其他应收款是由工业企业非营业活动引起的各种应收债权和暂付款项。包括存出保证金、备用金、应收取的赔款和罚金、替职工垫付的各种款项。

**业务呈现**

2025年1月3日，福建苏喜服饰有限公司支付一笔备用金，有关单据如图3-20、图3-21所示。

福建苏喜服饰有限公司内部付款凭证　　NO 20207961

2025 年1月 3 日

| 领款人 | 石狮办事处 | 付出性质 | 内部往来 |
|---|---|---|---|
| 款项内容 | 定额备用金 | | |
| 人民币（大写） | 壹拾万元整 | | 十 万 千 百 十 元 角 分<br>1 0 0 0 0 0 0 0 |
| 审批人<br>秀苏印喜 | 会计:（盖章）<br>刘东来 | 出纳:（盖章）<br>黄洋 | 备注:<br>石狮办事处为本公司非独立核算单位 |

第三联财务

图 3-20　公司内部付款凭证

中国工商银行

转账支票存根

$\frac{B\ Y}{0\ 2}$　　0 0 7 3 9 0 5

附加信息

出票日期　2025 年 1 月 3 日

| | |
|---|---|
| 收款人：福建苏喜服饰有限公司石狮办事处 | |
| 金额：￥100 000.00 | |
| 用途：付年度定额备用金 | |

单位主管：秀苏印喜　　会计：刘东来

图 3-21　银行转账支票存根

**知识准备**

## 一、 备用金的含义

备用金是企业为内部各单位或个人准备的货币资金，以满足这些部门或个人日常零星开支或出差等业务的需要，备用金分为一次报销制和定额备用制。

## 二、 备用金的核算

备用金是其他应收款的一种，也通过“其他应收款”账户进行总分类核算，并按应收单位或个人设置相应的明细账，进行明细分类核算。

（1）企业某内部单位或职员按规定预借备用金。

借：其他应收款—某内部单位或某职员

　　贷：库存现金（或银行存款）

（2）企业某内部单位或职员使用备用金支付后前来报销，应编制如下会计分录。

① 一次性备用金的报销(也就是收回备用金)：

借：相关科目
　　库存现金或银行存款(根据具体业务判断借贷方向)
　　贷：其他应收款—某内部单位或某职员

② 定额备用金的日常报销(报销的同时补足备用金)：

借：相关科目
　　贷：库存现金或银行存款

(3)收回定额备用金：

借：库存现金或银行存款
　　贷：其他应收款—某内部单位或某职员

知识拓展

### 小企业“备用金”业务的账户设置

《小企业会计准则》规定：小企业发生备用金业务可单独设置“备用金”科目进行会计核算，未单设该科目的应当设置“其他货币资金”科目进行会计核算。

**业务处理**

(1) 审核原始凭证。(略)

(2) 编制记账凭证(用会计分录代替)。

| | | |
|---|---|---|
| 借：其他应收款—石狮办事处 | 100 000. 00 | |
| 　　贷：银行存款 | | 100 000. 00 |

(3) 根据审核无误的记账凭证或原始凭证，登记银行存款日记账、其他应收款明细账，按账务处理程序的要求登记相关总账。(略)

## 初试身手

2025 年 1 月 31 日，石狮办事处出纳到总部报销当月各项办公费 98 560 元，总部财务人员审核无误后以转账支票补足定额，请进行相应的账务处理。

如果 2025 年 9 月 30 日，总部撤销石狮办事处，办事处报销当月各项办公费用 85 000元后，转账退回剩余备用金 15 000 元，请进行相应的账务处理。

# 子项目5　坏　　账

坏账是指企业无法收回或收回可能性很小的应收及预付款项，企业因发生坏账而造成的损失称为坏账损失，坏账损失是信用减值损失的一种。

业务呈现1

福建苏喜服饰有限公司2024年计提坏账准备，有关单据如图3-22所示。

福建苏喜服饰有限公司坏账准备提取表

2024年12月31日　　提取比例：2%

| 本年应提取或冲销的坏账准备金额① | 应收账款年末余额② | 应收账款年初余额③ | 本年确认的坏账金额④ | 确认为坏账又在本年收回的金额⑤ |
|---|---|---|---|---|
| 60 000 | 3 000 000 | 1 000 000 | 20 000 | 0 |
| 备　　注 | ①＝（②－③）×2%＋④－⑤ | | | |

审核：　　制表：

图3-22　公司坏账准备提取表

知识准备

## 一、应收账款预期信用损失的确认

对于一年以内或一年以上的非融资性质形成的应收账款，以及分期收款销售形成的长期应收款等，企业在每个资产负债表日，应当采用简易方法计量其自初始确认起整个预计存续期的预期信用损失金额。

下面介绍三种应收账款预期信用损失的评估方法。

1. 账龄分析法

按账龄的长短估计应收账款的坏账损失并确定应提取的准备金额。

2. 销货百分比法

按赊销金额的百分比估计应收账款的坏账损失并确定应提取的准备金额。

3. 应收账款余额百分比法

按年末应收账款余额的一定比例来估计应收账款的坏账损失并确认应提取的准备金额（本教材主要介绍“应收账款余额百分比法”）。

## 二、 坏账准备的计提

企业在每个资产负债表日，应当估计应收账款预期信用损失，确定应提的准备金额，建立坏账准备金，待坏账实际发生时，冲销已提取的坏账准备金和相应的应收账款。

采用“应收账款余额百分比法”，资产负债表日应提取或应冲销的坏账准备金的计算公式如下：

| 本年应提(冲销)的坏账准备金额 | = | 坏账准备年末余额 | - | 坏账准备年初余额 | + | 本期确认为坏账的金额 | - | 确认为坏账又收回金额 |
|---|---|---|---|---|---|---|---|---|

其中：坏账准备年末(初)余额=应收账款年末(初)余额×规定的计提比例

计算结果若是正数，为本年应补提的坏账准备金额，应进行如下账务处理：

借：信用减值损失—坏账损失
　　贷：坏账准备

计算结果若是负数，为本年应冲销的坏账准备金额，应进行如下账务处理：

借：坏账准备
　　贷：信用减值损失—坏账损失

**业务处理1**

(1) 审核原始凭证(也就是审核图 3-22)。

项目②应收账款年末余额以及项目③应收账款年初余额，应与应收账款总账 2025 年的年初数及年末数相核对，以确保数据正确。

本年确认坏账 20 000 元，所以项目④的金额为 20 000 元。

本年没有收回当年及以前年度确认的坏账，所以项目⑤的金额为零。

经计算，2024 年应提取的坏账准备金额为 60 000 元。

附计算过程：(3 000 000-1 000 000)×2%+20 000-0=60 000(元)

(2) 编制记账凭证(用会计分录代替)：

借：信用减值损失—坏账损失　　60 000.00
　　贷：坏账准备　　60 000.00

(3) 根据审核无误的记账凭证或原始凭证，登记信用减值损失和坏账准备的明细账，按账务处理程序的要求登记相关总账。(略)

**业务呈现2**

福建苏喜服饰有限公司 2025 年 5 月确认一笔坏账损失，有关单据如图 3-23 所示。

**坏账损失确认通知**

因大宇公司资不抵债且企业资产均为不良资产，确认大宇公司所欠款项 32 000 元已无法收回，经公司领导确认批准，同意注销该笔应收账款。

总经理：秀苏印喜　　　　会计主管：刘东来

2025 年 5 月 30 日

图 3-23　坏账损失确认通知

**知识准备**

企业应收账款以及分期收款销售形成的长期应收款，满足下列情况中的任意一种，就应当确认为坏账，并计算造成的信用损失。

（1）债务人破产，用其剩余资产偿还后仍不能收回的；

（2）债务人死亡，用其遗产偿还后仍不能收回的；

（3）债务人逾期三年尚未归还，并有证据表明回收可能性极小的。

企业对已经发生的坏账，应进行如下的账务处理：

借：坏账准备

　　贷：应收账款—某公司

**业务处理2**

（1）审核原始凭证。（略）

（2）编制记账凭证（用会计分录代替）。

| | | |
|---|---|---|
| 借：坏账准备 | 32 000.00 | |
| 　　贷：应收账款—大宇公司 | | 32 000.00 |

（3）按账务处理程序的要求登记相关总账。（略）

**业务呈现3**

2025 年 9 月，北福股份有限公司资产重组成功，新股东归还北华集团所欠本公司账款 20 000 元，单据如图 3-24 所示（该笔账款已在 2024 年确认为坏账）。

中国工商银行电子汇兑贷方凭证（收款通知）

| | | | | | | | | | |
|---|---|---|---|---|---|---|---|---|---|
| 发报行 | 行号 | 03988 | 编制日期 | 2025.9.18 | 收报行 | 行号 | 28957 | 号码 | 2981 |
| | 行名 | 福州工商银行东街口营业部 | | | | 行名 | 晋江工行 | | |
| 收款单位 | 账号 | 350125966124756 | | | | 收款行名称 | | | |
| | 名称 | 福建苏喜服饰有限公司 | | | | 晋江工行英林分理处 | | | |
| 金额（大写）：贰万元整 | | | | | | ¥20 000.00 | | | |
| 付款单位名称：北福股份有限公司<br>事由：归还前欠账款 | | | | | | 业务种类 | 汇兑 | | |
| 上列款项已代转账、如有错误，请持此联来行面洽，此致<br>中国工商银行福建省分行 晋江支行 2025.9.1 转讫<br>（银行盖章）<br>年 月 日 | | | 上列款项已照收无误<br>证件名称<br>证件号码<br>福建苏喜服饰有限公司 320723604980312 发票专用章<br>（收款单位章）2025年9月18日 | | | | 科目（贷）<br>对方科目<br>记账 复核<br>核押 出纳 | | |

此联代收款通知

（报告表号） （业务编号） 转账日期：

**图 3-24 电子汇兑贷方凭证**

## 知识准备

对以前年度被确认为坏账现在又收回的应收款项，应进行如下的账务处理。

（1）收到已经确认为坏账的应收款项：

借：银行存款

  贷：应收账款—某公司

（2）冲减之前将该笔应收款项确认为坏账的业务：

借：应收账款—某公司

  贷：坏账准备

## 知识拓展　小企业发生坏账业务的账务处理

《小企业会计准则》规定：小企业没发生坏账就不提坏账准备，实际发生坏账时借记“营业外支出”，贷记“应收账款”等科目；如果确认为坏账的应收款项又收回，则按实际收到数额，借记“银行存款”，贷记“营业外收入”。

## 业务处理3

（1）审核原始凭证。（略）

（2）编制记账凭证（用会计分录代替）。

① 收到已经确认为坏账的应收款项。

借：银行存款　　20 000.00
　　贷：应收账款—某公司　　20 000.00

② 冲减之前将该笔应收款项确认为坏账的业务。

借：应收账款—某公司　　20 000.00
　　贷：坏账准备　　20 000.00

（3）根据审核无误的记账凭证或原始凭证，登记坏账准备和应收账款的明细账，按账务处理程序的要求登记相关总账。（略）

## 初试身手

2025 年 12 月 31 日，福建苏喜服饰有限公司确认应收账款期末余额为 400 万元，请结合子项目 5 所有业务，编制该公司 2025 年坏账准备提取表，并进行相应的账务处理。

# 项目四 存 货

存货是企业重要的流动资产，也是企业生产经营正常进行的物资保证，存货的成本既直接影响到企业的生产经营成本，又间接关系到企业的营业利润和所得税费用。

## 学习目标

**知识目标：**

了解存货的含义和内容，熟悉存货确认条件、存货的盘存制度，掌握存货的计价以及清查方法。

**能力目标：**

能正确计算购入存货、发出存货的成本，能对存货采购、发出、清查、计提跌价准备各环节的业务进行会计处理。

**思政目标：**

如实反映存货业务，加强对存货的监管，在确保质量的前提下，不断降低存货成本，提高存货的利用率，建设环境友好型的绿色企业。

# 子项目 1 存货基本理论

## 业务呈现

下列为某食品企业的部分存货实物图片（见图 4-1），请指出每一张图片所展示的实物，按经济内容分，属于存货中的哪一类，并分析一下企业的存货有哪些特点。

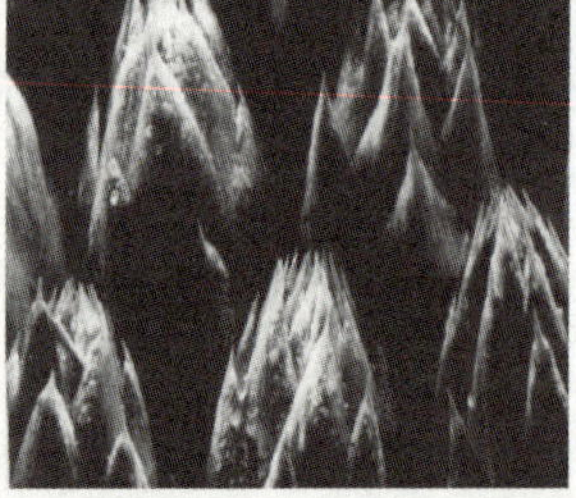

①

②

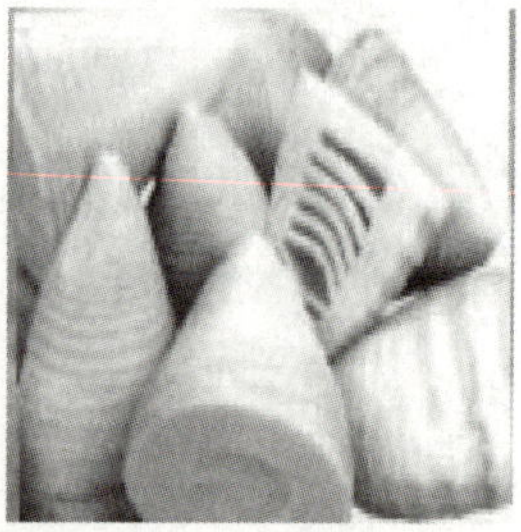

③

图 4-1 存货实物

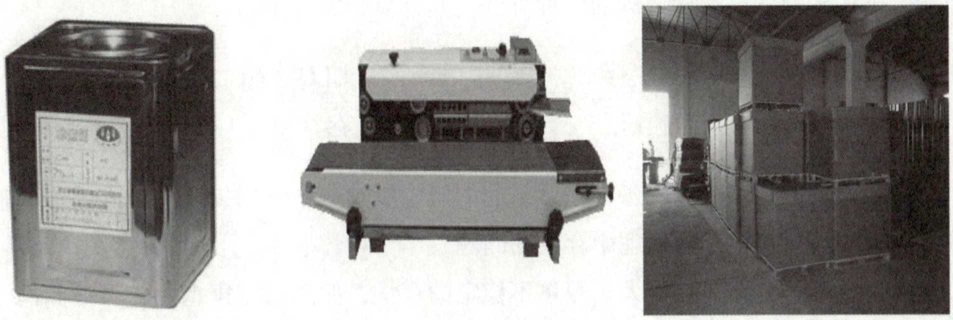

④　　　　⑤封口机　　　　⑥

图 4-1　存货实物(续)

知识准备

## 一、 存货的含义及确认条件

1. 存货的含义

存货是指企业在日常活动中持有以备出售的产成品或商品，处在生产过程中的在产品、在生产过程或提供劳务过程中耗用的材料和物料等。

2. 存货的确认

某项货物是否为本企业的存货，除了符合存货的定义，还应同时满足下列两个条件，才能予以确认。

(1) 存货包括的该项经济利益很可能流入企业。

首先，企业对该项货物应拥有所有权，所有权不属于企业的货物，即使存放在企业里也不能作为企业的存货，如受托加工来料，应列作企业的代管物资。

其次，该项货物的质量符合要求，可以被出售或使用，能给企业带来经济利益。如果货物已损坏，不能出售或使用，即使已确认为存货，也应从企业存货中转出。

(2) 存货的成本能够可靠地计量。

## 二、 存货的分类

(1) 存货按存放地点分为库存存货、委托加工存货、在途存货。

(2) 存货按其经济内容可分为原材料、在产品、自制半成品、产成品、包装物、低值易耗品、外购商品等。

## 三、 存货的盘存制度

存货数量需要盘存确定，存货数量盘存制度主要有实地盘存制和永续盘存制两种。

1. 实地盘存制(也称定期盘存制)

所谓实地盘存制是指企业的存货明细账，平时只登记存货收入的数量和金额，不计发出数量，期末通过实地盘点确定存货结存数量，然后倒挤出本期发出存货的数量，乘以单价，求得本期发出存货金额的一种方法。其计算公式如下：

$$\text{本期发出存货金额}=\left(\text{期初库存存货数量}+\text{本期入库存货数量}-\text{期末结存存货数量}\right)\times\text{存货单价}$$

实地盘存制可能使存货由各种差错引起的短少以及非正常损失全部挤入销售或耗用的成本中，从而掩盖了存货管理中存在的问题。

对单价不高、自然损耗较大、数量不稳定的存货，如商业零售企业的鲜活商品、施工企业的粗沙、碎石等均可采用实地盘存制。

2. 永续盘存制(也称账面盘存制)

永续盘存制是指企业平时在存货明细账中既登记收入存货的数量和金额，也登记发出存货的数量和金额，并随时结出结存存货的数量和金额的一种方法。其计算公式如下：

$$\text{期末结存存货数额}=\text{期初库存存货数额}+\text{本期入库存货数额}-\text{本期发出存货数额}$$

永续盘存制对存货的管理较为规范、科学，不容易出现问题，即使出现了问题也容易被发现，并及时得到处理。所以绝大多数企业，或者企业里的绝大多数存货都采用永续盘存制。

**业务处理**

①—原材料　　②—在产品

③—自制半成品　　④—产成品(或库存商品)

⑤—低值易耗品　　⑥—包装物

存货是企业重要的流动资产，和企业其他类型资产相比，有如下特点：

(1) 相对无形资产，存货有实物形态；

(2) 相对长期资产，存货有较强的流动性；

(3) 存货变现能力不如货币资产，并有发生损失的可能性；

(4) 持有存货的目的是出售或耗用，耗用的结果也是形成新的存货以供出售，如原材料、包装物、低值易耗品被耗用后，它们的价值一次或分次转移到可供出售产品的身上，有的其实体也构成了可供出售产品的一部分。

## 子项目 2　存货收发的计价方法

**业务呈现**

福建苏喜服饰有限公司根据有关原始单据，对 2024 年 9 月份“材料—PU 革”的初期结存及本月进出仓情况进行汇总，如表 4-1 所示。请分别采用个别计价法、先进先出法、加权平均法计算本月发出 PU 革的单价、金额，月末结存 PU 革的数量、单价、金额，并根据有关会计凭证，登记到 PU 革的“物资明细账”中。

**表 4-1　公司材料进出仓情况汇总**

| 时间 | 摘要 | 数量(米) | 单价(元) | 金额(元) | 备注 |
|---|---|---|---|---|---|
| 9 月 1 日 | 上月结存 | 200 | 15.10 | 3 020 | 805 批次 |
| 9 月 5 日 | 购入 | 400 | 15.25 | 6 100 | 901 批次 |
| 9 月 8 日 | 发出 | 300 | | | |
| 9 月 13 日 | 购入 | 1 200 | 15.35 | 18 420 | 902 批次 |
| 9 月 15 日 | 发出 | 1 300 | | | |
| 9 月 28 日 | 购入 | 200 | 15.30 | 3 060 | 903 批次 |

知识准备

## 一、 存货初始计量

企业取得存货的方式有外购、自制、委托加工、投资者投入、接受捐赠、盘盈、非货币交换获得。存货无论以何种方式获得，都应按照成本进行初始计量。

存货成本包括采购成本、加工成本、其他成本。

(1) 外购存货的实际成本(详见子项目 3)。

(2) 自制存货的实际成本(详见子项目 3)。

(3) 委托加工存货的实际成本(详见子项目 5)。

(4) 投资者投入的存货，应按合同或协议约定的价值作为实际成本，但合同或协议约定的价值不公允的除外。(小企业准则规定：投资者投入存货按评估价入账)

(5) 接受捐赠的存货，应按以下规定确定其实际成本：

① 捐赠方提供了发票、报关单等合法凭据的，按凭据上标明的金额加上应支付的相关税费，作为实际成本。

② 捐赠方没有提供凭据的，以同类或类似存货的市场价格为参照，估计受捐存货的金额，并加上应支付的税费作为实际成本。

(6) 盘盈存货，应以同类或类似存货的市场价格作为存货的实际成本。

下列费用应当在发生时确认为当期损益，不计入存货成本：

(1) 非正常消耗的直接材料、直接人工和制造费用。

(2) 仓储费用(不包括在生产过程中为达到下一个生产阶段所必需的费用)。

(3) 不能归属于存货达到目前场所和状态的其他支出。

## 二、 发出存货的计价方法

发出存货的计价方法分为实际成本法和计划成本法两类。实际成本法又包括个别计价法、先进先出法、加权平均法三种具体方法。

### （一）个别计价法

个别计价法的含义、操作步骤、适用范围如表 4-2 所示。

**表 4-2　个别计价法**

| | |
|---|---|
| 含义 | 以每批存货实际单位成本作为该批存货的发出成本，实物流动与成本流动相一致 |
| 操作步骤 | ① 存货按批次分别存放并建立卡片，注明该批存货的批次和单价等信息；<br>② 发出存货时仓管员要在发料单上注明发货批次，会计据此确定成本 |
| 缺点 | 手续烦琐、对仓库管理要求高 |
| 适用范围 | ① 适用于贵重物品或单位体积大、容易辨认进货批次的存货，如珠宝、设备等；<br>② 不适用于单位体积小、数量多且收发频繁的存货 |

**业务处理1**

采用个别计价法求得 9 月份发出 PU 革成本以及月末结存的 PU 革成本，并根据有关会计凭证，登入 PU 革的“物资明细账”中，如图 4-2 所示。

**物资明细账**

最高储备量 2 000　　最低储备量 200　　存放地点：第 1 仓库

| 总页 | | 页数 | |
|---|---|---|---|
| 编号 | | 计量单位 | 米 |
| 名称及规格 | | PU 革 | |

| 24年 | | 凭证 | 摘要 | 借（收入）方 | | | | 核对号 | 贷（发出）方 | | | | 结存 | | | |
|---|---|---|---|---|---|---|---|---|---|---|---|---|---|---|---|---|
| 月 | 日 | | | 批号 | 数量 | 单价 | 金额 | | 批号 | 数量 | 单价 | 金额 | 批号 | 数量 | 单价 | 金额 |
| 9 | 1 | 略 | 结存 | | | | | | | | | | 805 | 200 | 15.10 | 3 020 |
| 9 | 5 | 略 | 购入 | 901 | 400 | 15.25 | 6 100 | | | | | | 805<br>901 | 200<br>400 | 15.10<br>15.25 | 9 120 |
| 9 | 8 | 略 | 发出 | | | | | | 901 | 300 | 15.25 | 4 575 | 805<br>901 | 200<br>100 | 15.10<br>15.25 | 4 545 |
| 9 | 13 | 略 | 购入 | 902 | 1 200 | 15.35 | 18 420 | | | | | | 805<br>901<br>902 | 200<br>100<br>1 200 | 15.10<br>15.25<br>15.35 | 22 965 |
| 9 | 15 | 略 | 发出 | | | | | | 901<br>902 | 100<br>1 200 | 15.25<br>15.35 | 19 945 | 805 | 200 | 15.10 | 3 020 |
| 9 | 28 | 略 | 购入 | 903 | 200 | 15.30 | 3 060 | | | | | | 805<br>903 | 200<br>200 | 15.10<br>15.30 | 6 080 |
| 9 | 30 | 略 | 本月合计 | | 1 800 | | 27 580 | | | 1 600 | | 24 520 | | 400 | | 6 080 |

**图 4-2　物资明细账**

假设 9 月 8 日发出 PU 革 300 米是 901 批次，则成本 = 300×15.25 = 4 575(元)。

假设 9 月 15 日发出 PU 革 1 300 米，其中有 100 米是 901 批次，有 1 200 米是 902 批次，则成本 = 100×15.25+1 200×15.35 = 19 945(元)。

期末结存 PU 革的成本 = 200×15.10+200×15.30 = 6 080(元)。

## （二）先进先出法

先进先出法的含义、优缺点、适用范围如表 4-3 所示。

**表 4-3　先进先出法**

| | |
|---|---|
| 含义 | 按最早入库的存货最先发出这一假定成本流转程序，计算本期发出和期末结存存货的成本，此种方法下，成本流转与实物流转不一定一致 |
| 优点 | ① 可以随时结转存货成本，及时反映存货的资金占用情况；<br>② 期末库存的存货，其成本与这种存货的现行市场成本价最接近；<br>③ 对企业而言，当物价持续下跌时采用先进先出法符合谨慎性原则 |
| 缺点 | ① 计算量大，对存货进出频繁的企业更是如此；<br>② 物价上涨且涨幅较大时，会虚增企业利润，从而导致企业多交税 |
| 适用范围 | 适用于进出货次数不多、价格波动幅度较大的存货 |

**业务处理2**

采用先进先出法计算 9 月份发出以及月末结存的 PU 革成本，并根据有关会计凭证，登记到 PU 革的"物资明细账"中，如图 4-3 所示。

**物资明细账**

最高储备量 2 000　　最低储备量 200　　存放地点：第 1 仓库

总页　　页数　　编号　　计量单位 米　　名称及规格 PU 革

| 24年 月 | 日 | 凭证 | 摘要 | 借（收入）方 数量 | 单价 | 金额（十万千百十元角分） | 核对号 | 贷（发出）方 数量 | 单价 | 金额（十万千百十元角分） | 结存 数量 | 单价 | 金额（十万千百十元角分） |
|---|---|---|---|---|---|---|---|---|---|---|---|---|---|
| 9 | 1 | 略 | 结存 | | | | | | | | 200 | 15.10 | 302000 |
| 9 | 5 | 略 | 购入 | 400 | 15.25 | 610000 | | | | | 200<br>400 | 15.10<br>15.25 | 912000 |
| 9 | 8 | 略 | 发出 | | | | | 200<br>100 | 15.10<br>15.25 | 454500 | 300 | 15.25 | 457500 |
| 9 | 13 | 略 | 购入 | 1 200 | 15.35 | 1842000 | | | | | 300<br>1 200 | 15.25<br>15.35 | 2299500 |
| 9 | 15 | 略 | 发出 | | | | | 300<br>1 000 | 15.25<br>15.35 | 1992500 | 200 | 15.35 | 307000 |
| 9 | 28 | 略 | 购入 | 200 | 15.30 | 306000 | | | | | 200<br>200 | 15.35<br>15.30 | 613000 |
| 9 | 30 | 略 | 本月合计 | 1 800 | | 2758000 | | 1 600 | | 2447000 | | | |

图 4-3　物资明细账

9 月 8 日发出 PU 革 300 米的成本 = 200×15.10+100×15.25 = 4 545（元）

9 月 15 日发出 PU 革 1 300 米的成本 = 300×15.25+1 000×15.35 = 19 925（元）

期末结存 PU 革的成本 = 200×15.35+200×15.30 = 6 130（元）

## （三）加权平均法

加权平均法的含义、计算公式、优缺点、适用范围如表 4-4 所示。

**表 4-4　加权平均法**

| | |
|---|---|
| 含义 | 月末，根据汇总期初结存存货和本月收入存货的数量、成本，求得本月存货的加权平均单价，作为计算本月发出存货成本和月末结存存货成本的单价。此种方法下，成本流转与实物流转不一定一致 |
| 公式 | $本月加权平均单价=\frac{月初结存存货实际成本+本月入库存货实际成本}{期初结存存货数量+本月入库存货的数量}$<br>本月发出存货成本＝本月发出存货数量×本月加权平均单价<br>期末结存存货成本＝期末结存存货数量×本月加权平均单价 |
| 优点 | 核算工作量较小，发出存货单位成本较均衡 |
| 缺点 | 账簿记录平时无法反映发出及结存存货的情况，不利于存货的日常管理 |
| 适用范围 | 适用于收入批次较多、数量较大、价格波动不大的存货 |

**业务处理3**

采用加权平均法计算 9 月份发出以及月末结存的 PU 革成本，并根据有关会计凭证，登入 PU 革的“物资明细账”中，如图 4-4 所示。

**物资明细账**

最高储备量 2 000　　最低储备量 200　　存放地点：第 1 仓库

| 总页 | | 页数 | |
|---|---|---|---|
| 编号 | | 计量单位 | 米 |
| 名称及规格 | PU 革 | | |

| 24年 | | 凭证 | 摘要 | 借（收入）方 | | | | | | | | | | 核对号 | 贷（发出）方 | | | | | | | | | | 结存 | | | | | | | | | |
|---|---|---|---|---|---|---|---|---|---|---|---|---|---|---|---|---|---|---|---|---|---|---|---|---|---|---|---|---|---|---|---|---|---|---|
| 月 | 日 | | | 数量 | 单价 | 十 | 万 | 千 | 百 | 十 | 元 | 角 | 分 | | 数量 | 单价 | 十 | 万 | 千 | 百 | 十 | 元 | 角 | 分 | 数量 | 单价 | 十 | 万 | 千 | 百 | 十 | 元 | 角 | 分 |
| 9 | 1 | 略 | 结存 | | | | | | | | | | | | | | | | | | | | | | 200 | 15.10 | | | 3 | 0 | 2 | 0 | 0 | 0 |
| 9 | 5 | 略 | 购入 | 400 | 15.25 | | | 6 | 1 | 0 | 0 | 0 | 0 | | | | | | | | | | | | 600 | | | | | | | | | |
| 9 | 8 | 略 | 发出 | | | | | | | | | | | | 300 | | | | | | | | | | 300 | | | | | | | | | |
| 9 | 13 | 略 | 购入 | 1 200 | 15.35 | | 1 | 8 | 4 | 2 | 0 | 0 | 0 | | | | | | | | | | | | 1 500 | | | | | | | | | |
| 9 | 15 | 略 | 发出 | | | | | | | | | | | | 1 300 | | | | | | | | | | 200 | | | | | | | | | |
| 9 | 28 | 略 | 购入 | 200 | 15.30 | | | 3 | 0 | 6 | 0 | 0 | 0 | | | | | | | | | | | | 400 | | | | | | | | | |
| 9 | 30 | 略 | 本月合计 | 1 800 | | | 2 | 7 | 5 | 8 | 0 | 0 | 0 | | 1 600 | 15.30 | | 2 | 4 | 4 | 8 | 0 | 0 | 0 | 400 | 15.30 | | | 6 | 1 | 2 | 0 | 0 | 0 |

图 4-4　物资明细账

9 月 PU 革加权平均单价＝(3 020+27 580)÷(200+1 800)＝15.30(元/米)

9 月发出 PU 革的成本＝1 600×15.30＝24 480(元)

期末结存 PU 革的成本＝400×15.30＝6 120(元)

# 子项目 3　原　材　料

**业务呈现1**

福建苏喜服饰有限公司 2024 年 9 月 3 日采购业务单据如图 4-5~图 4-8 所示。

**中国工商银行**

转账支票存根

$\frac{B\ Y}{0\ 2}$　0 0 5 4 3 8 7

附加信息

出票日期　2024 年 9 月 3 日

| |
|---|
| 收款人：广东天富棉纺股份有限公司 |
| 金额：￥58 135.00 |
| 用途：付材料买价、运费的价税款 |

单位主管：秀苏印喜　会计：刘东来

图 4-5　银行转账支票存根

广东省增值税专用发票

发　票　联

开票代码：422 083 0340493
开票号码：4772820093
开票日期：2024 年 9 月 3 日
机器编号：44008135205
校 验 码：45039806508 93084 3457

| | | | | | | | | |
|---|---|---|---|---|---|---|---|---|
| 购买方 | 名　　称：福建苏喜服饰有限公司<br>纳税人识别号：350582001393<br>地 址、电 话：晋江工业园区 0595-8320812<br>开户行及账号：晋江工行英林分理处350125966124756 | | | | 密码区 | 41-*225193<-9-2>0-3905/*<br>501>+22-1+1285>0>1</4936<br>+7-000←215-1>@/0-1369+0<br>0>+0>-0>@0>2/33<9@25￥88 | | |
| 货物或应税劳务、服务名称 | 规格型号 | 单位 | 数量 | 单价 | 金　额 | 税率 | 税　额 | |
| 运费 | | 吨公里 | 250 | 6.00 | 1 500.00 | 9% | 135.00 | |
| 合　　计 | | | | | ￥1 500.00 | | ￥135.00 | |
| 价税合计（大写） | ※壹仟陆佰叁拾伍元整 | | | | | （小写）￥1 635.00 | | |
| 销售方 | 名　　称：广东省海通物流股份有限公司<br>纳税人识别号：440117008895<br>地 址、电 话：广州市澳门路 8 幢 33 号 98570518<br>开户行及账号：广州工行澳门路营业处 480518360323455 | | | | 备注 | 广东省海通物流股份有限公司 440117008895 发票专用章 | | |

第三联：发票联　购货方记账凭证

收款人：　　复核：　　开票人：李秋兰　　销货单位：（章）

图 4-6　增值税专用发票

**广东省增值税专用发票**

**发票联**

机器编号：44003135199

开票代码：422 093 0211449
开票号码：4822820309
开票日期：2024 年 9 月 3 日
校 验 码：45039806508 93084 3457

| 购买方 | 名称：福建苏喜服饰有限公司<br>纳税人识别号：350582001393<br>地址、电话：晋江工业园区 0595-8320812<br>开户行及账号：晋江工行英林分理处350125966124756 | 密码区 | 3=6*225193<-9-2>0-3905/*<br>4*1>+22-1+1285>0>1</4935<br>+4-000←215-1>@/0-1369+4<br>4>+0>-0>@0>2/33<9@25￥#7 |
|---|---|---|---|

| 货物或应税劳务、服务名称 | 规格型号 | 单位 | 数量 | 单价 | 金额 | 税率 | 税额 |
|---|---|---|---|---|---|---|---|
| 锦棉布 | | 码 | 2 500 | 20.00 | 50 000.00 | 13% | 6 500.00 |
| 合计 | | | | | ￥50 000.00 | | ￥6 500.00 |
| 价税合计（大写） | ※伍万陆仟伍佰元整 | | | | | （小写） | ￥56 500.00 |

| 销售方 | 名称：广东省天富棉纺股份有限公司<br>纳税人识别号：440581756375108<br>地址、电话：广州市香港路 19 幢 C 号 98570518<br>开户行及账号：广州工行香港路营业处 390518308490532 | 备注 | 广东省天富棉纺股份有限公司<br>390518308490532<br>发票专用章 |
|---|---|---|---|

收款人： 复核： 开票人：江湖 销货单位：（章）

第三联：发票联 购货方记账凭证

图 4-7 增值税专用发票

**材料入库单**

2024 年 09 月 04 日

收料仓库：第 1 仓库 交库单位：采购部门

| 编号 | 品名 | 规格 | 单位 | 数量 请收 | 数量 实收 | 单价 | 十 | 万 | 千 | 百 | 十 | 元 | 角 | 分 |
|---|---|---|---|---|---|---|---|---|---|---|---|---|---|---|
| A18 | 锦棉布 | | 码 | 2 500 | 2 500 | | | | | | | | | |
| | | | | | | | | | | | | | | |
| 备注 | | | | | | 合计 | | | | | | | | |

仓库负责人 验收人 王华感

第四联 财务

图 4-8 材料入库单

**知识准备**

原材料按实际成本计价的核算是指对原材料的收入、发出、清查、结存等日常业务均按其实际成本进行核算。采用实际成本核算应设置“在途物资”“原材料”等账户。

| 借 在途物资(总账) | 贷 |
|---|---|
| 期初尚未验收入库材料的实际成本 | |
| 本期已购但尚未验收入库材料的实际成本 | 本期验收入库材料的实际成本 |
| 期末尚未验收材料的实际成本 | |

按供应单位或材料品种设置明细账

| 借 | 原材料(总账) 贷 |
| --- | --- |
| 期初结存材料的实际成本 | |
| 本期验收入库材料的实际成本 | 本期发出材料的实际成本 |
| 期末结存材料的实际成本 | |

按种类及品名设置明细账

## 一、 外购材料入库的核算

1. 外购存货成本的确定

外购存货成本是指存货从采购到验收入库前发生的与采购有直接关系的所有支出，包括买价、相关税费、运输费、装卸费、保险费和其他可归属于存货采购成本的费用。其中：相关税费是指购买存货过程中发生的进口关税、消费税、资源税等价内税和不能抵扣的增值税进项税额以及相应的教育费附加。

其他可归属于存货采购成本的费用包括采购过程中的仓储费、包装费、运输途中的合理损耗、入库前的挑选整理费等。

2. 外购存货的账务处理

(1) 单货同到，根据审核无误的原始凭证编制记账凭证并登记相应的账户：

借：原材料—某材料
　　应交税费—应交增值税(进项税额)
　　贷：银行存款(或应付票据、应付账款等科目)

(2) 单先到货后到，分两步进行账务处理：

第一步，根据审核无误的单据编制记账凭证并登记相应的账户：

借：在途物资—某供货商(或材料品种)
　　应交税费—应交增值税(进项税额)
　　贷：银行存款(或应付票据、应付账款等科目)

第二步，根据审核无误的“入库单”编制记账凭证并登记相应的账户：

借：原材料—某材料
　　贷：在途物资—某供货商(或材料品种)

(3) 货到单未到：材料已送达企业，但采购单据(主要是指增值税专用发票等税票)未送达的，将材料入库单存档备查，待收到单据时，再抽出入库单，编制单货同到的记账凭证；到了月末，单据仍未送达的，可按材料合同价暂估入账：

借：原材料—某材料

　　贷：应付账款—暂估应付账款

下月初，红字冲销上月末暂估入账的记账凭证：

借：原材料—某材料(金额用红字)

　　贷：应付账款—暂估应付账款(金额用红字)

待收到采购单据时，按正常程序编制单货同到的记账凭证。

## 二、 材料发出的核算

### 1. 发出存货成本的确定

在实际成本法下，企业可根据存货的特点、结合企业管理的要求，选择使用个别计价法、先进先出法、加权平均法中的某种计算方法计算发出存货的成本。

### 2. 发出存货的账务处理

根据领料单、限额领料单或者发出材料汇总表，编制记账凭证并登记到相关账户中：

借：生产成本—某产品(直接材料)

　　制造费用(车间一般消费材料)

　　管理费用(行政部门领用材料)

　　销售费用(专设销售机构领用材料)

　　其他业务成本(材料发出用于销售)

　　贷：原材料—某种材料或某类材料

**业务处理1**

(1)【业务呈现1】属于单货同到型，财务人员根据图 4-5～图 4-7 所提供的资料，计算本次所购材料的总成本和单位成本，并填到入库单的财务联中，如图 4-9 所示。

**材 料 入 库 单**

2024 年 09 月 04 日

收料仓库：第 1 仓库　　交库单位：采购部门　　第四联 财务

| 编号 | 品名 | 规格 | 单位 | 数量 | | 单价 | 金额 | | | | | | | |
|---|---|---|---|---|---|---|---|---|---|---|---|---|---|---|
| | | | | 请收 | 实收 | | 十 | 万 | 千 | 百 | 十 | 元 | 角 | 分 |
| A18 | 锦棉布 | | 码 | 2 500 | 2 500 | 20.60 | | 5 | 1 | 5 | 0 | 0 | 0 | 0 |
| | | | | | | | | | | | | | | |
| 备注 | | | | | | 合计 | ¥ | 5 | 1 | 5 | 0 | 0 | 0 | 0 |

仓库负责人　　验收人　王华感

图 4-9　材料入库单

材料采购成本＝50 000.00+1 500.00＝51 500.00（元）

增值税进项税＝6 500.00+1 500×9%＝6 635.00（元）

本次购入锦棉布的单位成本＝51 500.00÷2 500＝20.60（元/码）

（2）财务人员以图4-5～图4-7、图4-9为原始凭证编制记账凭证并登记到相关账户中。

借：原材料—锦棉布　51 500.00

　　应交税费—应交增值税（进项税额）　6 635.00

　　贷：银行存款　58 135.00

**知识拓展**

## 小规模纳税人增值税进项税额的处理

小规模纳税人采购材料，其所支付的增值税进项税额不得抵扣，应当计入所购材料的成本。

**业务呈现2**

花朵童装有限公司存货采用计划价格核算，材料成本差异下设“原材料”和“周转材料”两个明细账，本月该公司购入原材料的计划成本和成本差异已全部记入“材料成本差异明细账—原材料”中，本月发出材料的计划成本也已全部登记入账，如图4-10所示。

材料成本差异明细账

明细账户：原材料　　　　单位：元

| 24年 | | 凭证 | 摘要 | 本月收入 | | | 差异分配率 | 本月发出 | | | 本月结存 | | |
|---|---|---|---|---|---|---|---|---|---|---|---|---|---|
| | | | | 计划成本 | 成本差异 | | | 计划成本 | 成本差异 | | 计划成本 | 成本差异 | |
| 月 | 日 | | | | 超支 | 节约 | | | 超支 | 节约 | | 超支 | 节约 |
| 10 | 1 | 略 | 结存 | | | | | | | | 32 000 | | 100 |
| 10 | 7 | 略 | 发出 | | | | | 30 000 | | | 2 000 | | |
| 10 | 12 | 略 | 购入 | 50 000 | 2 100 | | | | | | 52 000 | | |
| 10 | 15 | 略 | 发出 | | | | | 51 000 | | | 1 000 | | |
| 10 | 29 | 略 | 购入 | 23 000 | 1 360 | | | | | | 24 000 | | |

图4-10　材料成本差异明细账

请结合图4-11的相关资料，编制本月发出材料的记账凭证并登记到相关账户中。

请计算本月“材料成本差异明细账—原材料”的差异分配率，结转本月发出材料的成本差异并登记到相关的账户中。

**花朵童装有限公司材料费用汇总分配表**

2024 年 10 月 31 日

| 发出材料<br>分配对象 | A 材料 | | | B 材料 | | | C 材料 | | | 金额合计 |
|---|---|---|---|---|---|---|---|---|---|---|
| | 数量 | 单价 | 金额 | 数量 | 单价 | 金额 | 数量 | 单价 | 金额 | |
| 男童套装 | 2 000 | 12 | 24 000 | 1 000 | 15 | 15 000 | | | | 39 000 |
| 女童套装 | 1 800 | 12 | 21 600 | 800 | 15 | 12 000 | | | | 33 600 |
| 基本生产车间 | | | | | | | 250 | 8 | 2 000 | 2 000 |
| 辅助生产车间 | | | | | | | 500 | 8 | 4 000 | 4 000 |
| 管理部门 | | | | | | | 300 | 8 | 2 400 | 2 400 |
| 合　　计 | 3 800 | 12 | 45 600 | 1 800 | 15 | 27 000 | 1 050 | 8 | 8 400 | 81 000 |

复　核　　　　　　　　　　　　制　单

图 4-11　材料费用汇总分配表

## 知识准备

原材料按计划成本计价的核算是指对原材料的收入、发出、清查、结存等业务，无论是总分类核算还是明细分类核算，均按其计划成本计价。原材料采用计划成本核算时，应当设置“材料采购”“原材料”“材料成本差异”等账户。

“材料采购”账户与“在途物资”账户反映的内容基本一致，区分实际成本与计划成本的关键账户是“原材料”和“材料成本差异”。

| 借　　原材料（总账） | 贷 |
|---|---|
| 期初结存材料的计划成本 | |
| 本期验收入库材料的计划成本 | 本期发出材料的计划成本 |
| 期末结存材料的计划成本 | |

按种类及品名设置明细账

| 借　　材料成本差异（总账） | 贷 |
|---|---|
| 入库材料的超支差异 | 入库材料的节约差异<br>发出材料差异（超支蓝字、节约红字） |
| 结存材料应承担的超支差异 | 结存材料应承担的节约差异 |

按“原材料、包装物、低值易耗品”分类别或分品种设置明细账

## 一、 外购材料按计划成本入库的核算

（1）“单货同到”或者“单先到货后到”均分两步进行账务处理。

第一步：根据采购单据编制记账凭证并登记相应的账户：

借：材料采购—某供货商（实际采购成本）
　　应交税费—应交增值税（进项税额）
　　贷：银行存款（或应付票据、应付账款等科目）

第二步：根据审核无误的“入库单”编制记账凭证并登记相应的账户：

借：原材料（计划单价×验收入库数量）
　　材料成本差异（超支记借方、节约记贷方）
　　贷：材料采购—某供货商（实际采购成本）

（2）货到单未到的平时不处理，月末仍未到的，其暂估的处理与实际成本核算中的暂估处理一样，但有两点区别。第一：应以计划价格作为暂估价；第二：下月材料入库后应按计划成本核算中“单货同到”的程序，分两步进行账务处理。

## 二、 计划成本下发出存货成本的核算

与实际成本核算法下发出存货的核算基本相同，唯一不同的就是发出存货的金额是根据存货的计划单价计算得出的。

$$\text{发出材料的计划成本}=\text{发出材料的数量}\times\text{发出材料的计划单价}$$

## 三、 结转发出存货的材料成本差异

月末，计算当月材料成本差异率，分配当月发出材料的成本差异。

1. 材料成本差异的计算

$$\text{本月材料的成本差异率}=\frac{\text{月初结存材料成本差异}+\text{本月收入材料成本差异}}{\text{月初结存材料计划成本}+\text{本月收入材料计划成本}}\times 100\%$$

说明：差异率为正数是超支差异，为负数是节约差异。

$$\text{各领用对象负担的材料成本差异}=\text{该领用对象领用材料的计划成本}\times\text{本月材料的成本差异率}$$

2. 结转当月发出材料的成本差异

借：生产成本—某产品(计划成本×差异率，超支蓝字、节约红字)
　　制造费用(计划成本×差异率，超支蓝字、节约红字)
　　管理费用(计划成本×差异率，超支蓝字、节约红字)
　　销售费用(计划成本×差异率，超支蓝字、节约红字)
　　贷：材料成本差异—原材料(超支蓝字、节约红字)

**业务处理2**

(1) 编制发出材料的记账凭证(以会计分录代替)：

| | | |
|---|---|---|
| 借：生产成本—男童套装 | 39 000. 00 | |
| 　　　　—女童套装 | 33 600. 00 | |
| 　　制造费用—基本生产车间 | 2 000. 00 | |
| 　　生产成本—辅助生产成本 | 4 000. 00 | |
| 　　管理费用—物料费 | 2 400. 00 | |
| 　　贷：原材料—A 材料 | | 45 600. 00 |
| 　　　　　—B 材料 | | 27 000. 00 |
| 　　　　　—C 材料 | | 8 400. 00 |

(2) 计算本月材料成本差异率及本月发出存货应负担的差异。

① 计算本月材料成本差异率：

$$\text{花朵童装有限公司十月材料成本差异率}=\frac{-100+(2\ 100+1\ 360)}{32\ 000+(50\ 000+23\ 000)}\times100\%=3.\ 2\%$$

② 计算花朵童装有限公司本月各领用对象应负担的材料成本差异：

男童套装 = 39 000×3. 2% = 1 248(元)

女童套装 = 33 600×3. 2% = 1 075. 2(元)

基本生产车间 = 2 000×3. 2% = 64(元)

辅助生产车间 = 4 000×3. 2% = 128(元)

行政管理部门 = 2 400×3. 2% = 76. 8(元)

(3) 编制本月各领用对象应负担材料成本差异的会计分录：

借：生产成本—男童套装　　1 248.00

　　　　　　—女童套装　　1 075.20

　　制造费用—基本生产车间　　64.00

　　辅助生产成本—辅助生产车间　　128.00

　　管理费用　　76.80

　　贷：材料成本差异—原材料　　2 592.00

（4）在材料成本差异明细账上登记本月发出原材料的成本差异(图 4-12)。

**材料成本差异明细账**

明细账户：原材料　　　　单位：元

| 24年 | | 凭证 | 摘要 | 本月收入 | | | 差异分配率 | 本月发出 | | | 本月结存 | | |
|---|---|---|---|---|---|---|---|---|---|---|---|---|---|
| | | | | 计划成本 | 成本差异 | | | 计划成本 | 成本差异 | | 计划成本 | 成本差异 | |
| 月 | 日 | | | | 超支 | 节约 | | | 超支 | 节约 | | 超支 | 节约 |
| 10 | 1 | 略 | 结存 | | | | | | | | 32 000 | | 100 |
| 10 | 7 | 略 | 发出 | | | | | 30 000 | | | 2 000 | | |
| 10 | 12 | 略 | 购入 | 50 000 | 2 100 | | | | | | 52 000 | | |
| 10 | 15 | 略 | 发出 | | | | | 51 000 | | | 1 000 | | |
| 10 | 29 | 略 | 购入 | 23 000 | 1 360 | | | | | | 24 000 | | |
| 10 | 31 | 略 | 本月合计 | 73 000 | 3 460 | | | 81 000 | 2 592 | | 24 000 | 768 | |

图 4-12　材料成本差异明细账

**知识拓展**

### 自制存货

自制存货是由企业自行加工制造的各种存货，包括企业自制原材料、自制包装物、自制低值易耗品、自制半成品和产成品等。

自制存货的成本包括自制过程中消耗的直接材料费、直接人工费、制造费用以及其他直接费用。

## 子项目 4　周转材料

**业务呈现1**

新海鞋业公司是一家新开业的中小企业，招聘的会计人员是刚从学校会计专业毕业的学生，对该企业的包装物、低值易耗品，究竟是要在“周转材料”账户核算，还是要在“包装物”及“低值易耗品”账户核算，拿不定主意，请你给出一个解决方案，并说明理由。

## 知识准备

周转材料是指企业反复使用仍保持原有形态不变、价值逐渐转移又不能被确认为固定资产的包装物、低值易耗品以及施工企业的钢模板、木模板、脚手架等存货。周转材料是企业非商品存货，多供企业内部使用，除包装物外，一般不随商品流转而转移。

本子项目主要讲述低值易耗品和包装物的核算。

### 一、 低值易耗品

低值易耗品是指单位价值较低、使用年限较短、其实物既不是产品的组成部分也不能作为固定资产的有形物品。低值易耗品还有品种多、数量大、收发频繁、容易损坏等特点。如图 4-13 所示。

某企业的包装容器

某企业的生产工具

某企业的档案柜

图 4-13 低值易耗品

列入“周转材料—低值易耗品”账户或“低值易耗品”账户核算的有：常用工具、专用工具、管理用具、替换设备、劳动保护用品、其他。

### 二、 包装物

包装物是指为包装本企业商品而储备的各种包装容器，如铁桶、纸箱、编织袋等，如图 4-14 所示。

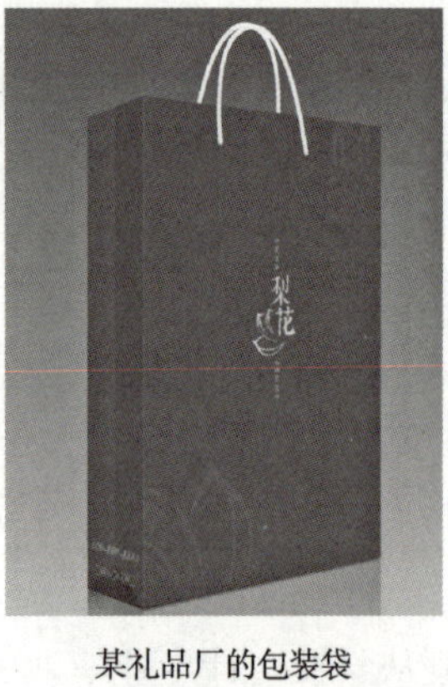

某礼品厂的包装袋

某企业发货用的纸制包装箱

某品牌饲料包装袋

图 4-14 包装物

列入“周转材料—包装物”账户或“包装物”账户核算的有：

(1) 生产领用，作为产品组成部分的包装物；

(2) 随同产品出售单独计价的包装物；

(3) 随同产品出售不单独计价的包装物；

(4) 出借给购货方的包装物；

(5) 出租给购货方的包装物。

## 业务处理1

企业应设置“周转材料”总账账户进行包装物、低值易耗品的会计核算。并在“周转材料”总账账户下设置“包装物、低值易耗品”等二级明细账；在二级明细账下设置“在库、在用、摊销”等三级明细账。

企业采用计划价格核算周转材料的，还应设置“材料成本差异—周转材料成本差异”账户，来核算周转材料的成本差异。

如果是小企业，也可以单独设置包装物、低值易耗品总账科目分别进行包装物、低值易耗品的会计核算；包装物数量不多的小企业可以不单独设置包装物科目，而将包装物并入原材料科目核算。

## 知识拓展　包装物核算的范畴

下列各项不属于包装物核算的范畴：

(1) 各种包装材料，如纸、绳、铁皮等，在“原材料—辅助材料”账户核算。

(2) 以出售为目的自制的包装物，在“库存商品”账户核算。

(3) 用于储存和保管存货而不对外出售的包装物，应按其使用年限的长短和价值的大小，分别在“固定资产”账户或“周转材料—低值易耗品”账户核算。

## 业务呈现2

福建苏喜服饰有限公司 2024 年 10 月 9 日发生领料业务，单据如图 4-15 所示。

**领　料　单**

领料单位　一车间　　　　　　　　　　　　凭证编号

发料仓库　2 号仓　　　2024 年　10 月 9 日　　用　途　用于 A 产品生产

| 类别 | 编号 | 品名 | 规格 | 单位 | 数量 | | 单价 | 金额 | | | | | | | |
|---|---|---|---|---|---|---|---|---|---|---|---|---|---|---|---|
| | | | | | 请领 | 实发 | | 十 | 万 | 千 | 百 | 十 | 分 | 角 | 分 |
| | | 塑料盒 | | 只 | 2 000 | 2 000 | 0.5 | | | 1 | 0 | 0 | 0 | 0 | 0 |
| | | | | | | | | | | | | | | | |
| 备注： | | | | | | 合计 | | | ¥ | 1 | 0 | 0 | 0 | 0 | 0 |

负责人：陈嘉琦　　发料人：黄峰　　领料人：侯爵

图 4-15　领料单

**知识准备**

## 一、 包装物采购的核算

包装物采购、入库环节的账务处理和原材料采购、入库环节基本相同，也通过“在途物资(实际成本)”或者“材料采购(计划成本)”科目进行会计核算，本处不再详述。

## 二、 生产领用包装物的核算

生产领用包装物包装产品，则包装物是产品实体的组成部分，应根据领料单编制会计分录：

借：基本生产成本—某产品生产成本
　　贷：周转材料—包装物(在库)

## 三、 销售领用包装物的核算

(1) 随同产品出售但不单独计价的包装物视为销售服务，应根据审核无误的领料单编制会计分录：

借：销售费用—包装费
　　贷：周转材料—包装物(在库)

(2) 随同产品出售且单独计价的包装物，实际上是在出售产品的同时出售包装物。

① 根据有关销售发票和收款单据编制会计分录：

借：银行存款(或应收账款等科目)
　　贷：其他业务收入(按销售价)
　　　　应交税费—应交增值税(销售税额)

② 根据包装物出库单等凭证结转出售包装物成本编制会计分录：

借：其他业务成本
　　贷：周转材料—包装物(在库)

## 四、 出借出租包装物的核算

出借和出租都是提供给客户暂时使用，区别在于出借是无偿使用，出租是有偿使用。

### 1. 一次摊销法下出借出租包装物的核算

一次摊销法是指将周转材料的全部价值，在领用时一次性计入领用部门或对象的当期成本费用。一次性摊销不必通过“周转材料—包装物(摊销)”账户进行会计核算。

（1）发出对外租借的包装物：

借：销售费用（出借）
　　其他业务成本（出租）
　　贷：周转材料—包装物（在库）

提示：实行《小企业会计准则》的企业，出租包装物发出时借记“营业外支出”账户。

（2）收回被租借包装物的残料：

借：周转材料—废料
　　贷：销售费用（出借）
　　　　其他业务成本（出租）

提示：实行《小企业会计准则》的企业，收回出租包装物残料贷记“营业外支出”账户。

2. 五五摊销法下出租出借包装物的核算

五五摊销是指将周转材料的全部价值分二次转入使用对象或部门的成本费用，一般通过“周转材料—包装物（摊销）”账户进行会计核算。

（1）发出对外租借的包装物：

借：周转材料—包装物（出租或出借）
　　贷：周转材料—包装物（在库）

（2）对外租借包装物的摊销（在领用或发出时摊销其全部价值的50%，在收回租借包装物残料时摊销剩余50%的价值）：

借：销售费用（出借）
　　其他业务成本（出租）
　　贷：周转材料—包装物（摊销）

（3）收回被租借包装物的残料（若可用在备查账登记，不重入“包装物”账户）：

借：周转材料—废料
　　周转材料—包装物（摊销）
　　贷：销售费用（出借）
　　　　其他业务成本（出租）
　　　　周转材料—包装物（出租或出借）

## 五、包装物出租出借押金收取、退还与没收的核算

无论是出借还是出租包装物，一般情况下都会向客户收取押金，这样可以加强对出借或出租包装物的管理，保证客户不随意损坏包装物并按时归还。

1. 收取押金(退还押金编制相反的会计分录)

借：银行存款(或库存现金)
　　贷：其他应付款—某客户

2. 没收押金或以押金抵租金

借：其他应付款—某客户
　　贷：其他业务收入
　　　　应交税费—应交增值税(销项税额)

提示：实行《小企业会计准则》的企业，没收出租包装物押金贷记“营业外收入”账户。

3. 直接收取租金

借：银行存款(或库存现金)
　　贷：其他业务收入
　　　　应交税费—应交增值税(销项税额)

提示：实行《小企业会计准则》的企业，收取出租包装物租金贷记“营业外收入”账户。

**业务处理2**

本业务所领用包装物用于A产品的生产，构成产品一部分，应根据领料单：

| | | |
|---|---|---|
| 借：基本生产成本—A产品 | 1 000.00 | |
| 　　贷：周转材料—包装物 | | 1 000.00 |

### 初试身手

万红公司为增值税一般纳税人，请对下列业务进行账务处理。

(1) 公司领用一批包装物包装商品出售，实际成本500元，不向客户另收费用。

(2) 公司销售商品时出租给甲客户一批包装物，实际成本800元，包装物已发。

(3) 租期一个月，发出包装物时转账收取租金339元(含税)及押金1 000元。

(4) 一个月期满，客户不能如期归还包装物，企业没收其押金。

如果万红公司执行《小企业会计准则》，上述业务又该如何处理？

**业务呈现3**

2024 年 11 月 5 日，万红公司包装车间领用封口机 10 台，用于产品的封装。每台封口机单价 300 元，总价 3 000 元。请进行相应的会计处理。

**知识准备**

1. 一次摊销法

（1）低值易耗品领用时，将其全部价值一次性转入使用部门或对象的成本费用：

借：销售费用（专设销售机构领用）
　　制造费用（生产车间领用）
　　管理费用（行政部门领用）
　　贷：周转材料—低值易耗品（在库）100%

（2）低值易耗品报废时收回残值：

借：周转材料—废料
　　贷：销售费用（专设销售机构领用）
　　　　制造费用（生产车间领用）
　　　　管理费用（行政部门领用）

提示：五五摊销法收回残值的会计分录和一次摊销法收回残值的会计分录相同。

2. 五五摊销法

（1）低值易耗品领用时，将低值易耗品的价值全部从在库转为在用：

借：周转材料—低值易耗品（在用）100%
　　贷：周转材料—低值易耗品（在库）100%

同时摊销所领用低值易耗品全部价值的 50%：

借：销售费用（专设销售机构领用）
　　制造费用（生产车间领用）
　　管理费用（行政部门领用）
　　贷：周转材料—低值易耗品（摊销）50%

提示：低值易耗品报废时摊销低值易耗品剩余 50% 的价值，编制相同的会计分录。

（2）低值易耗品报废时，在摊销完剩余50%的价值后，结转其全部摊销额：

借：周转材料—低值易耗品（摊销）100%
　　贷：周转材料—低值易耗品（在用）100%

（3）报废的低值易耗品如果有废料收回，则编制和采用一次摊销法收回废料相同的会计分录。

知识拓展

**小企业摊销周转材料的有关规定**

小企业领用包装物、低值易耗品等周转材料，均采用一次摊销法进行摊销。

**业务处理3**

根据低值易耗品领料单，先将领用低值易耗品的全部价值从在库转为在用：

| | | |
|---|---|---|
| 借：周转材料—低值易耗品（在用） | 3 000.00 | |
| 　　贷：周转材料——低值易耗品（在库） | | 3 000.00 |

同时，摊销所领用低值易耗品价值的50%：

| | | |
|---|---|---|
| 借：制造费用—包装车间（低值易耗品摊销） | 1 500.00 | |
| 　　贷：周转材料——低值易耗品（摊销） | | 1 500.00 |

## 初试身手

万红公司为增值税一般纳税人，请对下列业务进行账务处理。

（1）【业务呈现3】所领用的封口机使用六个月后报废，请编制“摊销低值易耗品剩余价值”以及“结转全部摊销额”的会计分录。

（2）假设报废时，收回残料价值100元，已验收入库，请编制相应的会计分录。

# 子项目5　委托加工物资

**业务呈现**

2025年3月10日，一般纳税人天和纺织厂委托七彩印染厂印染一批白坯布，请进行相关的业务处理。发出等待印染的白坯布，如图4-16所示。

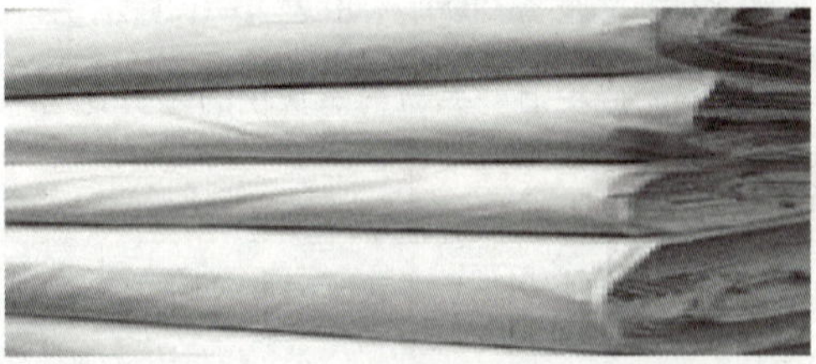

图 4-16　委托印染的白坯布

知识准备

## 一、委托加工物资含义

委托加工物资就是企业(可能因自身业务繁忙或技术水平有限，也可能出于降低成本的需要)委托外单位将企业的材料物资或半成品，加工成企业所需要的另一种存货。

## 二、账户设置

| 借　　委托加工物资(总账) | 贷 |
|---|---|
| 发出加工物资的实际成本<br>应负担的加工费、往返运杂费<br>应计入加工成本的税费等 | 加工后收回物资的实际成本<br>发出加工物资剩余退回的实际成本 |
| 正在加工中物资的实际成本 | |

应根据受托加工单位或加工物资的具体品种设置明细账

## 三、账务处理

(1) 发出委托加工物资的账务处理，如表 4-5 所示。

表 4-5　发出委托加工物资的账务处理

| 按实际成本核算的企业 | 按计划成本核算的企业 |
|---|---|
| 借：委托加工物资—受托加工单位<br>　　贷：原材料(或自制半成品等) | 借：委托加工物资—受托加工单位<br>　　贷：原材料(或自制半成品等)<br>　　　　材料成本差异(超支蓝字、节约红字) |

(2) 支付往返运费及加工费：

借：委托加工物资—受托加工单位
　　应交税费—应交增值税(进项税额)
　　贷：银行存款

（3）应税消费品缴纳消费税的账务处理，如表 4-6 所示。

**表 4-6　应税消费品缴纳消费税的账务处理**

| 收回后直接用于销售的消费品 | 收回后用于连续生产的消费半成品 |
| --- | --- |
| 借：委托加工物资—受托单位<br>　　贷：应付账款（银行存款） | 借：应交税费—应交消费税<br>　　贷：应付账款（银行存款） |

（4）加工结束，收回加工物资的账务处理，如表 4-7 所示。

**表 4-7　收回加工物资的账务处理**

| 按实际成本核算的企业 | 按计划成本核算的企业 |
| --- | --- |
| 借：原材料（或库存商品等）<br>　　贷：委托加工物资—受托加工单位 | 借：原材料（或库存商品等）<br>　　材料成本差异（超支记借、节约记贷）<br>　　贷：委托加工物资—受托加工单位 |

注：加工后收回物资的实际成本=拨付加工物资的实际成本+往返运杂费+加工费+应计入加工成本的税金-拨付加工物资剩余退回的实际成本。

## 业务处理

（1）2025 年 3 月 10 日，天和纺织厂财务根据审核无误的委托加工商品发货单（见图 4-17）编制记账凭证（以会计分录代替，下同）如下：

借：委托加工物资—七彩印染厂　　　　41 750.00
　　贷：原材料—白坯布　　　　　　　　41 750.00

**委托加工商品发货单**

发货单位：第一仓库

加工单位：七彩印染厂　　　　2025年 3月 10日　　　　字 第　　号

| 编号 | 品名规格 | 计量单位 | 应发数量 | 实发数量 | 单位成本 | 金额 | | | | | | | | | |
| --- | --- | --- | --- | --- | --- | --- | --- | --- | --- | --- | --- | --- | --- | --- | --- |
| | | | | | | 千 | 百 | 十 | 万 | 千 | 百 | 十 | 元 | 角 | 分 |
| S236 | 白坯布 | 码 | 5 000 | 5 000 | 8.35 | | | ¥ | 4 | 1 | 7 | 5 | 0 | 0 | 0 |
| | | | | | | | | | | | | | | | |
| 合同编号：委加 20110533 号 | | | | | | | | | | | | | | | |

发货人：才向前　　　　　　制表：才向前

图 4-17　委托加工商品发货单

（2）天和纺织厂于 3 月 19 日支付往返运费，物流公司开来的增值税专用发票注明：运费 465 元，增值税 41.85 元。会计根据审核无误的原始凭证编制记账凭证（白坯布加工后用于应纳增值税项目）如下：

借：委托加工物资—七彩印染厂　　465.00
　　应交税费—应交增值税(进项税额)　　41.85
　　贷：银行存款　　506.85

(3) 天和纺织厂于2025年3月20日支付七彩公司印染费，对方开来的增值税专用发票注明：印染费5 035元，增值税654.55元，会计根据审核无误的原始凭证编制记账凭证如下：

借：委托加工物资—七彩印染厂　　5 035.00
　　应交税费—应交增值税(进项税额)　　654.55
　　贷：银行存款　　5 689.55

(4) 白坯布已印染完毕，于2025年3月20日全部收回。根据委托加工商品入库单(详见图4-18)等原始凭证计算加工后的实际成本并编制记账凭证如下：

借：原材料—彩色布　　47 250.00
　　贷：委托加工物资—七彩印染厂　　47 250.00

**委托加工商品入库单**

收货单位：第一仓库

加工单位：七彩印染厂　　2025年3月20日　　字　第　　号

| 编号 | 品名规格 | 计量单位 | 应收数量 | 实收数量 | 单位成本 | 加工收回物资总成本 | | | | |
|---|---|---|---|---|---|---|---|---|---|---|
| | | | | | | 总成本 | 原料 | 加工费 | 物流费 | 税金 |
| S336 | 彩色布 | 码 | 5 000 | 5 000 | 9.45 | 47 250.00 | 41 750.00 | 5 035.00 | 465.00 | — |
| | | | | | | | | | | |
| 合同编号：委加20110533号 | | | | | | | | | | |

验收人：才向前　　制表：才向前

图4-18　委托加工商品入库单

## 初试身手

美英烟草股份有限公司委托玉溪卷烟厂将一批烟叶加工成烟丝，转账支付玉溪卷烟厂代收的消费税9 800元整，收回的烟丝将继续加工成高档卷烟，请根据有关单据(略)编制支付消费税的会计分录。

# 子项目6　存货清查

## 业务呈现

2025年9月30日，天龙男装股份有限公司进行了一次存货清查，结果如图4-19所示，请核对清查结果，进行批准前和批准后的账务处理。

存货盘点报告表

2025年 9 月30 日

| 存货编号 | 名称规格 | 计量单位 | 数量 | | 单价 | 盘盈 | | 盘亏 | | 原因 |
|---|---|---|---|---|---|---|---|---|---|---|
| | | | 账存 | 实存 | | 数量 | 金额 | 数量 | 金额 | |
| C01 | 锦棉布 | 码 | 3 300 | 3 280 | 8.5 | | | 20 | 170 | 正常的计量差错 |
| C02 | 钮扣 | 百粒 | 160 | 164 | 25.5 | 4 | 102 | | | 正常的收发误差 |
| D01 | 拉链 | 条 | 5 000 | 3 000 | 1.20 | | | 2 000 | 2 400 | 台风造成的损失 |

保管员：　　　　　　　　　　清查员：

图4-19　存货盘点报告表

## 知识准备

### 一、存货清查概述

存货清查是指通过实地盘点或技术推算等方法，对存货进行盘点，确定其实有数，并与其账面结存数相核对，从而确定存货的实存数量与账面结存数量是否相符的一种专门方法。

1. 存货清查的目的

通过定期或不定期清查，对存货在管理过程中可能出现的计量计算差错、自然损耗、贪污失窃、变质等现象，及时发现、及时处理，既保护存货安全也保证存货账实相符。

2. 存货清查的方法

（1）实地盘点（含点数、过磅等）或技术测算存货数量并鉴定其质量。

（2）将"盘点后的实际库存数"与"盘存日存货的账面数"相核对。

（3）编制存货盘点报告表，在报告表中注明盈亏原因并提出处理意见，报相关职能部门或负责人审批。

## 二、 存货清查的账务处理

1. 账户设置

| 借 | 待处理财产损溢—待处理流动资产损溢 贷 |
|---|---|
| 批准前转入的盘亏、毁损存货成本 | 批准前转入的盘盈存货的成本 |
| 经批准结转的盘盈存货的成本 | 经批准转销的盘亏、毁损存货成本 |

如果在期末结账前处理完毕，账户则无余额

2. 账务处理

（1）盘盈。

批准处理前：

借：存货相关科目

　　贷：待处理财产损溢—待处理流动资产损溢

批准后，进行处理：

借：待处理财产损溢—待处理流动资产损溢

　　贷：管理费用

（2）盘亏。

对盘亏的各种处理意见如表 4-8 所示。

**表 4-8　盘亏处理**

| 盘亏原因 | 财务会计处理 | 税务处理 |
|---|---|---|
| 自然损耗、定额内损耗 | 正常损失，列管理费用 | 进项税额不转出 |
| 意外事故、自然灾害 | 非常损失，列营业外支出 | 进项税额不转出 |
| 管理不善造成被盗、丢失、霉烂变质 | 非常损失，追究管理人员责任，损失净值列营业外支出 | 进项税额应转出 |

① 自然损耗、定额内损耗造成的报废。

批准处理前：

借：待处理财产损溢—待处理流动资产损溢

　　贷：存货相关科目

批准后，进行处理：

借：原材料—残料(废料入库则记本账户)
　　其他应收款—某人(过失人应赔偿数额)
　　管理费用(正常损失净额)
　　贷：待处理财产损溢—待处理流动资产损溢

② 因管理不善造成被盗、丢失、霉烂变质所产生的损失也称非常损失。

批准处理前：

借：待处理财产损溢—待处理流动资产损溢
　　贷：存货相关科目
　　　　应交税费—应交增值税(进项税额转出)

批准后，进行处理：

借：原材料—残料(废料入库则记本账户)
　　其他应收款—某人(过失人应赔偿数额)
　　其他应收款—保险公司(如果材料有投保，保险公司应赔偿数额)
　　营业外支出(非正常损失净额)
　　贷：待处理财产损溢—待处理流动资产损溢

提示：意外事故、自然灾害造成的损失，其账务处理也一样，只是进项税额不必转出。

## 知识拓展　对年终未经批准待处理财产损溢的处理

如果待处理财产损溢在年终未经批准，企业在对外提供财务会计报告时，先按规定的方法进行会计处理，并在会计报表附注中作出说明。如果批准处理的金额与已处理金额不一致，应当调整当期会计报表相关项目的年初数。

### 业务处理

天龙男装股份有限公司财务部根据存货盘点报告表编制审批处理前的会计分录如下：

1. 批准前

(1) 对盘亏的处理：

| | | |
|---|---|---|
| 借：待处理财产损溢—待处理流动资产损溢 | 2 570.00 | |
| 　　贷：原材料—锦棉布 | | 170.00 |
| 　　　　　　　—拉链 | | 2 400.00 |

（2）对盘盈的处理：

借：原材料—纽扣　　102.00
　　贷：待处理财产损溢—待处理流动资产损溢　　102.00

2. 批准后

主管批复如下：锦棉布和钮扣属保管过程中的正常盈亏，按规定结转；拉链毁坏系台风侵袭所致，从税务角度属正常损失，进项税额不必转出，从财务角度属非常损失，应计入营业外支出。

（1）对盘亏的处理：

借：管理费用—盘亏损失　　170.00
　　营业外支出—非常损失　　2 400.00
　　贷：待处理财产损溢—待处理流动资产损溢　　2 570.00

（2）对盘盈的处理：

借：待处理财产损溢—待处理流动资产损溢　　102.00
　　贷：管理费用—盘盈　　102.00

知识拓展　**小企业存货清查的账务处理**

《小企业会计准则》规定：盘盈存货，应转入“营业外收入”；盘亏存货，正常损失和非常损失，其扣除残值及赔偿后的净损失均记入“营业外支出”。

**初试身手**

请按《小企业会计准则》的规定，对天龙男装股份有限公司盘盈、盘亏的存货进行批准前、批准后的账务处理。

# 子项目 7　存货期末计量

**业务呈现1**

2025 年常红公司资产负债表日，持有 40 英寸平板电视 8 000 台，其中 7 000 台已签订有销售合同，每台合同销售价为 950 元，每台市场销售价为 980 元，销售一台 40 英寸平板电视的销售费用及税金合计 50 元，请计算资产负债表日，常红公司 8 000 台 40

英寸平板电视的可变现净值。

## 知识准备

### 一、 存货期末计量的含义

存货的计量属性主要有历史成本、重置成本、可变现净值、现值、公允价值等。

《企业会计准则》规定：资产负债表日，存货应当按照成本与可变现净值孰低计量。当存货成本低于可变现净值时，存货按成本计量；当存货成本高于可变现净值时，应当提取存货跌价准备，计入当期损益。

### 二、 可变现净值的确定

存货成本是指期末存货的实际成本，也称存货的历史成本，可变现净值则要根据不同的存货及其具体情况分别确定。

(1) 已签订销售合同的存货。

① 直接用于出售的存货：

可变现净值=合同价-估计销售费用和相关税金(不含增值税和所得税，下同)

② 加工后再出售的存货：

可变现净值=合同价-至完工估计将要发生的成本-估计销售费用和相关税金

(2) 未签订销售合同的存货。

① 直接用于出售的存货：

可变现净值=市场正常售价-估计销售费用和相关税金(不含增值税，下同)

② 加工后再出售的存货：

可变现净值=市场正常售价-至完工估计将要发生的成本-估计销售费用和相关税金

(3) 存货中如果部分已签订了销售合同，部分未签订销售合同，则分别确定后再合计。

特别提醒：如果某一种材料的账面价值高于市场价格，但用某一种材料生产的产成品，其可变现净值高于生产成本，则某一种材料也不应计提存货跌价准备。

## 业务处理1

常红公司 2025 年 12 月 31 日：

其中已订销售合同的 40 英寸平板电视可变现净值=(950-50)×7 000=6 300 000(元)

其中未订销售合同的 40 英寸平板电视可变现净值=(980-50)×1 000=930 000(元)

全部 40 英寸平板电视可变现净值=6 300 000+930 000=7 230 000(元)

## 初试身手

凤凰公司 2025 年资产负债表日，存有 10 000 码白坯布。公司决定将白坯布染色后出售，其中 8 000 码已签订销售合同，每码合同售价 5 元。市场同类彩色布每码正常售价 4.95 元。估计每码染色费用 0.5 元，销售费用及税金 0.2 元。

求：凤凰公司 2025 年资产负债表日，全部白坯布可变现净值。

## 业务呈现2

2025 年 12 月 31 日，天龙男装股份有限公司存货的实际成本高于可变现净值，并且估计短期内没有回升的可能。公司决定提取存货跌价准备，有关原始凭证如图 4-20 所示。

**存货跌价准备提取表**

2025 年 12 月 31 日

| 名称规格 | 计量单位 | 数量① | 可变现单价② | 预计税费③ | 可变现净值④=①×②-③ | 实际成本⑤ | 应提跌价准备⑥=④-⑤ | 审批 |
| --- | --- | --- | --- | --- | --- | --- | --- | --- |
| 锦棉布 | 码 | 8 000 | 6.50 | 500 | 51 500 | 68 000 | -16 500 | 财务经理：<br>同意 刘杰<br>单位负责人：蔡天龙印<br>同意 |
| 钮扣 | 百粒 | 3 000 | 20.50 | 500 | 61 000 | 76 500 | -15 500 | |
| 拉链 | 条 | 6 000 | 1.00 | 100 | 5 900 | 8 000 | -2 100 | |
| … | … | … | …… | …… | …… | …… | …… | |
| 合计 | | | | 3 500 | 356 500 | 450 500 | -94 000 | |

审核：刘杰　　　　制表：蔡晓米

图 4-20　存货跌价准备提取表

## 知识准备

### 一、存货跌价准备的确认

(1) 存货存在以下情况之一时，应按存货成本与可变现净值的差额提取跌价准备：

① 各种原因造成存货市价持续下跌，在可预见的未来没有回升可能；

② 使用该存货制造商品，商品的售价低于商品的生产成本；

③ 现有存货不能满足新产品的生产需求，其市场销售价又低于其账面价值；

④ 其他足以证明该项存货实质上已经发生减值的情形。

(2) 存货存在以下情况之一时，应当将存货的账面价值全部确认为跌价准备：

① 已经霉烂变质的存货；

② 已经过期并且毫无转让价值的存货；

③ 虽没过期，但已经没有使用价值和转让价值的存货；

④ 其他足以证明已无使用价值和转让价值的存货。

## 二、 账户设置

1. 存货跌价准备

| 借　　　　存货跌价准备 | 贷 |
| --- | --- |
| 实际发生的存货跌价损失<br>冲减已售存货所提的跌价准备 | 提取的存货跌价准备 |
| | 已计提尚未转销的存货跌价准备 |

2. 资产减值损失

| 借　　　　资产减值损失 | 贷 |
| --- | --- |
| 会计主体确认的资产减值金额<br>转入本年利润的资产减值损失 | 在减值范围内，资产价值又恢复的 |

年末无余额

说明：

（1）本科目可按资产减值的项目设置明细账，进行明细核算。

（2）资产减值损失确认后，减值资产的折旧或摊销费用应在未来期间作相应的调整，以使该资产在剩余使用寿命内，系统地分摊调整后的资产账面价值（扣除预计净残值）。

（3）资产减值损失一经确认，在以后会计期间不得转回。但企业提取的坏账准备、存货跌价准备、持有至到期投资减值准备、贷款损失准备等相关资产的价值得以恢复的，可在原计提的减值准备金额内，按恢复增加的金额贷记本科目。

## 三、 账务处理

（1）资产负债表日，当存货成本高于其可变现净值时，按存货成本高于可变现净值的差额，编制如下会计分录：

借：资产减值损失—提取存货跌价准备
　　贷：存货跌价准备

（2）提取存货跌价准备后存货价值又增加的，在原提取范围内转回已提的跌价准备，应编制如下会计分录：

借：存货跌价准备
　　贷：资产减值损失—提取存货跌价准备

（3）提取了存货跌价准备的存货对外出售，在结转存货成本的同时应冲减已提的跌价准备，编制如下会计分录：

借：存货跌价准备
　　贷：主营业务成本(或其他业务成本)

知识拓展

### 小企业存货跌价的有关规定

《小企业会计准则》规定：小企业不需要提取存货跌价准备。

业务处理2

天龙男装股份有限公司财务部根据“存货减值准备提取表”编制会计分录如下：

| | | |
|---|---|---|
| 借：资产减值损失—提取存货跌价准备 | 94 000.00 | |
| 　　贷：存货跌价准备 | | 94 000.00 |

## 初试身手

(1) 2025年1月，已提跌价准备的拉链6 000条全部出售，请根据图4-20的资料，编制结转已售拉链成本和冲减拉链已提跌价准备的会计分录。

(2) 2025年12月31日，已提跌价准备的纽扣，每百粒单价涨至24元，请根据图4-20的资料，编制结转纽扣已提跌价准备的会计分录。

# 项目五　金融资产

金融资产是实物资产的对称，指单位或者个人拥有的以价值形态存在的资产，是一种索取实物资产的无形权利。

## 学习目标

**知识目标：**

了解金融资产的含义及其分类，熟悉金融资产的特征及其相互关系，掌握各类金融资产的会计核算方法与会计监督方法。

**能力目标：**

能够及时对各类金融资产在取得、持有、出售等环节发生的经济业务进行正确的会计处理和会计监督。

**思政目标：**

了解我国建设金融强国的战略目标，重视对企业金融资产的监管，既要充分利用金融资产促进企业发展，也要防止企业资产过度虚拟化，防范金融风险。

## 子项目 1　金融资产基本理论

### 业务呈现

某企业发行股票 3 000 万元(指人民币，下同)，并持有库存现金 1 万元、银行存款 100 万元、应收账款 30 万元、预付账款 20 万元、应收票据 10 万元、其他应收款 2 万元、应收利息 3 万元、债权投资 60 万元，基金投资 70 万元。请计算该企业持有的金融资产总额。

### 知识准备

企业的金融资产通常指企业持有的货币资金(详见项目二)、应收账款、应收票据、其他应收款(详见项目三)、应收利息、应收股利、贷款、股权投资、债权投资、基金投资和衍生金融工具形成的金融资产。

## 一、 金融资产的特征及其相互关系

1. 流动性

大多数国家或地区都拥有金融市场，允许金融资产在金融市场上依法交易。金融资产具有高度的流动性，投资方可根据自身意愿随时交易。

2. 收益性

金融资产能够在市场交易中为其所有者提供即期或远期的货币收入流量，这是金融资产的一个重要特征。

3. 风险性

金融资产具有风险性。金融资产的风险包括金融市场风险、信用风险、流动性风险和操作风险等。

金融资产的流动性、收益性和风险性之间存在着相互关联、相互制约的关系。

一般说来：

金融资产的流动性与风险性呈负相关，流动性强的金融资产，其变现能力较强，风险较小；流动性较差的金融资产，其变现能力较弱，并有可能增加交易成本，从而增大风险。

金融资产的风险性与收益性呈正相关，收益越高的金融资产风险越大，风险大意味着要承担更大的波动性，而这种波动可能带来巨大的损失，也可能带来巨大的收益。

## 二、 金融资产的管理与分类

2017 年版的《企业会计准则第 22 号——金融工具确认和计量》，将金融资产划分为以下三类。

1. 以摊余成本计量的金融资产

企业管理这类金融资产的业务模式是以收取合同现金流量为目标，这类金融资产在特定日期产生的现金流量仅为对本金和以未偿付本金金额为基础的利息的支付。这类金融资产通常包括银行贷款、企业持有的长期债券以及应收款项等债权类资产。

2. 以公允价值计量且变动计入其他综合收益的金融资产

企业管理这类金融资产的业务模式是既以收取合同现金流量为目标又以出售该类金融资产为目标，这类金融资产在特定日期产生的现金流量仅为对本金和以未偿付本金金额为基础的利息的支付。这类金融资产通常包括其他债权投资和非交易性权益工具投资等。

3. 以公允价值计量且变动计入当期损益的金融资产

企业管理这类金融资产的业务模式是以出售该类金融资产、赚取差价为主要目标，包括企业以交易为目的而持有的股票、债券、基金等。

需要说明的是，虽然收取合同现金流量不是管理这类金融资产业务模式的主要目标，但这类金融资产偶尔也会收取合同现金流量。

由于金融市场所有权与使用权相分离，具有不确定性、普遍性、扩散性、突发性等特征，企业会计应加强对企业金融资产的核算与监督，准确计量、如实且谨慎地反映金融资产的收益与风险，并根据企业的特点、财务状况以及社会经济环境，建议企业合理配置金融资产比例，防止企业经济过渡虚拟化，从而影响企业的核心竞争力，破坏企业的稳定发展。

## 知识拓展　建设金融强国

建设金融强国是全面建设社会主义现代化强国的内在要求和必然选择。

2023 年 10 月召开的中央金融工作会议提出了加快建设金融强国的战略目标。2024 年 1 月，习近平总书记在省部级主要领导干部推动金融高质量发展专题研讨班开班式上，深刻阐释了金融强国的丰富内涵，明确了坚定不移走中国特色金融发展之路的方向。2024 年 7 月召开的党的二十届三中全会就推动金融高质量发展、加快建设金融强国作出了重要部署，对金融体制改革作出了前瞻性、系统性的顶层设计。

### 业务处理

**某企业金融资产汇总表**　　单位：万元

| 资产名称 | 资产类别 | 资产金额 |
|---|---|---|
| 库存现金 | 金融资产 | 1 |
| 银行存款 | 金融资产 | 100 |
| 应收账款 | 金融资产 | 30 |
| 应收票据 | 金融资产 | 10 |
| 其他应收款 | 金融资产 | 2 |
| 应收利息 | 金融资产 | 3 |
| 债权投资 | 金融资产 | 60 |
| 基金投资 | 金融资产 | 70 |
| 合计 | | 276 |

说明：

企业发行的股票既不是企业的投资对象，又不是资产，属于所有者权益。企业预付账款虽是资产，但产生的未来经济利益是商品或服务，而不是收取现金或其他金融资产的权利，所以也不是金融资产。

# 子项目 2　以摊余成本计量的金融资产

**业务呈现**

2021 年 1 月 3 日，晋江福荣股份有限公司从交易市场购入某央企 2021 年 1 月 1 日发行的三年期债券，该债券票面利率为 5.00%，到期一次还本付息(以单利计算)。晋江福荣股份有限公司购入债券的面值为 500 000 元，实际支付价款 510 000 元，另支付相关税费 1 984.76 元。晋江福荣股份有限公司将购入的债券划分为持有至到期投资，测算出购入债券的实际利率为 3.945%。请计算每年的摊余成本、投资收益，并进行相应的账务处理。

**知识准备**

以摊余成本计量的金融资产通常包括银行贷款、企业持有的长期债券以及应收款项等债权类资产。本子项目主要介绍企业持有的长期债券的账务处理。

企业应当设置"债权投资—成本"科目核算企业持有的长期债券的面值。

到期一次还本付息的，应当设置"债权投资—应计利息"科目核算票面利息；在每期的期末支付当期利息的，应当设置"应收利息"科目核算票面利息。

同时企业还应当设置"债权投资—利息调整"科目，用来核算票面利率与实际利率之间的利息差额，企业购入债券时实付款项与债券面值、应收利息(购买时已宣告但尚未领取的利息)的差额，也在"债权投资—利息调整"科目核算。

相关账务处理归纳如下：

## 一、 购买或取得长期债券

借：债权投资—成本(按投资的面值)
　　应收利息(反映已宣告但尚未领取的利息)
　　债权投资—利息调整(溢价购入记借方，折价购入记贷方)
　　贷：其他货币资金—存出投资款

提示：

如果是折价购入，记入"债权投资—利息调整"的贷方。

购进时债券的摊余成本 = "债权投资—成本" ± "债权投资—利息调整"

## 二、 分期提取票面利息

1. 分期付息一次还本

借：应收利息(票面金额×票面利率×计息期限)
　　贷：投资收益(摊余成本×实际利率×计息期限)
　　　　债权投资—利息调整(折价购入记借方，溢价购入记贷方)

提示：

摊余成本="债权投资—成本"±"债权投资—利息调整"(借方余额为加、反之为减)

2. 一次还本付息

借：债权投资—应计利息(票面金额×票面利率×计息期限)
　　贷：投资收益(摊余成本×实际利率×计息期限)
　　　　债权投资—利息调整(折价购入记借方，溢价购入记贷方)

提示：

摊余成本="债权投资—成本"+"债权投资—应计利息"±"债权投资—利息调整"(借方余额为加、反之为减)

3. 出售或到期收回债券

(1) 分期付息一次还本的债券出售或收回：

借：其他货币资金—存出投资款(扣除税费后的实收金额)
　　贷：债权投资—成本
　　　　应收利息
　　　　投资收益(可能借方，也可能贷方)

(2) 一次还本付息的债券出售或收回：

借：其他货币资金—存出投资款(扣除税费后的实收金额)
　　贷：债权投资—成本
　　　　债权投资—应计利息
　　　　投资收益(可能借方，也可能贷方)

**业务处理**

(1) 2021年1月3日，晋江福荣股份有限公司购入债券：

借：债权投资—成本　500 000.00
　债权投资—利息调整　11 984.76
　贷：其他货币资金—存出投资款　511 984.76

分析：

本业务没有已到付息期尚未领取的利息。

(2) 第一年 12 月 31 日提取当年票面债券利息：

借：债权投资—应计利息　25 000.00
　贷：投资收益　20 197.80
　　债权投资—利息调整　4 802.20

分析：

本债券为到期一次还本付息债券，计提票面利息记入“债权投资—应计利息”。

应计利息＝票面金额×票面利率×计息期限＝500 000×5%×1＝25 000(元)

本债券第一年提取利息前摊余成本＝500 000+11 984.76＝511 984.76(元)

投资收益＝摊余成本×实际利率×计息期限＝511 984.76×3.945%×1＝20 197.80(元)

(3) 第二年 12 月 31 日提取当年票面债券利息：

借：债权投资—应计利息　25 000.00
　贷：投资收益　20 994.60
　　债权投资—利息调整　4 005.40

分析：

本债券第二年提取利息前摊余成本＝511 984.76+25 000−4 802.20＝532 182.56(元)

投资收益＝摊余成本×实际利率×计息期限＝532 182.56×3.945%×1＝20 994.60(元)

(4) 第三年 12 月 31 日提取当年票面债券利息：

借：债权投资—应计利息　25 000.00
　贷：投资收益　21 822.84
　　债权投资—利息调整　3 177.16

分析：

在前面几年计算正确的前提下，最后一年可采用倒挤法计算有关科目的数据。

应计利息＝票面金额×票面利率×计息期限＝500 000×5%×1＝25 000(元)

最后一年“债权投资—利息调整”金额＝11 984.76−4 802.20−4 005.40＝3 177.16(元)

投资收益(根据有借必有贷、借贷必相等)＝25 000.00−3 177.16＝21 822.84(元)

(5) 到期一次性收回本息：

| | | |
|---|---|---|
| 借：其他货币资金—存出投资款 | 575 000.00 | |
| 贷：债权投资—成本 | | 500 000.00 |
| 债权投资—应计利息 | | 75 000.00 |

分析：

初始摊余成本＝553 177.16+25 000−3 177.16＝575 000(元)

**知识拓展**

### 以摊余成本计量的金融资产减值损失

在资产负债表日，根据《企业会计准则第22号——金融工具确认和计量》确定以摊余成本计量的金融资产发生减值的，应按减记金额，借记“信用减值损失”科目，贷记“债权投资减值准备”科目。计提减值准备后，以摊余成本计量的金融资产价值又得以恢复的，应在原确定的减值范围内按恢复增加的金额，借记“债权投资减值准备”科目，贷记“信用减值损失”科目。

# 子项目3　以公允价值计量且变动计入当期损益的金融资产

**业务呈现1**

远行鞋业股份有限公司为增值税一般纳税人，2023年9月1日从深圳证券交易所购入甲上市公司股票50 000股，每股交易价格为20元人民币，总计成交价1 000 000元，另支付相关交易费用1 500元，取得的增值税发票上注明的增值税税额为90元。远行鞋业股份有限公司将其划为交易性金融资产进行管理和核算。假定不考虑其他相关税费和因素，请对上述业务进行相应的账务处理。

**知识准备**

以公允价值计量且变动计入当期损益的金融资产，主要包括企业以交易为目的而持有的股票、债券、基金等。

企业设置“交易性金融资产”“公允价值变动损益”“投资收益”等科目进行会计核算。

企业取得交易性金融资产时，应以市场交易价格为基础确定其公允价值，并按取得时的公允价值作为其初始入账金额，相关账务处理归纳如下：

1. 取得交易性金融资产

借：交易性金融资产—某投资产品—成本
　　应收股利—某股票（反映已宣告但尚未发放的现金股利）
　　应收利息—某债券（反映已到付息期但尚未领取的债券利息）
　　贷：其他货币资金—存出投资款

2. 支付交易费用

借：投资收益—某股票或某债券
　　应交税费—应交增值税（进项税额）
　　贷：其他货币资金—存出投资款

**业务处理1**

（1）远行鞋业股份有限公司购入甲上市公司股票：

借：交易性金融资产—甲上市公司股票—成本　　1 000 000. 00
　　贷：其他货币资金—存出投资款　　1 000 000. 00

分析：

本交易没有已宣告但尚未领取的现金股利，不需要反映。

（2）支付相关交易费用：

借：投资收益—甲上市公司股票　　1 500. 00
　　应交税费—应交增值税（进项税额）　　90. 00
　　贷：其他货币资金—存出投资款　　1590. 00

分析：

购进交易性金融资产时，金融资产进项增值税应计入交易性金融资产的成本。交易费用的进项增值税，则在“应交税费—应交增值税”账户反映。

## 初试身手

健竹鞋业股份有限公司为增值税一般纳税人，2023 年 12 月 1 日购入某央企发行的公司债，支付价款 4 900 000 元（其中包含已宣告但尚未领取的债券利息 50 000 元），另支付相关交易费用4 500元，取得的增值税发票上注明的增值税税额为270元。该笔央企债券的面值为4 800 000元，健竹鞋业股份有限公司将其划为交易性金融资产进行管理和核算。2024年6月25日，健竹鞋业股份有限公司收到该笔债券利息50 000元。

假定不考虑其他相关税费和因素，请对上述业务进行相应的账务处理。

### 业务呈现2

承【业务呈现1】，2024年3月12日，甲上市公司宣告发放2024年的现金股利，远行鞋业股份有限公司按其持有的甲上市公司股票，计算确定可分到12 500元的现金股利，并于2024年5月12日收到该现金股利，存入开设在证券公司的专用账户里。假设不考虑相关税费，请进行相应的账务处理。

### 知识准备

（1）企业持有交易性金融资产期间，对已到付息期但尚未领取的债券利息以及被投资单位已宣告但尚未发放的现金股利，应编制如下的会计分录：

借：应收利息—某债券（已到付息期但尚未领取的债券利息）
　　应收股利—某股票（已宣告但尚未发放的现金股利）
　　贷：投资收益—某债券或某股票

（2）实际收到债券利息、现金股利，应编制如下的会计分录

借：其他货币资金—存出投资款
　　贷：应收利息—某债券
　　　　应收股利—某股票

### 业务处理2

（1）远行鞋业股份有限公司2024年3月12日确定可分得现金股利：

| | | |
|---|---|---|
| 借：应收股利—甲上市公司股票 | 12 500.00 | |
| 　　贷：投资收益—甲上市公司股票 | | 12 500.00 |

（2）远行鞋业股份有限公司2024年5月12日收到现金股利：

| | | |
|---|---|---|
| 借：其他货币资金—存出投资款 | 12 500.00 | |
| 　　贷：应收股利—甲上市公司股票 | | 12 500.00 |

### 业务呈现3

承【业务呈现 1】，2024 年 6 月 30 日，远行鞋业股份有限公司所持有的甲上市公司股票公允价值为 920 000 元。假设不考虑相关税费和其他因素，请对公允价值变动进行账务处理。

### 知识准备

资产负债表日，交易性金融资产应当按照公允价值计量，公允价值与账面余额之间的差额计入当期损益。

（1）当交易性金融资产公允价值高于其账面余额时：

借：交易性金融资产—公允价值变动(公允价值-账面价值)
　　贷：公允价值变动损益

（2）当交易性金融资产公允价值低于其账面余额时：

借：公允价值变动损益
　　贷：交易性金融资产—公允价值变动(账面价值-公允价值)

提示：

某交易性金融资产的账面价值 =“交易性金融资产—成本”±“交易性金融资产—公允价值变动”

### 业务处理3

远行鞋业股份有限公司 2024 年 6 月 30 日编制会计分录如下：

借：公允价值变动损益—甲上市公司股票　　80 000. 00
　　贷：交易性金融资产—甲上市公司股票—公允价值变动　　80 000. 00

提示：

编完这笔会计分录，甲上市公司股票的账面价值变为 920 000(1 000 000-80 000)元。

## 初试身手

承【业务呈现 1】和【业务呈现 3】，2024 年 12 月 31 日，远行鞋业股份有限公司所持有的甲上市公司股票公允价值为 980 000 元。假设不考虑相关税费和其他因素，请对公允价值变动进行账务处理，并计算处理完之后甲上市公司股票的账面价值。

### 业务呈现4

承【业务呈现 1】、【业务呈现 3】以及【业务呈现 3】之后的“初试身手”业务，2025 年

1月15日，远行鞋业股份有限公司出售其持有的全部甲上市公司股票，取得价款1 043 600元。

（1）假设不考虑相关税费和其他因素，请对股票出售业务进行相应的账务处理。

（2）计算转让甲上市公司股票应交增值税并进行相应的账务处理。

## 知识准备

（1）企业转让交易性金融资产：

借：其他货币资金—存出投资款
　　贷：交易性金融资产—成本
　　　　　　　　　　　—公允价值变动(可借可贷)
　　　　投资收益(如果转让金融资产形成的是净损失，则记在借方)

提示：

如果交易性金融资产的账面价值(成本±公允价值变动)低于成本，则借记“交易性金融资产—公允价值变动”科目。

（2）转让金融商品，按金融商品的出售价扣除购入价(不需要扣除购入时已到付息期尚未领取的利息和已宣告但尚未发放的现金股利)后的差额作为销售额计算增值税。

① 当“出售价-购入价>0”时，根据计算出的增值税，编制如下会计分录：

借：投资收益
　　贷：应交税费—转让金融商品应交增值税

② 当“出售价-购入价<0”时，增值税可结转为下月抵扣税额，编制如下会计分录：

借：应交税费—转让金融商品应交增值税
　　贷：投资收益

③“应交税费—转让金融商品应交增值税”年末如果有借方余额，应给予转出，编制如下会计分录：

借：投资收益
　　贷：应交税费—转让金融商品应交增值税

说明：

年末，本年度金融资产转让损失形成的“应交税费—转让金融商品应交增值税”借方余额，不得转入下年度继续抵扣。

## 业务处理4

1. 远行鞋业股份有限公司转让甲上市公司股票

借：其他货币资金—存出投资款　　1 043 600.00

　　交易性金融资产—甲上市公司股票—公允价值变动　　20 000.00

　　贷：交易性金融资产—甲上市公司股票—成本　　1 000 000.00

　　　　投资收益—甲上市公司股票　　63 600.00

分析：

在【业务呈现3】中，公司贷记"甲上市公司股票—公允价值变动"80 000元，在之后的"初试身手"业务中，公司借记"甲上市公司股票—公允价值变动"60 000元，因此在甲上公市公司股票出售时，其公允价值变动为贷方余额20 000(80 000-60 000)元，其账面余额为980 000(1 000 000-20 000)元，其售价与账面余额的差额63 600(1 043 600-980 000)元为投资收益。

2. 远行鞋业股份有限公司计提转让金融商品应交增值税

借：投资收益　　3 600.00

　　贷：应交税费—转让金融商品应交增值税　　3 600.00

分析：远行鞋业股份有限公司转让甲上市公司股票应交增值税=63 600÷(1+6%)×6%=3 600(元)

## 知识拓展　短期投资的核算

根据《小企业会计准则》的相关规定，小企业取得各种能随时变现且持有时间不准备超过1年(含1年)的有价证券和其他投资等，应设置"短期投资"科目进行核算。

1. 取得股票、债券、基金等各类短期投资的账务处理

借：短期投资—某投资产品

　　应收股利—某股票(购买时已宣告但尚未发放的现金股利)

　　应收利息—某债券(购买时已到付息期但尚未领取的债券利息)

　　贷：银行存款(或者"其他货币基金—存出投资款")

2. 短期投资持有期间的账务处理

借：应收利息(持有期间已到付息期但尚未领取的债券利息)

　　应收股利(持有期间已宣告但尚未发放的现金股利)

　　贷：投资收益

3. 出售短期投资的账务处理

借：银行存款(或者“其他货币基金—存出投资款”)
　　贷：短期投资—某投资产品
　　　　应收股利—某股票(已宣告但尚未发放的现金股利)
　　　　应收利息—某债券(已到付息期但尚未领取的债券利息)
　　　　投资收益(如果转让短期投资形成的是净损失，则记在借方)

## 子项目4　以公允价值计量且变动计入其他综合收益的金融资产

### 业务呈现1

2023年5月9日，自立股份有限公司从深圳证券交易所购入丙上市公司股票800 000股，每股交易价格25元(人民币，下同)，总成交价20 000 000元，另付证券交易税等交易费用32 000元。自立股份有限公司将丙上市公司股票划为以公允价值计量且变动计入其他综合收益的金融资产。成交日丙上市公司股票包含已宣告但尚未发放的现金股利288 000元，自立股份有限公司于2023年6月25日收到丙上市公司发放的现金股利288 000元。

请对上述业务进行相应的账务处理。

### 知识准备

以公允价值计量且变动计入其他综合收益的金融资产，具有收取合同现金流量和出售该类金融资产的双目标，这类金融资产主要包括其他债权投资、非交易性权益工具等。

企业设置“其他债权投资”“其他权益工具投资”“其他综合收益(所有者权益类会计科目)”等科目进行会计核算。

(1) 取得以公允价值计量且变动计入其他综合收益的股权性投资：

借：其他权益工具投资—成本(公允价值+交易费用)
　　应收股利(购买时包含的已宣告但尚未发放的现金股利)
　　贷：其他货币资金—存出投资款

(2) 取得以公允价值计量且变动计入其他综合收益的债权性投资：

借：其他债权投资—面值

应收利息(购买时已到付息期尚未领取的债券利息)

其他债权投资—利息调整(溢价购入在借方，折价购入在贷方)

贷：其他货币资金—存出投资款

业务处理1

(1) 自立股份有限公司5月9日购进丙上市公司股票的账务处理如下：

借：其他权益工具投资—丙上市公司股票—成本　　19 744 000.00

应收股利—丙上市公司股票　　288 000.00

贷：其他货币资金—存出投资款　　20 032 000.00

(2) 自立股份有限公司6月25日收到现金股利的账务处理如下：

借：其他货币资金—存出投资款　　288 000.00

贷：应收股利—丙上市公司股票　　288 000.00

## 初试身手

立华股份有限公司2023年12月9日购入某央企发行的公司债，支付价款9 800 000元(其中包含已宣告但尚未领取的债券利息65 000元)，另支付相关交易费用14 500元。该笔央企债券的面值为9 500 000元，立华股份有限公司将其划为以公允价值计量且变动计入其他综合收益的金融资产进行管理和核算。2024年5月8日，立华股份有限公司收到该笔债券利息65 000元。

假定不考虑其他相关税费和因素，请对上述业务进行相应的账务处理。

业务呈现2

承【业务呈现1】，2024年4月5日，丙上市公司宣告发放2024年的现金股利，自立股份有限公司按其持有的丙上市公司股票，计算确定可分到288 000元的现金股利。假设不考虑相关税费，请进行相应的账务处理。

知识准备

(1) 企业持有以公允价值计量且变动为计入其他综合收益的股权性投资期间，对被投资单位已宣告但尚未发放的现金股利，应进行如下的账务处理：

借：应收股利—某股票(已宣告但尚未发放的现金股利)

　　贷：投资收益—某股票

(2) 企业持有以公允价值计量且变动计入其他综合收益的债权性投资期间，对应收未收的利息应进行如下的账务处理：

借：其他债权投资—应计利息(一次还本付息的债券按面值和票面利率计算的利息)

　　应收利息(分期付息、一次还本的债券按面值和票面利率计算的利息)

　　其他债权投资—利息调整(实际利率高于票面利率在借方，反之在贷方)

　　贷：投资收益—某债券(债券期初摊余成本按实际利率计算的利息)

**业务处理2**

自立股份有限公司 2024 年 4 月 5 日确定可分得现金股利的账务处理：

| | | |
|---|---|---|
| 借：应收股利—丙上市公司股票 | 288 000.00 | |
| 　　贷：投资收益—丙上市公司股票 | | 288 000.00 |

**业务呈现3**

承【业务呈现 1】，2024 年 6 月 30 日，自立股份有限公司持有的丙上市公司股票公允价值为 15 000 000 元。假设不考虑相关税费和其他因素，请对公允价值变动进行账务处理。

**知识准备**

资产负债表日，以公允价值计量且变动计入其他综合收益的金融资产应当按照公允价值计量，公允价值与账面余额之间的差额记入“其他综合收益”账户。

(1) 当其公允价值高于其账面余额(升值)时，对股权性投资应进行如下账务处理：

借：其他权益工具投资—公允价值变动(公允价值-账面价值)

　　贷：其他综合收益—其他权益工具投资公允价值变动

提示：当公允价值低于其账面余额(贬值)时，则编制相反的会计分录。

(2) 当其公允价值高于其账面余额(升值)时，对债权性投资应进行如下账务处理：

借：其他债权投资—公允价值变动(公允价值-账面价值)

　　贷：其他综合收益—其他债权投资公允价值变动

提示：当公允价值低于其账面余额(贬值)时，则编制相反的会计分录。

**业务处理3**

自立股份有限公司6月30日对丙上市公司股票公允价值变动进行如下账务处理：

借：其他综合收益—其他权益工具投资公允价值变动—丙上市公司股票

4 744 000.00

贷：其他权益工具投资—丙上市公司股票—公允价值变动 4 744 000.00

提示：公允价值变动=19 744 000-15 000 000=4 744 000(元)

## 知识拓展 以公允价值计量且变动计入其他综合收益的债权性投资减值损失

以公允价值计量且变动计入其他综合收益的债权性投资发生减值损失时，应借记"信用减值损失"科目，贷记"其他综合收益—信用减值准备"科目；对已确认的减值损失，在随后的会计期间减少了损失，应在原确定的减值范围内按已恢复的金额，借记"其他综合收益—信用减值准备"科目，贷记"信用减值损失"科目。

以公允价值计量且变动计入其他综合收益的股权性投资不计提减值损失。

**业务呈现4**

承【业务呈现1】、【业务呈现3】，2024年12月15日，自立股份有限公司出售其持有的全部丙上市公司股票，取得价款20 500 000元，另支付证券交易税24 600元，请对股票出售业务进行相应的账务处理。

**知识准备**

(1) 转让以公允价值计量且变动计入其他综合收益的股权投资，进行如下账务处理：

借：其他货币资金—存出投资款

其他权益工具投资—公允价值变动(可借可贷)

其他综合收益—其他权益工具投资公允价值变动(可借可贷)

盈余公积(可借可贷)

利润分配—未分配利润(可借可贷)

贷：其他权益工具投资—成本

解析：

"其他货币资金"反映实收款项(价款-税费)数额。

"其他权益工具投资—成本"反映股权性投资的取得成本。

"其他权益工具投资—公允价值变动"和"其他综合收益—其他权益工具投资公允价值变动"，在编制此分录之前，它们的余额方向相反、数额相等，按编完此分录后，两个科目余额均为零的原理，确认这两个科目的借贷方向及金额。

根据会计分录借方金额与贷方金额相等的原理，判断并计算"盈余公积"和"利润分配—未分配利润"的方向及金额。

（2）转让以公允价值计量且变动计入其他综合收益的债权投资，进行如下账务处理：

借：其他货币资金—存出投资款
　　其他债权投资—利息调整(可借可贷)
　　　　　　　　—公允价值变动(可借可贷)
　　其他综合收益—其他债权投资公允价值变动(可借可贷)
　　投资收益(可借可贷)
　　贷：其他债权投资—成本
　　　　　　　　　　—应计利息

解析：

"其他货币资金"反映实收款项(价款-税费)数额。

"其他债权投资—成本"反映债权性投资的取得成本。

"其他债权投资—应计利息"按此账户编制本分录前的余额反映。

"其他债权投资—公允价值变动"和"其他综合收益—其他债权投资公允价值变动"，在编制此分录之前，它们的余额方向相反、数额相等，按编完此分录后，两个科目余额均为零的原理，确认这两个科目的借贷方向及金额。

根据会计分录借方金额与贷方金额必相等的原理，判断并计算"投资收益"的方向及金额。

**业务处理4**

自立股份有限公司出售丙上市公司股票的账务处理：

| | | |
|---|---|---|
| 借：其他货币资金—存出投资款 | 20 475 400 | |
| 　　其他权益工具投资—丙上市公司股票—公允价值变动 | 4 744 000 | |
| 　　贷：其他权益工具投资—丙上市公司股票—成本 | | 19 744 000 |
| 　　　　盈余公积 | | 73 140 |
| 　　　　利润分配—未分配利润 | | 658 260 |
| 　　　　其他综合收益—其他权益工具投资公允价值变动—丙上市公司股票 | | 4 744 000 |

分析：自立股份有限公司持有的丙上市公司股票，成本为19 744 000元(见【业务呈现1】)，“其他权益工具投资—丙上市公司股票—公允价值变动”和“其他综合收益—其他权益工具投资公允价值变动—丙上市公司股票”金额与方向根据“【业务呈现3】”进行判断，未记“盈余公积”和“利润分配—未分配利润”之前，本分录为贷差731 400，故贷记“盈余公积73 140”“利润分配—未分配利润658 260”。

# 项目六　长期股权投资

根据2014版《企业会计准则第2号——长期股权投资》的规定：长期股权投资是指投资方对被投资单位实施控制、重大影响的权益性投资，以及对其合营企业的权益性投资。不包括被划分为金融资产进行核算和管理的股权投资。

**学习目标**

**知识目标：**

了解长期股权投资的定义，熟悉长期股权投资的分类及其特点，掌握长期股权投资的会计核算方法。

**能力目标：**

能够选择运用成本法或权益法，对长期股权投资的取得、后续计量、处置和减值等环节发生的经济业务进行正确的会计处理和会计监督。

**思政目标：**

加强对企业长期股权投资的核算与监督，如实反映企业长期股权投资的现状，关注投资环境，防范投资风险。

## 子项目1　长期股权投资基本理论

**业务呈现**

A公司与B公司及其股东在合并前不存在任何关系。A公司于2021年3月31日支付有关资产取得了B公司80%的股权。

判断A公司长期股权投资的类型应采用哪种会计核算方法。

**知识准备**

### 一、长期股权投资的类型

1. 控制被投资企业

控制被投资企业是指投资方有权决定被投资企业的财务和经营政策，并能据以从被投资企业的经营活动中获得利益。

当投资方直接拥有被投资企业50%以上的表决权资本，或者虽拥有的表决权资本不足50%却对被投资企业具有实质控制权的，通常就认定投资方能够控制被投资企业。被投资企业为投资方的子公司。

2. 共同控制被投资企业

共同控制，指按合同的约定对被投资企业与经济活动相关的重要财务和经营决策，必须经过分享控制权的参与各方一致同意后才能决策。

投资方与其他方对被投资企业实施共同控制的，被投资企业为投资方的合营企业。

共同控制实质上是通过合同约定建立起来的。在实际工作中，确定是否构成共同控制时，一般应以下面几种情形为基础：

（1）任何一个合营方均不能单独控制合营企业的生产经营活动。

（2）涉及合营企业基本经营活动的决策需要合营各方一致同意。

（3）合营各方通过合同或协议任命合营企业的管理层（管理层也可以是合营各方中的某一方），但管理层必须在合营各方一致同意的财务和经营政策范围内行使管理权。

3. 对被投资企业有重大影响

重大影响，指投资方对被投资企业的财务和经营政策有参与决策的权力，但并不能够控制或者与其他方一起共同控制这些政策的制定。

一般投资方应拥有被投资企业20%~50%的股份，才能够对被投资企业施加重大影响。投资方对被投资企业有重大影响的，被投资企业为投资方的联营企业。

此外，对无控制、无共同控制、无重大影响，且在活跃市场没有报价，公允价值不能可靠计量的权益性投资，应确认为金融资产。

## 二、长期股权投资的核算方法

1. 成本法

《企业会计准则》规定，投资方能够对被投资企业实施控制的长期股权投资应当采用成本法进行会计核算。

《企业会计准则》规定，长期股权投资应当采用成本法进行会计处理。

所谓成本法，是指"长期股权投资"按投资成本进行日常核算的一种方法。如果没有追加投资或收回投资，投资方"长期股权投资"的账面价值一般应当保持不变。

投资时，"长期股权投资"的入账价值为初始投资成本。初始投资成本包括投资价款（不包括已宣告但尚未发放的现金股利或利润）加各项直接相关费用（不包括投资方为企业合并发生的审计、法律服务、评估咨询等中介费用和其他相关管理费用）。

持有时，投资方应根据在被投资企业宣告发放的现金股利或利润中享有的份额确认投资收益。

2. 权益法

《企业会计准则》规定，投资方对联营企业和合营企业的长期股权投资应当采用权益法进行会计核算。

所谓权益法，是指投资方以取得投资的初始成本作为“长期股权投资”的入账价值，持有期间，投资方应根据享有被投资企业所有者权益份额的变动情况相应调整“长期股权投资”账面价值的一种核算方法。

**业务处理**

A 公司通过投资持有 B 公司 80%的股权，可以对 B 公司实施有效控制，因此投资完成以后，B 公司成为 A 公司的子公司。A 公司应当采用成本法核算对 B 公司的长期股权投资。

## 子项目 2　长期股权投资的取得

**业务呈现1**

2022 年 8 月 30 日，甲上市公司向其控股股东 A 公司支付银行存款 1.65 亿元，取得 A 公司持有的乙公司 100%的股权，并于当日起能够对乙公司实施控制，当日乙公司可辨认净资产在最终控制方 A 公司的合并财务报表中的账面价值为 1.5 亿元。甲公司“资本公积—股本溢价”贷方余额为 1800 万元。不考虑其他因素，甲公司应如何进行账务处理。

**知识准备**

同一控制下企业合并的本质是集团内部资产的账面调拨与重新配置，不具有商业实质，不产生经营性损益和非经营性损益。比如在同一控制下的企业合并，合并方以存货作为合并对价的，应当以存货成本价格确认计量基础，而不是视同销售。

同一控制下企业合并形成的长期股权投资，应在合并日，以取得被合并方净资产在最终控制方合并财务报表中的账面价值的份额作为长期股权投资的初始投资成本。

### 一、合并方以支付现金、转让非现金资产形成的长期股权投资

1. 以库存商品等存货作为合并对价的

借：长期股权投资（被合并方净资产在最终控制方合并报表中账面价值的份额）
　　存货跌价准备（没有提取跌价准备，则不借记本科目）
　　贷：库存商品（账面价值）
　　　　应交税费—应交增值税（销项税额）（商品的公允价值×增值税税率）
　　　　资本公积—资本溢价或股本溢价

如果未记"资本公积"科目前，会计分录借方合计<贷方合计，则差额借记"资本公积—资本溢价或股本溢价"科目，如果合并方资本公积的金额不够冲减，则依次借记"盈余公积""利润分配—未分配利润"。

2. 以固定资产作为合并对价

借：长期股权投资(被合并方净资产在最终控制方合并报表中账面价值的份额)
　　累计折旧
　　固定资产减值准备(没有提取减值准备则不借记本科目)
　　贷：固定资产(账面原值)
　　　　应交税费—应交增值税(销项税额)
　　　　资本公积—资本溢价或股本溢价

如果未记"资本公积"科目前，会计分录借方合计<贷方合计，则对差额的处理同上。

3. 以无形资产作为合并对价

借：长期股权投资(被合并方净资产在最终控制方合并报表中账面价值的份额)
　　累计摊销
　　无形资产减值准备(没有提取减值准备则不借记本科目)
　　贷：无形资产
　　　　应交税费—应交增值税(销项税额)
　　　　资本公积—资本溢价或股本溢价

如果未记"资本公积"科目前，会计分录借方合计<贷方合计，则对差额的处理同上。

**二、 发行权益性证券(如普通股股票)形成的长期股权投资**

(1) 发行或增发普通股股票作为合并对价(一般是溢价发行)。

借：长期股权投资(被合并方净资产在最终控制方合并报表中账面价值的份额)
　　贷：股本(面值总额)
　　　　资本公积—股本溢价(差额)

(2) 向证券公司(发行方)支付佣金、手续费。

借：资本公积—股本溢价
　　贷：银行存款

### 三、合并方为合并发生的审计、法律服务、咨询评估等中介费用及其他管理费用

借：管理费用
　　应交税费—应交增值税（进项税额）
　　贷：银行存款

**业务处理1**

甲上市公司应编制如下会计分录：

| | | |
|---|---|---|
| 借：长期股权投资—乙公司 | 150 000 000.00 | |
| 　　资本公积—资本溢价 | 15 000 000.00 | |
| 　　贷：银行存款 | | 165 000 000.00 |

分析：本业务中合并方甲上市公司以支付现金作为合并对价。

合并日，乙公司在最终控制方A公司的合并财务报表中的账面价值为1.5亿元，由于甲、乙公司均为A公司的子公司，属于同一控制下的企业合并，所以甲上市公司“长期股权投资—乙公司”的初始投资成本为1.5亿元。甲上市公司向A公司支付了1.65亿元的对价，形成借方差额1 500万元，由于甲上市公司“资本公积”账户的余额足够冲减，所以全额借记“资本公积—资本溢价”账户。

## 初试身手

自立公司和自强公司为同一母公司最终控制下的两家公司，两家公司合并前采用相同的会计政策。2024年6月30日，自立公司向其母公司发行2 000万股普通股（每股面值1元，每股公允价值3.60元），母公司拥有自强公司100%的股权，并于当日起能够对自强公司实施控制。合并日母公司合并报表中自强公司的净资产账面价值为6 800万元，合并后自强公司仍然维持其独立法人地位并继续经营。

假设不考虑相关税费等其他因素的影响，请进行相应的账务处理。

**业务呈现2**

丙公司和丁公司为非同一控制下的两家独立公司。2024年6月30日，丙公司以其拥有的固定资产向丁公司投资，取得丁公司55%的股权。该固定资产原值2 100万元，已累计提取折旧500万元，已提取减值准备100万元。投资日丙公司固定资产的公允价值为1 345万元，丁公司可辨认净资产公允价值为1 800万元。

假定不考虑相关税费，请进行相应的账务处理。

## 知识准备

非同一控制下企业合并本质是不同市场主体之间的产权交易，具有商业实质，产生经营性损益和非经营性损益。

非同一控制下企业合并形成的长期股权投资，以合并方付出的资产、承担的债务、发行的权益性证券等公允价值之和作为长期股权投资的初始投资成本。

### 一、 合并方以支付现金、 转让非现金资产形成的长期股权投资

1. 以库存商品等存货作为合并对价

（1）以库存商品等存货作为合并对价的，存货视同销售。

借：长期股权投资（公允价值+销项税额）
　　贷：主营业务收入
　　　　应交税费—应交增值税（销项税额）

（2）结转对外投资存货成本。

借：主营业务成本
　　存货跌价准备（没有提取跌价准备则不借记本科目）
　　贷：库存商品

2. 以固定资产作为合并对价

借：长期股权投资（公允价值+增值税销项税额）
　　累计折旧
　　固定资产减值准备（没有提取减值准备则不借记本科目）
　　贷：固定资产
　　　　应交税费—应交增值税（销项税额）
　　　　资产处置损益（可借可贷）

3. 以无形资产作为合并对价

借：长期股权投资（公允价值+增值税销项税额）
　　累计摊销
　　无形资产减值准备（没有提取减值准备则不借记本科目）
　　贷：无形资产
　　　　应交税费—应交增值税（销项税额）
　　　　资产处置损益（可借可贷）

## 二、 发行权益性证券(如普通股股票)形成的长期股权投资

(1) 发行或增发普通股股票作为合并对价(一般是溢价发行)。

借：长期股权投资(公允价值)
　　贷：股本(面值总额)
　　　　资本公积—股本溢价(差额)

(2) 向证券公司(发行方)支付佣金、手续费等发行费用，处理方法与同一控制下的企业合并相同，直接冲减发行溢价。

提示：

如果合并方为合并支付了审计、法律服务、咨询评估等中介费用以及其他管理费用，处理方法与同一控制下的企业合并相同，直接计入当期损益。

**业务处理2**

丙公司应编制如下会计分录：

| | | |
|---|---|---|
| 借：长期股权投资—丁公司 | 15 198 500. 00 | |
| 　　累计折旧 | 5 000 000. 00 | |
| 　　固定资产减值准备 | 1 000 000. 00 | |
| 　　资产处置损益 | 1 550 000. 00 | |
| 　　贷：固定资产 | | 21 000 000. 00 |
| 　　　　应交税费—应交增值税(销项税额) | | 1 748 500. 00 |

分析：本业务为非同一控制下的企业合并，合并方丙公司以其拥有的固定资产作为对价。在合并日，丙公司的固定资产的公允价值为 1 345 万元，按 13%的税率计算出增值税为 174. 85 万元，所以“长期股权投资—丁公司”的初始投资成本为 1 519. 85 万元。

## 初试身手

南强公司和北信公司为非同一控制下的两家独立公司。2024 年 6 月 25 日，南强公司以自产 T 产品 3 000 件对北信公司投资，T 产品的生产成本为 180 万元，占北信公司可辨认净资产公允价值份额的 60%，T 产品作为投资对价，经确认的公允价值为 300 万元，增值税税率为 13%。请根据双方的投资协议书及 T 产品的出库单等相关单据进行相应的账务处理。

**业务呈现3**

东方公司和西方公司为非同一控制下的两家独立有限责任公司。2025 年 7 月 5 日，东方公司向西方公司支付现金 320 万元，取得西方公司有表决权股份的 30%，并准备长期持有。假定不考虑其他因素的影响，请进行相应的账务处理。

**知识准备**

非企业合并方式形成的长期股权投资，本质上就是权益性投资性质的商业交易。

以支付现金取得的长期股权投资，其初始投资成本包括买价及相关税费。如果买价中包含了已宣告但尚未发放的现金股利或利润，则应给予扣除。

如果是以发行权益性证券取得的长期股权投资，其初始投资成本包括权益性证券的公允价值及相关税费。如果公允价值中包含了已宣告但尚未发放的现金股利或利润，则应给予扣除。

与证券发行方直接相关的佣金、手续费等发行费用，应从所发行证券的溢价收入中扣除，溢价收入不够冲减的，依次冲减盈余公积和未分配利润。

以支付非货币性资产、债务重组取得的长期股权投资，应按非货币性资产公允价值或非货币资产交换准则、债务重组准则确定长期股权投资成本。长期股权投资成本与非货币性资产账面价值的差额应记入“资产处置损益”账户。

特别提示：不管是同一控制下的企业合并，还是非同一控制下的企业合并，只要是企业合并形成的长期股权投资，在会计核算上都采用成本法。同理，非企业合并形成的长期股权投资，不管是同一控制还是非同一控制，在会计核算上都采用权益法。

**业务处理3**

应编制如下会计分录：

借：长期股权投资—西方公司　　　　3 200 000.00
　　贷：银行存款　　　　　　　　　　　3 200 000.00

## 子项目 3　长期股权投资的后续计量

**业务呈现1**

小企业三佳公司持有小企业六和公司 20% 的股份。2023 年 12 月 31 日，六和公司财务会计报告显示当年实现净利润 200 万元。2024 年 3 月 9 日，六和公司发布经股东大会批准的利润决算报告，决定分配现金股利总计 80 万元，并于 2024 年 4 月 10 日发放现金股利。

请以三佳公司会计身份，对上述业务进行必要的账务处理。

## 知识准备

在成本法下长期股权投资的后续计量，除非追加投资或者收回投资，否则长期股权投资的账面价值应当保持不变。被投资单位可辨认净资产公允价值发生变动时，被投资单位财务会计报告显示当年实现的净利润和净亏损时，都不需要调整长期股权投资的账面价值。此外，被投资单位发放股票股利时，也不需要进行账务处理，但需要调整持股数量，并在备查账中登记。

需要进行账务处理的有：

1. 被投资单位宣告发放现金股利或利润

借：应收股利—被投资单位
　　贷：投资收益

2. 收到被投资单位发放的现金股利

借：银行存款
　　应收股利—被投资单位

## 业务处理1

三佳公司属于小企业，根据《小企业会计准则》的规定，对长期股权投资应采用成本法进行会计核算。

（1）2023 年 12 月 31 日，六和公司财务会计报告显示当年实现净利润 200 万元，三佳公司不需要进行账务处理。

（2）六和公司 2024 年 3 月 9 日宣告发放现金股利，三佳公司账务处理如下：

| | | |
|---|---|---|
| 借：应收股利—六和公司 | 160 000.00 | |
| 　　贷：投资收益 | | 160 000.00 |

分析：应收股利金额 = 800 000×20% = 160 000（元）

（3）六和公司 2024 年 4 月 10 日发放现金股利，三佳公司账务处理如下：

| | | |
|---|---|---|
| 借：银行存款 | 160 000.00 | |
| 　　贷：应收股利—六和公司 | | 160 000.00 |

## 业务呈现2

2024 年 12 月 31 日，天泉公司持有领头雁股份公司在外发行的普通股 18 000 万股，拥有领头雁股份公司 30%的股份。经审计，领头雁股份公司当年实现净利润 900 万元。请以天泉公司会计身份，进行相应的账务处理。

## 知识准备

权益法下长期股权投资的后续计量，应根据不同的经济业务作出不同的账务处理。

1. 被投资单位可辨认净资产公允价值发生变动的会计处理

投资时，长期股权投资的初始成本大于被投资单位可辨认净资产公允价值份额的，不调整长期股权投资已确认的初始投资成本。

投资时，长期股权投资的初始成本小于被投资单位可辨认净资产公允价值份额的，应对其差额进行如下的账务处理。

借：长期股权投资—被投资单位(投资成本)
　　贷：营业外收入

2. 被投资单位实现盈利或发生亏损的会计处理

资产负债表日，企业应对在被投资单位实现的净利润中企业所享有的份额进行如下的账务处理。

借：长期股权投资—被投资单位(损益调整)
　　贷：投资收益

提示：被投资单位发生净亏损则编制相反的会计分录，但以“长期股权投资”账户的账面价值减记至零为限。

还需继续承担投资损失的，应将其他实质上构成对被投资单位净投资的“长期应收款”等的账面价值减记至零为限。

借：投资收益
　　贷：长期应收款—被投资单位

此外，投资企业按投资协议或合同约定将承担的损失应确认为预计负债。

上述情况下仍未确定的应分担的被投资单位的损失，应在备查账中登记。

3. 被投资单位分配股利或利润的会计处理

被投资单位发放股票股利时，不需要进行账务处理，但需要调整持股数量，并在备查账中登记。被投资单位宣告发放现金股利或利润，进行如下的账务处理。

借：应收股利—被投资单位

　　贷：长期股权投资—被投资单位（损益调整）

收到被投资单位发放的现金股利或利润，进行如下的账务处理。

借：银行存款

　　应收股利—被投资单位

4. 被投资单位其他综合收益变动或所有者权益的其他变动的会计处理

这里的其他变动是指“净损益、利润分配”以外的变动。投资方应按持股比例计算应享有的份额，相应调整长期股权投资的账面价值，同时增加或减少其他综合收益或资本公积。

这种变动，若是增加，则编制如下的会计分录。

借：长期股权投资—其他综合收益（或其他权益变动）

　　贷：其他综合收益（或“资本公积—其他资本公积”）

这种变动，若是减少，则编制相反的会计分录。

**业务处理2**

天泉公司拥有领头雁股份公司30%的股份，应采用权益法对长期股权投资进行核算。经审计，领头雁股份公司2024年实现净利润900万元。天泉公司应进行如下的账务处理。

借：长期股权投资—领头雁股份公司（损益调整）　　2 700 000.00

　　贷：投资收益　　2 700 000.00

## 初试身手

（1）2025年2月28日，领头雁股份公司宣告向股东派发现金股利400万元，并于3月30日正式发放给各位股东。请以天泉公司会计身份，进行相应的账务处理。

（2）2025年6月20日，领头雁股份公司将作为固定资产的房地产转换为以公允价值模式计量的投资性房地产，转换日公允价值大于账面净值1 200万元，计入了其他综合收益。假设不考虑其他因素，请以天泉公司会计身份，进行相应的账务处理。

# 子项目4　长期股权投资的减值与处置

## 业务呈现1

2023年12月31日，旺投集团首次对长期股权投资进行减值测试。至2023年12月31日止，企业长期股权投资（采用成本法核算）账面价值为9 800万元，经过减值测试确认其可回收金额为8 850万元，确认长期股权投资减值损失为950万元。

请对上述业务进行相应的账务处理。

## 知识准备

长期股权投资减值准备每年计提一次，企业于年末对长期股权投资进行减值测试，如果长期股权投资的可回收金额低于其账面价值，应计提减值准备。

借：资产减值损失（可回收金额-账面价值）
　　贷：长期股权投资减值准备

特别提示：

（1）如果长期股权投资的可回收金额高于其账面价值，说明没有减值，无须准备。

（2）长期股权投资减值损失一经确认，在以后会计期间不得转回。

（3）无论是成本法还是权益法，对长期股权投资减值准备的处理是一样的。

## 业务处理1

旺投集团对长期股权投资减值损失的账务处理如下：

| | | |
|---|---|---|
| 借：资产减值损失 | 9 500 000.00 | |
| 　　贷：长期股权投资减值准备 | | 9 500 000.00 |

## 业务呈现2

续【业务呈现1】，2024年9月20日，旺投集团将所持有的长期股权投资全部转让给兴旺集团，扣除税费后，实际收取款项9 900万元。

请对上述业务进行相应的账务处理。

## 知识准备

长期股权投资的处置，主要有出售和转让两种情形，采用不同的核算方法，其账务处理是不同的。

1. 采用权益法的账务处理

（1）冲减“长期股权投资”的账面价值。

借：银行存款(实收款项)
　　长期股权投资减值准备
　　贷：长期股权投资—投资成本
　　　　　　　　　　—损益调整(编制此分录之前为借方余额)
　　　　　　　　　　—其他综合收益(编制此分录之前为借方余额)
　　　　　　　　　　—其他权益变动(编制此分录之前为借方余额)
　　　　投资收益(差额倒挤，可借可贷)

如果编制此分录之前，长期股权投资的“损益调整”“其他综合收益”“其他权益变动”为贷方余额，则编制此分录时应记在借方。

（2）结转“其他综合收益”。

企业长期股权投资处置前，“长期股权投资—其他综合收益”为借方余额，则编制如下的会计分录。

借：其他综合收益
　　贷：投资收益

如果企业长期股权投资处置前，“长期股权投资—其他综合收益”为贷方余额，则编制相反的会计分录。

（3）结转“其他权益变动”。

企业长期股权投资处置前，“长期股权投资—其他权益变动”为借方余额，则编制如下的会计分录。

借：资本公积—其他资本公积
　　贷：投资收益

如果企业长期股权投资处置前，“长期股权投资—其他权益变动”为贷方余额，则编制相反的会计分录。

2. 采用成本法的账务处理

借：银行存款(实收款项)
　　长期股权投资减值准备
　　贷：长期股权投资
　　　　应收股利(已宣告但尚未领取的现金股利或利润)
　　　　投资收益(差额倒挤，可借可贷)

**业务处理2**

旺投集团对长期股权投资处置的账务处理如下：

| | | |
|---|---|---|
| 借：银行存款 | 99 000 000.00 | |
| 　　长期股权投资减值准备 | 9 500 000.00 | |
| 　　贷：长期股权投资 | | 98 000 000.00 |
| 　　　　投资收益 | | 10 500 000.00 |

## 初试身手

2025年5月8日，万佳宾馆将其持有的一项以权益法核算的长期股权投资全部出售，取得价款1 300万元，当日办妥相关手续。出售时，该长期股权投资的账面价值为1 100万元，其中“长期股权投资—投资成本”借方余额800万元，“长期股权投资—损益调整”借方余额400万元，“长期股权投资—其他综合收益”贷方余额100万元。

请对上述业务进行相应的账务处理。

# 项目七　固定资产

固定资产是企业生产经营重要的物质基础和技术基础，直接关系到企业产品的质量与产品的生产成本水平，也是转变发展方式，构建资源节约型、环境友好型企业的关键。

**学习目标**

**知识目标：**

了解固定资产的定义，熟悉固定资产的确认条件及折旧范围，掌握固定资产取得、持有、期末及处置的计量方法和会计处理方法。

**能力目标：**

能够对固定资产取得、折旧、后续支出、处置、期末计量等环节的经济业务，及时准确地进行会计处理和会计监督。

**思政目标：**

创新固定资产的监管思路，提高固定资产利用效率，关注新时代新企业轻资产的特征，建设节约型、环保型企业。

## 子项目 1　固定资产基本理论

**业务呈现**

天业股份有限公司取得一块土地使用权，其使用权作价 50 万元；同时应支付耕地占用税、契税 5 万元，应支付农民在土地上的果树等补偿费 10 万元；公司在该地块上建设一幢办公楼，各项建筑成本合计 80 万元。请问，会计做账时，该办公楼的固定资产原值应是多少？

**知识准备**

所谓固定资产是指为生产商品、提供劳务、出租或经营管理而持有的使用寿命超过一个会计年度的有形资产。

## 一、固定资产的确认

企业有形资产要符合固定资产的定义，并同时满足两个条件，方能确认为固定资产。

(1) 该项有形资产所包含的经济利益很可能流入企业。

(2) 该项有形资产的成本能够可靠地计量。

## 二、固定资产的特征

(1) 企业持有的目的是生产商品、提供劳务、经营管理或出租，而非直接用于销售。其中，出租是指以经营方式出租的固定资产，而非融资租赁。

(2) 企业持有使用固定资产的期限应超过一个会计年度，因此固定资产属于企业的非流动资产。

## 三、固定资产的分类

### 1. 固定资产按经济用途分为两类

(1) 生产经营用固定资产是指直接服务于生产经营过程的各种固定资产，如生产经营用的房屋、建筑物、机器设备、工具器具等。

(2) 非生产经营用固定资产是指不直接服务于生产经营过程的各种固定资产，如用于职工文化生活、卫生保健等的房屋、建筑物、设备和器具等。

### 2. 固定资产按使用情况分为五类

(1) 使用中固定资产，指正在使用的生产用固定资产和非生产用固定资产，还包括因季节性生产和大修理等正常原因暂停使用以及存放在车间备用的机器设备等。

(2) 未使用固定资产，指尚未投入生产的新增固定资产和因非正常原因暂时停止使用的固定资产。

(3) 不需用固定资产，指不适合本企业需要，已报请上级等待调配处理的固定资产。

(4) 租出固定资产，指出租给外单位使用的固定资产。

(5) 封存固定资产，指按有关规定经过企业主管部门和同级财政部门批准封存不用的固定资产。

### 3. 综合考虑固定资产的经济用途、使用情况等因素，固定资产可分为七大类

(1) 生产经营的固定资产。

(2) 非生产经营的固定资产。

(3) 租出固定资产，指经营租赁方式下租给外单位使用的固定资产。

(4) 不需用固定资产。

(5) 未使用固定资产。

(6) 封存固定资产。

(7) 土地，指过去已估价单独入账的土地(因征地而支付的补偿费不单独作为土地的价值入账，应计入与土地有关的房屋、建筑物的价值内)。

### 四、 固定资产的计价

固定资产的计价，是指企业以货币的形式，采用一定的价值标准，计算并反映固定资产价值的过程。

1. 原始价值

原始价值也称实际成本或者历史成本，是指企业购建某项固定资产达到可供使用状态前所发生的一切合理、必要的支出。原始价值是固定资产的基本计价标准，其主要优点是具有客观性和可验证性。

2. 重置完全价值

固定资产的重置完全价值，是指在现有的生产技术和市场状况下，重新购建同样的固定资产所需要的全部支出。重置完全价值的特点是可以比较真实地反映固定资产的现时价值，但不宜作为固定资产普遍的计价基础。公司购入旧的固定资产或者发生盘盈固定资产，无法确定其原始价值时，可以采用重置完全价值计价。

3. 净值

固定资产净值也称为折余价值，是指固定资产原值或者重置完全价值减去累计折旧后的净额。固定资产净值是固定资产现有的账面价值，反映了企业现在占用在固定资产上的资金数额和现有固定资产的新旧程度。

**业务处理**

该办公楼的固定资产原值=800 000+100 000+50 000=950 000(元)

说明：土地使用权 50 万元应计入无形资产。

**知识拓展**

#### 不动产

不动产是指依据自然属性或者法律规定，在空间上占有固定位置，移动后会影响其价值(包括使用价值和经济价值)的土地、土地定着物、与土地尚未脱离的土地生成物、因自然或人力添附于土地并且不能分离的其他物。

一般而言：不动产属于固定资产，但固定资产不一定属于不动产。

# 子项目 2　固定资产的取得

**业务呈现1**

2025 年 3 月，远行鞋业股份有限公司购入一条智能生产线，进价 180 000 元，增值税 23 400 元，运费 1 350 元，增值税 121.50 元，有关款项已转账付讫，生产线安装完毕，验收合格并交付使用，安装费由销售方承担，固定资产交接单见图 7-1，请进行相应账务处理。

固定资产交接（验收）单

2025 年 3 月 31 日　　　　第 025003 号

| 编号 | 设备名称 | 规格型号 | 数量 | 出售单位 | 附技术资料 |
|---|---|---|---|---|---|
| 11-04 | 制鞋流水线 | | 1 条 | 石狮工贸有限公司 | |
| 原值 | 其中：设备费 | 安装费 | 预计使用年限 | 预计净残值率 1.2% | |
| *181 350.00* | *180 000.00* | | 10 年 | 预计净残值 2176.20 | |
| 验收部门 | 验收人签单 | 验收意见 | 保管使用人签章 | 部门主管签章 | |
| 生产车间 | 丁达勇 | 合格 | 丁达勇 | 吴雅丽 | |

制单：丁达勇

**图 7-1　固定资产交接单**

**知识准备**

### 一、 外购固定资产的入账价值

外购固定资产的入账价值包括买价、进口关税、消费税以及为使固定资产达到预定可使用状态前所发生的可直接归属于该项资产的其他支出。特定项目的固定资产入账价值还应包括外购固定资产时支付的不可以抵扣的增值税。

特定项目的固定资产主要有：

(1) 纳税人用于非增值税应税项目、免征增值税项目的固定资产。

(2) 纳税人用于集体福利或个人消费的固定资产。

(3) 纳税人自用消费品，具体明确为应征消费税的游艇、汽车和摩托车。

### 二、 账户设置

企业应设置固定资产、工程物资、在建工程等账户，进行外购固定资产的核算与管理。

1. 固定资产

| 借 | 固定资产(资产类) 贷 |
|---|---|
| 增加的固定资产原值 | 减少的固定资产原值 |
| 企业持有的固定资产原值 | |

按固定资产类别和项目设置明细账

2. 工程物资

| 借 | 工程物资(资产类) 贷 |
|---|---|
| 购入工程物资的实际成本 | 领用工程物资的实际成本 |
| 已备尚未使用的各种物资成本 | |

按“专用材料”“专用设备”“专用工具器具”等设置明细账

3. 在建工程

| 借 | 在建工程(资产类) 贷 |
|---|---|
| 工程建设领用的设备、物资成本 | 验收交付使用的在建工程成本 |
| 工程建设人员薪酬、工程建设费用 | |
| 出包工程的工程款和基建管理费等 | |
| 企业尚未完工或虽已完工但还没办理竣工决算的工程成本 | |

按“建筑工程”“安装工程”“技术改造工程”“大修理工程”等设置明细账

## 三、 账务处理

1. 购进不需安装或由供货方安装并承担安装费用的固定资产

借：固定资产—生产经营用固定资产(买价+由购买方负担的税、费等)
　　应交税费—应交增值税(进项税额)
　　贷：银行存款(或长期应付款)

2. 购进由购买方安装并承担安装费用的固定资产

包括购入设备直接交付安装和购入设备先入库后安装两种，先入库后安装的，其账务处理和自营建造固定资产中的“工程材料先入库后领用”类同，此处只讲述“购入设备直接交付安装”的固定资产的账务处理。

（1）购入设备直接交付安装时。

借：在建工程—某安装工程
　　应交税费—应交增值税（进项税额）
　　贷：银行存款（或长期应付款）

（2）安装设备领用企业生产经营材料。

借：在建工程—某安装工程
　　贷：原材料

（3）结转安装人员薪酬。

借：在建工程—某安装工程
　　贷：应付职工薪酬

（4）设备安装完毕交付使用，办理竣工决算时。

借：固定资产—生产经营用固定资产（或某固定资产）
　　贷：在建工程—某安装工程

**业务处理1**

根据有关单据，编制如下的会计分录并登记有关账目。

借：固定资产—生产经营用固定资产（智能生产线）　181 350.00
　　应交税费—应交增值税（进项税额）　23 521.50
　　贷：银行存款　204 871.50

**业务呈现2**

2025年，远行鞋业股份有限公司购入一条制鞋流水线，发生下列业务（有关单据略）：

（1）购入制鞋设备，买价12万元、增值税1.56万元，已验收入库，价税款转账付讫。

（2）工程建设领用制鞋设备。

（3）工程建设领用生产用材料，价值1.8万元。

（4）提取工程建设员工薪酬4万元。

（5）为购买本设备向银行贷款，期限一年，设备建设完工前提取利息3 000元。

（6）工程验收交付使用，办理竣工决算。

（7）设备完工后提取利息1 000元。

请进行相关的账务处理。

## 知识准备

自建固定资产的承建方式有两种，分别是自营方式和出包方式。

### 一、自营方式建造的固定资产

如果购进工程材料直接交付工程建设，其账务处理和购进设备直接交付安装的一样，本处主要讲述购进材料先入库后领用的账务处理。

（1）购入工程建设专用设备、专用材料，验收入库。

借：工程物资—专用设备（或专用材料）
　　应交税费—应交增值税（进项税额）
　　贷：银行存款（或长期应付款）

（2）工程建设领用专用设备、专用材料。

借：在建工程—某工程
　　贷：工程物资—专用设备（或专用材料）

（3）工程建设领用企业生产经营用存货。

借：在建工程—某工程
　　贷：原材料（或库存商品等）

（4）提取工程建设人员工资及福利费。

借：在建工程—某工程
　　贷：应付职工薪酬—工资（或福利费）

（5）结转工程建设应承担水电、蒸汽等的辅助服务。

借：在建工程—某工程
　　贷：生产成本—辅助生产成本

（6）工程建设完工前（完工后）的借款利息。

借：在建工程—某工程（财务费用）
　　贷：应付利息

（7）工程完工，达到预定可使用状态，交付使用，办理竣工决算时。

借：固定资产—生产经营用固定资产
　　贷：在建工程—某工程【（2）+（3）+（4）+（5）+（6）（完工前的利息）】

企业自行建造的固定资产的入账价值包括验收合格之前发生的各种材料费用、人工费用、应计入建造成本借款费用以及其他相关税费。

## 二、 出包方式建造的固定资产

（1）按合同约定，向承建企业支付工程价款。

借：在建工程—发包工程
　　贷：银行存款

（2）工程完工，办理竣工决算，结转工程成本。

借：固定资产—生产经营用固定资产
　　贷：在建工程—发包工程

**业务处理2**

（1）购入制鞋设备。

| | | |
|---|---|---|
| 借：工程物资—制鞋设备 | 120 000.00 | |
| 　　应交税费—应交增值税(进项税额) | 15 600.00 | |
| 　　贷：银行存款(或长期应付款) | | 135 600.00 |

（2）工程建设领用制鞋设备。

| | | |
|---|---|---|
| 借：在建工程—安装工程 | 120 000.00 | |
| 　　贷：工程物资—制鞋设备 | | 120 000.00 |

（3）工程建设领用生产用材料。

| | | |
|---|---|---|
| 借：在建工程—安装工程 | 18 000.00 | |
| 　　贷：原材料 | | 18 000.00 |

（4）提取工程建设员工薪酬。

| | | |
|---|---|---|
| 借：在建工程—安装工程 | 40 000.00 | |
| 　　贷：应付职工薪酬—工资 | | 40 000.00 |

（5）工程建设期间提取利息。

| | | |
|---|---|---|
| 借：在建工程—安装工程 | 3 000.00 | |
| 　　贷：应付利息 | | 3 000.00 |

(6) 工程验收交付使用，办理竣工决算。

| | | |
|---|---|---|
| 借：固定资产—生产经营用固定资产 | 181 000.00 | |
| 贷：在建工程—安装工程 | | 181 000.00 |

(7) 设备完工后提取利息 1 000 元。

| | | |
|---|---|---|
| 借：财务费用—利息 | 1 000.00 | |
| 贷：应付利息 | | 1 000.00 |

## 业务呈现3

2025 年 5 月，远行鞋业股份有限公司接受达人集团投入的不需要安装的设备一台，该设备原值为 180 000 元，已计提折旧 30 000 元，评估确认的价值为 120 000 元。双方协商认定：此项投资的资本份额为 100 000 元。请进行相应的账务处理。

## 知识准备

投资者投入的固定资产，按投资各方确认的价值入账(不公允的除外)，并编制如下的会计分录。

借：固定资产(评估价+由接受方承担的费用)
　　应交税费—应交增值税(进项税额)
　　贷：实收资本(合同约定的资本份额)
　　　　资本公积(差额，可借可贷)
　　　　银行存款(接受方支付的费用)

## 业务处理3

接受达人集团投入的不需要安装的设备一台：

| | | |
|---|---|---|
| 借：固定资产—设备 | 120 000.00 | |
| 贷：实收资本 | | 100 000.00 |
| 资本公积—资本溢价 | | 20 000.00 |

## 业务呈现4

2025 年 7 月，远行鞋业股份有限公司接受慈惠集团捐赠的新设备一台，慈惠集团提供的增值税专用发票显示：该设备购买价 50 000 元，增值税 6 500 元，远行鞋业股份有限公司转账支付运费1 500元，运费增值税 135 元。设备无须安装，验收后直接交付使用，请进行相应的账务处理。

## 知识准备

接受捐赠的固定资产，如果捐赠方提供合法凭据的，以凭据上标明的金额加上应当支付的相关税费（不含按规定可以抵扣的增值税），作为入账价值。

如果捐赠方没有提供合法凭证的，按下列顺序确定其入账价值：

（1）如果同类或类似固定资产存在活跃市场的，以同类或类似固定资产的市场价格为标准估计的金额加上应当支付的相关税费作为入账价值。

（2）如果同类或类似固定资产不存在活跃市场的，以该固定资产预计未来现金流量的现值为入账价值。

（3）如果捐赠的是旧固定资产，以按上述方法确定新固定资产的价值减去按该固定资产新旧程度估计的价值损耗后的余额作为入账价值。

接受捐赠的固定资产，应进行如下的账务处理。

借：固定资产（捐赠固定资产的确认价值+由接受方承担的费用）
　　应交税费—应交增值税（进项税额）
　　贷：营业外收入（确认值+税款）
　　　　银行存款（受赠方支付的费用）

## 业务处理4

接受慈惠集团捐赠的新设备。

| | | |
|---|---|---|
| 借：固定资产—新设备 | 51 500. 00 | |
| 　　应交税费—应交增值税（进项税额） | 6 635. 00 | |
| 　　贷：营业外收入 | | 56 500. 00 |
| 　　　　银行存款 | | 1 635. 00 |

## 业务呈现5

2025 年 8 月 31 日，远行鞋业股份有限公司盘盈电脑一台，该电脑完全重置价值为10 000 元，八成新。（有关单据略）

请根据《企业会计准则——基本准则》的规定编制批准前和批准后的会计分录。

## 知识准备

盘盈的固定资产，市场上有同类固定资产的，以其市场价格减去估计折旧后的净值入账；市场上无同类固定资产的，以其预计未来现金流量的现值入账。

对盘盈固定资产，应进行如下的账务处理。

(1) 盘盈日的账务处理。

借：固定资产—未使用固定资产(按重置价值的净值)
　　贷：以前年度损益调整

(2) 按批准意见进行账务处理。

借：以前年度损益调整
　　贷：应交税费—应交所得税(税率一般为25%)
　　　　盈余公积—法定盈余公积【(以前年度损益调整-所得税)×10%】
　　　　利润分配—未分配利润(差额)

## 业务处理5

(1) 盘盈日的账务处理。

| | | |
|---|---|---|
| 借：固定资产—未使用固定资产 | 8 000.00 | |
| 　　贷：以前年度损益调整 | | 8 000.00 |

(2) 按批准意见进行账务处理。

| | | |
|---|---|---|
| 借：以前年度损益调整 | 8 000.00 | |
| 　　贷：应交税费—应交所得税 | | 2 000.00 |
| 　　　　盈余公积—法定盈余公积 | | 600.00 |
| 　　　　利润分配—未分配利润 | | 5 400.00 |

## 知识拓展　小企业固定资产盘盈的账务处理

根据《小企业会计准则》的相关规定，小企业盘盈固定资产，应作如下的账务处理。

(1) 盘盈日的账务处理。

借：固定资产—未使用固定资产【同类或类似固定资产的市价-估计的折旧】
　　贷：待处理财产损溢—待处理固定资产损溢

（2）按批准意见进行账务处理。

借：待处理财产损溢—待处理固定资产损溢
　　贷：营业外收入

## 初试身手

执行《小企业会计准则》的甲公司在财产清查过程中发现一台未入账的设备，约七成新，市场上同类商品的重置成本为20 000元。请进行相应的账务处理。

# 子项目3　固定资产折旧

### 业务呈现

天路鞋业股份有限公司新建办公楼一座，建造成本为908 200元，预计使用年限为50年，预计残值35 544元，预计清理费用108 200元。请用平均年限法计算该办公楼的年折旧率和月折旧额，并编制相应的记账凭证。

### 知识准备

固定资产折旧是指在固定的使用寿命内，按照确定的方法对固定资产应提取的折旧额进行系统的分摊。

#### 一、影响固定资产折旧的因素

（1）固定资产原值。原值就是固定资产的初始成本，如果固定资产计提了减值准备，应在扣除了减值准备后再计提折旧。

（2）固定资产的净残值（预计残值-清理费用）。

（3）固定资产使用寿命（有形损耗和无形损耗）。

#### 二、计提折旧的固定资产范围

1. 空间范围

不计提折旧的固定资产。

（1）按规定单独估价作为固定资产入账的土地。

（2）以经营租赁方式租入的固定资产。

（3）除房屋建筑外停用的固定资产。

2. 时间范围

（1）当月增加的固定资产，当月不计提折旧，下月起计提。

（2）当月减少的固定资产，当月仍计提折旧，下月起不计提。

（3）已提足折旧继续使用的固定资产不计提折旧。

（4）提前报废的固定资产不计提折旧。

## 三、计提折旧的具体方法

1. 直线法（平均年限法）

所谓直线法，就是按固定资产使用年限平均计算折旧的方法。

（1）通过折旧率求折旧额。

预计净残值率=（预计残值收入-预计清理费用）÷固定资产原值

固定资产年折旧率=（1-预计净残值率）÷预计使用年限×100%

固定资产年折旧额=固定资产原值×固定资产年折旧率

固定资产月折旧率=年折旧率÷12

固定资产月折旧额=固定资产原值×固定资产月折旧率

（2）直接求折旧额。

$$固定资产年折旧额=\frac{固定资产原值-(预计残值收入-预计清理费用)}{固定资产预计使用年限}$$

月折旧额=年折旧额÷12

2. 工作量法

所谓工作量法，就是以固定资产应计折旧额除以预计工作量或者工作时间，平均计算单位工作量或工作时间的折旧额。

具体计算公式如下：

单位工作量折旧额=固定资产原值×（1-预计净残值率）÷预计总工作量

某项固定资产月折旧额=该项固定资产当月工作量×单位工作量折旧额

3. 年数总和法

年数总和法是一种快速折旧的方法，就是以固定资产原值减去净残值后的净额乘以一个逐步递减的年折旧率，来计算出每年的折旧额。

具体计算公式如下：

$$逐步递减的年折旧率=\frac{(预计使用年限-已使用年限)\times 2}{预计使用年限\times(预计使用年限+1)}$$

固定资产年折旧额=（固定资产原值-预计净残值）×逐步递减的年折旧率

4. 双倍余额递减法

双倍余额递减法是一种快速折旧的方法，就是在不考虑固定资产净残值的情况下，根据每期期初固定资产账面余额乘以双倍直线折旧率来计算当年固定资产年折旧额的一种方法。但是在固定资产折旧年限到期前两年，应将固定资产账面余额扣除净残值后的净值平均摊销。

具体计算公式如下：

固定资产年折旧率=2/预计使用年限

固定资产月折旧率=固定资产年折旧率÷12

固定资产年折旧额=固定资产年初账面余额×固定资产年折旧率

固定资产月折旧额=固定资产年折旧额÷12

$$\text{最后两年的年折旧额}=\frac{\text{倒数第 2 年固定资产年初账面余额}-\text{净残值}}{2}$$

## 四、固定资产折旧的账务处理

借：管理费用—折旧费(行政部门使用的固定资产折旧)
　　制造费用—折旧费(生产部门使用的固定资产折旧)
　　销售费用—折旧费(专设销售机构使用的固定资产折旧)
　　其他业务成本(经营出租的固定资产折旧)
　　研发支出(用于研究开发无形资产的固定资产折旧)
　　在建工程(为工程建设服务的固定资产折旧)
　　贷：累计折旧

**业务处理**

(1) 预计净残值率=(35 544-108 200)÷ 908 200×100%=-8%

(2) 年折旧率=[1-(-8%)]÷50×100%=2.16%

(3) 月折旧额=908 200×2.16%÷12=1 634.76(元)

(4) 编制记账凭证：

| | | |
|---|---|---|
| 借：管理费用—折旧费 | 1 634.76 | |
| 　　贷：累计折旧 | | 1 634.76 |

## 初试身手

2025 年 10 月 25 日，天路鞋业股份有限公司购入一台高科技设备，原值 160 万元，预计可使用 4 年，预计净残值 4 000 元，请分别用年数总和法、双倍余额递减法计算该设备每年的折旧率以及应计提的折旧额。

# 子项目 4　固定资产后续支出

**业务呈现**

天路鞋业股份有限公司拥有鞋业批发商场一座，原价 200 万元，预计使用年限 50 年，现已使用 20 年，已计提折旧 80 万元。由于扩大经营的需要，决定对其进行改造，以提高使用面积。请财务部门参与监督管理并进行会计核算。

**知识准备**

固定资产后续支出是指固定资产投入使用后，对其进行维护、改扩建、改良所发生的各项支出。

### 一、 资本化后续支出

所谓资本化，就是指将符合条件的支出计入相关资产的成本，而不是当期损益。如果固定资产后续支出有可能使流入企业的经济利益超过原先预计，则给予资本化处理。

1. 停止使用，不计提折旧，将固定资产账面价值转入在建工程

借：在建工程—某改良工程或某改扩建工程(净值)
　　累计折旧(账面余额)
　　固定资产减值准备(如果有计提准备，应将余额冲减)
　　贷：固定资产(原值)

2. 改良或改扩建过程中发生的支出(与自营建造工程中的支出处理相同)

借：在建工程—某改良工程或某改扩建工程
　　贷：银行存款(或其他相关科目)

3. 改良或改扩建过程中发生的变价收入

借：银行存款(或相关科目)
　　贷：在建工程—某改良工程或某改扩建工程

4. 工程完工，验收合格并交付使用

借：固定资产—生产经营用固定资产
　　贷：在建工程—某改良工程或某改扩建工程(1+2-3)

改良或改扩建后固定资产的入账价值等于改良或改扩建前固定资产的净值加上改扩建发生的支出减去改扩建发生的变价收入。

5. 改良或改扩建(建设期间不计提折旧)后应重新计提折旧额

建设后的折旧年限=原折旧年限-已使用年限+建设后可延长的年限-建设时间

## 二、 费用化后续支出

固定资产中小修理的各项支出，应当计入当期损益，因为中小修理只是确保固定资产的正常运行，不会增加固定资产未来经济利益的流入，所以不能计入固定资产的成本。

固定资产大修理的各项支出，如果不满足资本化确认条件，则作为费用化后续支出，计入当期损益。

借：管理费用(行政部门固定资产修理费)
　　制造费用(生产车间固定资产修理费)
　　销售费用(专设销售机构固定资产修理费)
　　贷：银行存款或其他相关科目

固定资产在修理期间，仍计提折旧。

**业务处理**

1. 停止使用，不计提折旧，将固定资产净值转入在建工程

| | | |
|---|---|---|
| 借：在建工程—改扩建工程 | 1 200 000. 00 | |
| 　　累计折旧 | 800 000. 00 | |
| 　　贷：固定资产—生产经营用固定资产 | | 2 000 000. 00 |

2. 经财务部门审核，改扩建总共支出60万元，全部转账付讫

| | | |
|---|---|---|
| 借：在建工程—改扩建工程 | 600 000. 00 | |
| 　　贷：银行存款 | | 600 000. 00 |

3. 改扩建工程完工，验收合格并交付使用

| | | |
|---|---|---|
| 借：固定资产—生产经营用固定资产 | 1 800 000. 00 | |
| 　　贷：在建工程—改扩建工程 | | 1 800 000. 00 |

4. 改扩建后提高了使用面积，并让商场的使用寿命延长了 15 年

改扩建后折旧年限=50-20+15=45(年)【注：假设不考虑建设时间】

**初试身手**

2025 年 10 月，小企业长亮鞋业基本生产车间对设备进行小修理，转账购进修理用材料 8 000 元，增值税 1 040 元(普通发票)，材料直接交付维修车间供修理使用。月末维修车间转来应由基本生产车间负担的修理费用 15 000 元，请进行相应的账务处理。

## 子项目 5　固定资产处置

固定资产满足下列条件之一的，应当终止确认：

(1) 固定资产处于处置状态。如企业已准备或正在将某项固定资产出售、对外投资、对外捐赠或用于非货币交换、债务重组等。

(2) 该固定资产预期通过使用或处置不能产生经济利益。如达到报废条件需要报废的固定资产、被灾害损毁的固定资产等。

账务处理上应通过“固定资产清理”账户核算固定资产处置的相关业务。

**业务呈现1**

2025 年 10 月，天彩公司将 2022 年购入的设备投资给围江公司，该设备购入时收到增值税普通发票，原值 8 000 000 元，现已计提折旧 2 000 000 元，评估价 7 119 000 元，在对外投资过程中，天彩公司转账支付搬运费、安装费(普通发票)25 000 元，请进行相应的账务处理。

**知识准备**

投资转出固定资产，应进行如下的账务处理：

1. 将固定资产终止确认，转入清理

借：固定资产清理(净值)
　　累计折旧(账面余额)
　　贷：固定资产(原值)

如果该固定资产有计算减值准备，还应借记“固定资产减值准备”。

2. 固定资产对外投资

借：长期股权投资(双方确认的投资份额)
　　贷：固定资产清理

3. 固定资产对外投资视同销售，应计提增值税销项税额

借：固定资产清理【投资额÷(1+增值税税率)×增值税税率】
　　贷：应交税费—应交增值税(销项税额)

4. 在固定资产对外投资中发生各种应由投资方负担的费用

借：固定资产清理(实际发生的金额)
　　贷：银行存款等相关科目

5. 结转固定资产对外投资净损益(转后“固定资产清理”账户余额清零)

(1) 结转净盈利。

借：固定资产清理
　　贷：资产处置损益

(2) 结转净亏损。

借：资产处置损益
　　贷：固定资产清理

**业务处理1**

1. 将固定资产终止确认，转入清理

| | | |
|---|---|---|
| 借：固定资产清理 | 6 000 000.00 | |
| 　　累计折旧 | 2 000 000.00 | |
| 　　贷：固定资产 | | 8 000 000.00 |

2. 固定资产对外投资

| | | |
|---|---|---|
| 借：长期股权投资 | 7 119 000.00 | |
| 　　贷：固定资产清理 | | 7 119 000.00 |

3. 固定资产对外投资视同销售，应计提增值税销项税额

| | | |
|---|---|---|
| 借：固定资产清理 | 819 000.00 | |
| 　　贷：应交税费—应交增值税(销项税额) | | 819 000.00 |

4. 固定资产对外投资中发生各种应由投资方负担的费用

借：固定资产清理　　　　25 000.00
　　贷：银行存款　　　　　　25 000.00

5. 结转固定资产对外投资净损益

借：固定资产清理　　　　275 000.00
　　贷：资产处置损益　　　　275 000.00

**业务呈现2**

2025年11月，天彩公司向部队捐赠设备一台，该设备原值25万元，累计折旧5万元，公允价值18万元，适用增值税税率为13%，请进行相应的账务处理。

**知识准备**

对外捐赠转出固定资产，应进行如下的账务处理：

1. 将固定资产终止确认，转入清理(与投资转出固定资产的会计分录相同)

借：固定资产清理(净值)
　　累计折旧(账面余额)
　　贷：固定资产(原值)

如果该固定资产有计算减值准备，还应借记“固定资产减值准备”。

2. 确认对外捐赠

借：营业外支出
　　贷：固定资产清理
　　　　应交税费—应交增值税(销项税额)(公允价值×增值税税率)

**业务处理2**

1. 将固定资产终止确认，转入清理

借：固定资产清理　　　　200 000.00
　　累计折旧　　　　　　50 000.00
　　贷：固定资产　　　　　　250 000.00

2. 固定资产对外捐赠

| | | |
|---|---|---|
| 借：营业外支出 | 223 400. 00 | |
| 贷：固定资产清理 | | 200 000. 00 |
| 应交税费—应交增值税(销项税额) | | 23 400. 00 |

业务呈现3

晋工机械股份有限公司2025年4月25日因技术进步提前报废设备一套，该设备原值为300 000元，增值税进项税额39 000元已认证抵扣，已计提折旧120 000元。请财务部门监督该设备的清理工作并进行相应的会计核算。

知识准备

固定资产的出售、报废和损毁是三种不同的情形，有着明显的区别。

出售：指(变卖)转让不适用或不需用的固定资产，回笼货币资金。

报废：指因固定资产有形损耗或无形损耗导致的正常报废。

损毁：指固定资产非正常报废，因自然灾害或责任事故造成。

## 一、 固定资产增值税的相关规定

1. 销售固定资产增值税的相关规定

(1) 小规模纳税人销售已使用过的固定资产、一般纳税人销售2009年以前购入的以及2009年以后购入但进项税额未抵扣过的固定资产，则应征收的增值税按3%的征收率减按2%征收。具体计算公式如下：

增值税销项税额=销售额÷(1+3%)×2%

(2) 一般纳税人销售在2009年以后购入，且进项税额已从销项税额中抵扣过的固定资产时按正常税率计算增值税销项税额。

2. 报废、损毁固定资产增值税的相关规定

(1) 已抵扣进项税额的固定资产正常报废，或者因重大自然灾害造成的报废，已抵扣的进项税额不用转出。

(2) 已抵扣进项税额的固定资产提前报废，或者因管理不善等原因造成损毁、被盗等，应按下列公式计算不得抵扣的进项税额。

不得抵扣的进项税额=固定资产净值×适用税率

## 二、 账务处理

1. 固定资产终止确认，转入清理

（1）将待销售或者正常报废的固定资产转入清理（与投资转出的会计分录相同）。

借：固定资产清理（净值）
　　累计折旧（账面余额）
　　贷：固定资产（原值）

如果该固定资产有计算减值准备，还应借记“固定资产减值准备”。

（2）提前报废或者非正常损毁的固定资产转入清理。

借：固定资产清理（净值+进项税额转出）
　　累计折旧（账面余额）
　　贷：固定资产（原值）
　　　　应交税费—应交增值税（进项税额转出）

2. 取得收入（通过银行转账收讫）

（1）销售固定资产取得价税款。

借：银行存款（价税款）
　　贷：固定资产清理（售价）
　　　　应交税费—应交增值税（销项税额）

（2）损毁、报废固定资产的货币收入或残料入库。

借：银行存款（变价收入或赔偿款收入）
　　周转材料（残料入库）
　　贷：固定资产清理

3. 支付或计提清理费用

借：固定资产清理
　　贷：银行存款（或库存现金、应付职工薪酬等科目）

4. 结转固定资产清理净损益

（1）结转出售固定资产的净收益。

借：固定资产清理
　　贷：资产处置损益

如果是结转出售固定资产净亏损，则编制相反的会计分录。

（2）结转报废或损毁固定资产净收益。

借：固定资产清理
　　贷：营业外收入—处置非流动资产净收益

结转报废或损毁固定资产净亏损，则编制会计分录如下。

借：营业外支出—处置非流动资产净损失
　　贷：固定资产清理

**业务处理3**

1. 固定资产转入清理（进项增值税已正常抵扣）

| | | |
|---|---|---|
| 借：固定资产清理 | 203 400. 00 | |
| 　　累计折旧 | 120 000. 00 | |
| 　　贷：固定资产 | | 300 000. 00 |
| 　　　　应交税费—应交增值税（进项税额转出） | | 23 400. 00 |

进项税额转出＝（300 000－120 000）×13%＝23 400（元）

2. 提前报废设备，一些备件验收入库，估值 48 400 元

| | | |
|---|---|---|
| 借：周转材料—修理用备件 | 48 400. 00 | |
| 　　贷：固定资产清理 | | 48 400. 00 |

3. 转账支付清理费用 8 000 元，增值税 1 040 元

| | | |
|---|---|---|
| 借：固定资产清理 | 8 000. 00 | |
| 　　应交税费—应交增值税（进项税额） | 1 040. 00 | |
| 　　贷：银行存款 | | 9 040. 00 |

4. 结转净损失

| | | |
|---|---|---|
| 借：营业外支出—设备报废损失 | 163 000. 00 | |
| 　　贷：固定资产清理 | | 163 000. 00 |

设备报废净损失＝203 400+8 000－48 400＝163 000（元）

# 子项目 6　固定资产清查和减值

## 业务呈现

2025 年 5 月，远行鞋业股份有限公司盘亏小型机台一套，相关资料如图 7-2 所示，该设备 2018 年 5 月购进，当年的增值税税率为 16%，进项税额 9 600 元已全额抵扣，请按《企业会计准则》的规定编制批准前、后的会计分录。

固定资产盘盈盘亏表

2025 年 5 月 30 日　　　　单位：万元

<table>
<tr><td rowspan="2">编　号</td><td rowspan="2">名称</td><td rowspan="2">规格型号</td><td colspan="3">盘盈</td><td colspan="3">盘亏</td><td colspan="3">毁损</td><td rowspan="2">原因</td></tr>
<tr><td>数量</td><td>重置价值</td><td>新旧程度</td><td>数量</td><td>原值</td><td>折旧</td><td>数量</td><td>原值</td><td>折旧</td></tr>
<tr><td>B215997</td><td>小型机台</td><td>套</td><td></td><td></td><td></td><td>1</td><td>6</td><td>4</td><td></td><td></td><td></td><td></td></tr>
<tr><td></td><td></td><td></td><td></td><td></td><td></td><td></td><td></td><td></td><td></td><td></td><td></td><td></td></tr>
<tr><td rowspan="2">处理意见</td><td colspan="4">审批部门</td><td colspan="5">清查小组</td><td colspan="3">使用管理部门</td></tr>
<tr><td colspan="4">按企业会计准则规定处理　行刘<br>印远</td><td colspan="5">负责人：江海涛</td><td colspan="3">辅助生产车间</td></tr>
</table>

**图 7-2　固定资产盘盈盘亏表**

## 知识准备

### 一、 固定资产盘亏

一个管理规范的企业，很少会发生固定资产的盘盈或盘亏。经常出现固定资产盈亏的企业，应加强对固定资产的日常管理，全面落实责任制。

对盘亏固定资产的账务处理详述如下。

1. 批准前（盘亏日）的账务处理

借：待处理财产损溢—待处理固定资产损溢
　　累计折旧（账面余额）
　　贷：固定资产（原值）
　　　　应交税费—应交增值税（进项税额转出）

固定资产购进或自制时，增值税进项税额未抵扣的，盘亏时进项税额不必转出。

2. 批准后的账务处理

借：营业外支出—盘亏损失
　　贷：待处理财产损溢—待处理固定资产损溢

## 二、 固定资产减值

企业期末发现固定资产存在下列情形时应计提减值准备。

(1) 固定资产市价跌幅大大高于因时间推移或正常使用而预计的下跌，并且预计在近期内不可能恢复。

(2) 同期市场利率大幅提高，进而很可能影响到企业计算固定资产可回收金额的折现率，并导致固定资产可回收金额大幅降低。

(3) 固定资产陈旧过时或发生实体损坏等。

(4) 其他有可能表明企业资产已发生减值的情况。

计提减值准备时，按固定资产的可回收金额与账面价值的差额编制会计分录。

借：资产减值损失—固定资产减值准备

　　贷：固定资产减值准备(固定资产账面净值-可回收金额)

固定资产减值损失一经确认，在以后的会计期间不得转回。

固定资产减值损失确定后，其折旧额应做相应的调整，以便在剩余的使用寿命内，系统地分摊调整后的固定资产价值。

**业务处理**

1. 批准前的账务处理

| | | |
|---|---|---|
| 借：待处理财产损溢—待处理固定资产损溢 | 23 200.00 | |
| 　　累计折旧 | 40 000.00 | |
| 　　贷：固定资产 | | 60 000.00 |
| 　　　　应交税费—应交增值税(进项税额转出) | | 3 200.00 |

进项税额转出=(60 000-40 000)×16%=3 200(元)

2. 批准后的账务处理

| | | |
|---|---|---|
| 借：营业外支出—盘亏损失 | 23 200.00 | |
| 　　贷：待处理财产损溢—待处理固定资产损溢 | | 23 200.00 |

**知识拓展**

### 小企业固定资产减值的有关规定

根据《小企业会计准则》的相关规定，小企业平时不需要对固定资产提取减值准备，相关损失实际发生时再记入“营业外支出”。

# 项目八　无形资产和其他资产

《企业会计准则第 6 号——无形资产》规定：无形资产是企业拥有或控制的没有实物形态的可辨认的非货币性资产。

**学习目标**

**知识目标：**

了解无形资产、持有待售资产、租赁资产、其他非流动资产的定义及其特征，熟悉这些资产的确认条件、计量方法及会计处理方法。

**能力目标：**

能够对无形资产、持有待售资产、租赁资产、其他资产的取得、持有、处置及期末计量等环节的经济业务，及时准确地进行会计处理和会计监督。

**思政目标：**

创新无形资产和其他资产的监管思路，在研发上下功夫，坚持走创新发展之路，促进企业转型升级。

## 子项目 1　无形资产

无形资产包括专利权、非专利技术、商标权、著作权、土地使用权、特许经营权等内容，正确运用无形资产对企业提升产品的科技含量以及美誉度、推动企业转型升级具有重要意义。

**业务呈现1**

七彩印染厂 2021 年 7 月开始研究无水染色技术，财务部门参与监督管理并进行会计核算。

**知识准备**

### 一、 无形资产的确认

确认一项资产为企业的无形资产，除了符合无形资产的定义，还必须同时满足以下两个条件：第一，与该资产有关的经济利益很可能流入企业；第二，该资产的成本能够可靠地计量。

## 二、 无形资产的特征

无形资产既有资产的共同属性又有自身独有的特征，具体表现为：

(1) 非实体与可辨认。不存在实物形态但却可以辨认。表现为可以单独取得，也可以从企业中分离或者划分出来，单独用于出售或转让。

(2) 效益性与不确定。无形资产能在较长时间内给企业带来经济利益，但获利能力不能准确认定。

(3) 取得和持有无形资产的目的是企业使用。

(4) 无形资产属于非货币性的长期资产。

## 三、 无形资产的内容

(1) 专利权，是国家专利主管机关依法授予专利申请人对其发明创造在法定期限内所享有的专有权利，包括发明专利权、外观设计专利权及实用新型专利权。

(2) 非专利技术，是非专利人对其发现、发明等科技成果所享有的权利。非专利技术不受法律保护，具有经济性、机密性、动态性的特点。

(3) 商标权，是商标注册人对其注册商标的专用权，包括文字商标权、图形商标权、记号商标权、组合商标权。商标注册人在有效期(10 年)满而未续展的，商标权自行终止(图 8-1、图 8-2)。

图 8-1　注册商标(1)　　　图 8-2　注册商标(2)

(4) 著作权，也称版权，是著作权人对其著述和创作的作品所享有的专有权利，包括发表权、署名权、修改权、保护作品完整权、使用和获得报酬权等。

(5) 土地使用权，是指国家准许某一企业或单位在一定时期内对国有土地所享有的使用权，包括开发权、利用权和经营权。

(6) 特许经营权，又称特许权或特许组合权。指为了实现一定商业目的，由特许人拥有并授予受许人使用的具有市场竞争力的商业要素的组合。在市场竞争中，竞争力表现为品牌的知名度、技术优势、产品质量、服务水平等多种要素的组合。受许人获得特许人授予的特许经营权，从而获得参与市场竞争的一定条件。

## 四、 无形资产的计量

(1) 购入的无形资产，按实际支付价款入账。无形资产属于增值税应税服务项目的，并且取得符合抵扣条件的发票，增值税进项税额允许抵扣，否则购进时支付的增值税额计入无形资产成本。

(2) 接受投资者投入的无形资产，按照投资合同或协议约定的价值入账，但合同或协议约定的价值不公允的除外，无形资产属于增值税应税服务项目，且投资方能够提供增值税抵扣证明的，允许抵扣。

(3) 自行研发并依法确认的无形资产，研究阶段的支出，在其发生时确认为费用；开发阶段的支出，具备资本化条件的，记入“无形资产”账户，不具备资本化条件的，计入当期损益。在研发、开发阶段领用自产的产成品，不必视同销售，按成本结转库存商品即可。

(4) 接受捐赠的无形资产，有合法单据的，以单据上的金额加上应支付的相关税费为无形资产的入账价值；无合法单据的，以其市价或类似无形资产的市价为入账价值。无形资产若属于增值税应税服务项目，捐赠方能够提供增值税抵扣证明的，允许抵扣。

(5) 通过债务重组方式获取的无形资产，以取得无形资产的公允价值为入账价值。无形资产若属于增值税应税服务项目，对方能够提供增值税抵扣证明的，允许抵扣。

**业务处理1**

(1) 七彩印染厂开始研发无水染色技术，从 2021 年 7 月 1 日起至 2021 年 12 月 31 日止为研究阶段，期间共领用原材料 18 000 元，提取研究人员工资 136 000 元，转账支付其他研究费用 200 000 元。

① 2021 年发生的各项研发支出。

| | | |
|---|---|---|
| 借：研发支出—费用化支出 | 354 000. 00 | |
| 　贷：原材料 | | 18 000. 00 |
| 　　应付职工薪酬—工资 | | 136 000. 00 |
| 　　银行存款 | | 200 000. 00 |

② 2021 年 12 月 31 日，经确认当年发生的各项研发支出均属研究阶段支出。

| | | |
|---|---|---|
| 借：管理费用—研发费用 | 354 000. 00 | |
| 　贷：研发支出—费用化支出 | | 354 000. 00 |

(2) 2022 年该项技术进入开发阶段，共发生各项支出 360 000 元，均符合资本化条件，其中，提取开发人员工资 250 000 元，转账支付其他各项费用 110 000 元。2022 年

年底，开发活动结束，成功开发并申请一项专利技术，请进行相应的账务处理。

① 2022 年发生的各项研发支出。

借：研发支出—资本化支出　　360 000.00
　　贷：应付职工薪酬—工资　　250 000.00
　　　　银行存款　　110 000.00

② 2022 年 12 月 31 日，该项技术研发完成并确认为企业的无形资产。

借：无形资产—无水染色技术　　360 000.00
　　贷：研发支出—资本化支出　　360 000.00

## 初试身手

2023 年 1 月，远行鞋业股份有限公司接受海创公司投资转入的商标权一项，海创公司提供的增值税专用发票注明：该商标权总价 60 万元，增值税 36 000 元，合同约定的资本份额为 50 万元，增资手续和商标权的过户手续已经依法办理完毕，请进行相应账务处理。

## 业务呈现2

根据图 8-3 编制相应的记账凭证(以会计分录代替)。

无形资产摊销计算单

2023 年 1 月　　单位：元

| 无形资产种类 | 无形资产名称 | 使用部门 | 无形资产原值 | 摊销年限 | 年摊销额 | 月摊销额 |
|---|---|---|---|---|---|---|
| 专利技术 | 无水染色技术 | 生产部门 | 360 000 | 5 | 72 000 | 6 000 |
| | | | | | | |
| | | | | | | |
| 合 | | | | 计 | 72 000 | 6 000 |

审核：　　制表：

图 8-3　无形资产摊销计算单

## 知识准备

《企业会计准则——基本准则》对无形资产摊销作了如下规定：

(1) 无形资产应自取得当月起进行摊销，减少当月以及提足摊销额的次月停止摊销；

(2) 无形资产的使用寿命由企业根据相关规定，并结合企业个体情况加以确定；

(3) 使用寿命不确定的无形资产不应摊销，但至少应在每年年末进行减值测试；

(4) 无形资产应摊销金额是其成本扣除预计残值和已经提取的减值准备后的金额；

(5) 无形资产一般采用直线法进行摊销，同时应进行如下的账务处理：

借：管理费用(与生产经营管理直接相关的无形资产摊销)
　　制造费用(与产品制造直接相关的无形资产摊销)
　　贷：累计摊销

**业务处理2**

根据图 8-3，编制记账凭证(以会计分录代替)如下：

| | | |
|---|---|---|
| 借：制造费用—无形资产摊销 | 6 000.00 | |
| 　　贷：累计摊销 | | 6 000.00 |

**知识拓展**

## 小企业的无形资产摊销

小企业无形资产摊销一般不考虑净残值。

法律或合同规定了使用年限的按规定年限分期摊销；无规定年限的应综合各种因素进行确定；小企业无法可靠估计无形资产使用寿命的，按不超过 10 年的期限进行摊销。

**业务呈现3**

2022 年 1 月 1 日起，七彩印染厂将某项非专利技术租给九天印染厂。请财务部门根据有关单据进行相应的账务处理。

**知识准备**

无形资产出租是指在合同规定的期限内向承租人转让无形资产的使用权(不含土地使用权)，出租方仍然享有无形资产的所有权。具体账务处理如下：

1. 取得租金收入

借：银行存款
　　贷：其他业务收入
　　　　应交税费—应交增值税(销项税额)

2. 出租无形资产摊销

借：其他业务成本
　　贷：累计摊销

3. 支付与无形资产出租相关的费用

借：其他业务成本
　　贷：银行存款

**业务处理3**

（1）每月按时转账收取租金（含税）848 元：

| | | |
|---|---|---|
| 借：银行存款 | 848.00 | |
| 　　贷：其他业务收入 | 800.00 | |
| 　　　　应交税费—应交增值税（销项税额） | 48.00 | |

（2）经计算，专有技术每月应摊销金额为 560 元：

| | | |
|---|---|---|
| 借：其他业务成本 | 560.00 | |
| 　　贷：银行存款 | | 560.00 |

**业务呈现4**

2024 年 1 月 1 日，七彩印染厂向 B 公司转让无水染色技术，获得含税（税率 6%）收入 424 000 元，已转入本企业存款账户。公司派技术员到 B 公司指导无水染色技术的使用，时间 2 个月，薪酬 20 000 元由七彩印染厂承担。2 个月后技术转让结束，请根据相关单据编制会计分录。

**知识准备**

出售无形资产，就是企业转让土地使用权或者转让其他无形资产所有权的行为，出让方在获得收益的同时也要依法纳税。

企业转让技术、商标权、著作权、商誉（不在无形资产账户核算）、自然资源和其他权益性无形资产的使用权或所有权，增值税税率为 6%。

具体账务处理如下：

借：银行存款(无形资产销售收入)
　　累计摊销(已计提摊销账面余额)
　　无形资产减值准备(没计提减值准备的，不必借记本科目)
　　贷：无形资产(该项无形资产的账面余额)
　　　　应交税费—应交增值税(销项税额)
　　　　银行存款(支付由出售方承担的费用)
　　　　资产处置收益(根据具体业务判断借贷方向)

**业务处理4**

无水染色技术于2022年12月31日研发成功(见本项目子项目1的业务处理1)，从2023年1月1日开始摊销(见本项目子项目1的业务处理2)，至2024年1月1日出售时，已累计摊销一年，但未提取减值准备。相关账务处理如下：

| | | |
|---|---|---|
| 借：银行存款 | 424 000.00 | |
| 　　累计摊销 | 72 000.00 | |
| 　　贷：无形资产—无水染色技术 | | 360 000.00 |
| 　　　　应交税费—应交增值税(销项税额) | | 24 000.00 |
| 　　　　应付职工薪酬 | | 20 000.00 |
| 　　　　资产处置收益 | | 92 000.00 |

**知识拓展**

### 转让土地使用权增值税的计算

企业转让土地使用权的增值税税率为9%。

应缴增值税=(全部价款和价外费用-土地使用权的原价)÷(1+9%)×9%

如果是转让2016年4月30日前取得的土地使用权，可选择适用简易计税方法，按照5%的征收率计算缴纳增值税。

小规模纳税人则可以选择按3%的征收率全额纳税。

**业务呈现5**

2024年1月31日，七彩印染厂经评估发现，出租(见本项目子项目1的业务处理3)收回的非专利技术已不能为企业带来经济效益，决定给予报废。请进行相应的账务处理。

**知识准备**

无形资产的报废就是企业转销预期不能为企业带来经济效益的无形资产，转销后，与该无形资产相关的“无形资产”“累计摊销”“无形资产减值准备”等账户余额为零，具体账务处理如下：

借：营业外支出(报废净损失)
　　累计摊销(已计提摊销账面余额)
　　无形资产减值准备(没计提减值准备的，不必借记本科目)
　　贷：无形资产(该项无形资产的账面余额)

**业务处理5**

出租(见本子项目业务呈现3)收回的非专利技术已不能为企业带来经济效益，决定给予报废。至报废时，该项非专利技术账面原值150 000元，已经摊销90 000元，已计提减值准备50 000元，相关账务处理如下。

| | | |
|---|---|---|
| 借：营业外支出 | 10 000.00 | |
| 　　累计摊销 | 90 000.00 | |
| 　　无形资产减值准备 | 50 000.00 | |
| 　　贷：无形资产 | | 150 000.00 |

**业务呈现6**

2025年12月31日，七彩印染厂评估发现，公司专有技术B因出现可代替新技术，为企业创利能力将大幅下降，专有技术B账面原值100 000元，已经摊销30 000元，估计可回收金额为20 000元，请对专有技术B提取减值准备并进行账务处理。

**知识准备**

《企业会计准则》规定：年度终了，企业的无形资产发生下列情形，导致无形资产的账面价值高于其可回收金额，应当计提无形资产减值准备。

(1) 某项无形资产被新技术取代，为企业创造经济利益的能力大幅下降。

(2) 某项无形资产已超过法律保护期限，还保有部分使用价值。

(3) 某项无形资产的市价在当期大幅下跌，并在剩余摊销期内不会恢复。

(4) 某项无形资产已被证明发生了大幅减值。

具体账务处理如下：

借：资产减值损失—提取无形资产减值准备
　　贷：无形资产减值准备(账面余额高于可回收金额的差额)

特别提示：小企业不计提无形资产减值准备。

**业务处理6**

专有技术 B 应计提减值准备金额＝100 000－30 000－20 000＝50 000（元）

相关账务处理如下：

| | |
|---|---|
| 借：资产减值损失—提取无形资产减值准备 | 50 000.00 |
| 贷：无形资产减值准备 | 50 000.00 |

# 子项目 2　持有待售资产

持有待售资产是指企业准备在一年内出售的非流动资产或资产组，主要包括长期股权投资、固定资产、在建工程、工程物资、无形资产、研发支出等。

持有待售资产应在资产负债表中单独列示。

**业务呈现1**

2025 年 3 月，远行鞋业股份有限公司将一条智能生产线转为持有待售资产，该智能生产线的原值为 2 400 万元，已计提折旧 700 万元，已计提减值准备 300 万元，市场上出现了潜在买家，出价 1 500 万元购买该智能生产线，请计算远行鞋业股份有限公司持有待售资产的价值。

**知识准备**

## 一、 持有待售资产的确认

企业资产被划分为持有待售资产需要满足特定的条件，这些条件一般包括：

（1）管理层决策：管理层明确决定将该资产出售，并且该决策是公开的。

（2）单独识别：资产能够从企业的其他资产中分离出来，单独识别和确认。

（3）已满足所有出售条件：指资产已完成出售必需的所有批准以及准备工作。

（4）短期内出售：出售进程已经开始并预计在一年内完成该资产的出售。

（5）出售价格合理：企业预计出售该资产的价格能够覆盖相关成本，包括出售费用和减值损失。

## 二、 持有待售资产的分类

（1）自用资产重分类为持有待售资产：当长期资产不再通过使用来收回其价值，而是准备通过出售来实现其价值时，应将其重分类为持有待售资产。

（2）专为转售而取得的非流动资产或处置组：在取得日满足“预计出售将在一年内完成”的规定条件，且短期（一般为 3 个月）内很可能满足持有待售类别的其他条件，企业应当在取得日将其划分为持有待售资产。

### 三、持有待售资产计量原则

会计准则规定，持有待售资产应当以公允价值减去出售费用后的净额和账面价值孰低计量。对已分类为持有待售资产的固定资产、无形资产不需要计提折旧或摊销。

**业务处理1**

第一步：确认并分类。该企业持有的智能生产线应重分类为持有待售资产。

第二步：评估公允价值。潜在买家的出价 1 500 万元即为该智能生产线的公允价值。

第三步：减值测试。该智能生产线的账面价值为 1 400 万元，公允价值为 1 500 万元。根据减值测试的结果，该企业不需要进一步计提减值准备。

【结论】该企业持有待售资产的价值为 1 400 万元。

**业务呈现2**

2024 年 4 月 1 日，甲公司因产品升级，一条生产线停止使用，该生产线在当前状态下可立即出售。公司管理层做出决议，将该生产线重分类为持有待售资产，并争取在一年内出售。次日，通过中介公司，联系到有意购买该生产线的乙公司，双方计划在 2024 年 4 月 30 日之前签署生产线转让合同。

该生产线原值 2 000 万元，已计提折旧 600 万元，请以甲公司会计的身份，对其重分类划分为持有待售资产进行相应的账务处理。

**知识准备**

### 一、持有待售资产转入或取得时的账务处理

1. 长期资产重分类为持有待售资产时的账务处理

企业原先持有的长期资产不再使用，准备通过出售来实现其价值时，应将其原有的账面价值转为持有待售资产的价值，具体会计分录如表 8-1 所示。

**表 8-1　长期资产重分类为持有待售资产时的账务处理**

| 固定资产<br>重分类为持有待售资产 | 无形资产<br>重分类为持有待售资产 | 长期股权投资<br>重分类为持有待售资产 |
|---|---|---|
| 借：持有待售资产<br>　　累计折旧<br>　　固定资产减值准备<br>　　贷：固定资产 | 借：持有待售资产<br>　　累计摊销<br>　　无形资产减值准备<br>　　贷：无形资产 | 借：持有待售资产<br>　　长期股权投资减值准备<br>　　贷：长期股权投资 |

2. 专为转售而取得的持有待售资产的账务处理

企业专为转售而取得的非流动资产或处置组，应在取得日分别计算：

（1）取得的非流动资产或处置组不划分为持有待售类别情况下的初始计量成本。

（2）非流动资产或处置组以公允价值减去出售费用后的净额。

比较(1)和(2)，金额低者为持有待售资产的入账价值，具体会计分录如表 8-2 所示。

**表 8-2　专为转售而取得的持有待售资产的账务处理**

| 初始计量成本<净额 | 初始计量成本>净额 |
| --- | --- |
| 借：持有待售资产(初始计量成本)<br>　　贷：银行存款(初始计量成本) | 借：持有待售资产(净额)<br>　　资产减值损失(差额)<br>　　贷：银行存款(初始计量成本) |

如果取得的持有待售资产是固定资产、无形资产，并且取得了增值税专用发票，还应借记“应交税费—应交增值税(进项税额)”。

专为转售而取得的持有待售资产，在初始计量时计入资产减值损失的金额，即使以后公允价值上升了，也不得转回。

## 二、 持有待售资产持有期间的账务处理

持有待售资产持有期间，发生减值的，应计提减值准备。

借：资产减值损失
　　贷：持有待售资产减值准备

提取了减值准备后，价值又回升的，可在原减值范围内转回，转回的会计分录与计提的会计分录相反。

## 三、 持有待售资产处置的账务处理

（1）支付出售费用或中介服务费，具体会计分录如表 8-3 所示。

**表 8-3　支付持有待售资产出售费用或中介服务费的账务处理**

| 持有待售资产为固定资产、无形资产的 | 持有待售资产为长期股权投资的 |
| --- | --- |
| 借：资产处置损益<br>　　应交税费—应交增值税(进项税额)<br>　　贷：银行存款 | 借：投资收益<br>　　应交税费—应交增值税(进项税额)<br>　　贷：银行存款 |

（2）收到转让价款，具体会计分录如表 8-4 所示。

**表 8-4　收到持有待售资产转让价款的账务处理**

| 持有待售资产为固定资产、无形资产的 | 持有待售资产为长期股权投资的 |
| --- | --- |
| 借：银行存款<br>　　持有待售资产减值准备<br>　　资产处置损益(差额，可借可贷)<br>　　贷：持有待售资产<br>　　　　应交税费—应交增值税(销项税额) | 借：银行存款<br>　　持有待售资产减值准备<br>　　投资收益(差额，可借可贷)<br>　　贷：持有待售资产 |

业务处理2

借：持有待售资产—固定资产　　14 000 000.00

　　累计折旧　　6 000 000.00

　　贷：固定资产　　20 000 000.00

初试身手

承【业务呈现2】

(1) 甲公司于2024年4月30日与乙公司签署了生产线转让合同。合同的最后执行日期为2024年8月30日。

(2) 甲公司于2024年6月30日对生产线进行减值测试，发现生产线减值300万元，于是计提了减值准备。请进行相应的账务处理。

(3) 甲公司生产线于2024年8月30日完成全部转让手续，并通过银行转账方式收取乙公司1 000万元的价款以及130万元的增值税。请进行相应的账务处理。

(4) 甲公司出纳转账支付中介公司10万元的中介服务费及6 000元的增值税。请进行相应的账务处理。

## 子项目3　使用权资产

资产租赁是指在不改变资产所有权的情况下，由资产所有者与承租者订立契约，在一定时期内，对资产的占有权、使用权实行有偿出租和承租者自主经营的一种经营方式。

业务呈现1

甲企业以经营租赁方式从乙企业租入一辆货车，租期3年，货车的账面价值20万元，3年租金5万元，不考虑税费、利率等相关因素，请问甲企业的使用权资产是多少元？

知识准备

### 一、 使用权资产的含义

使用权资产是指承租人可在租赁期内使用租赁资产的权利。《企业会计准则第21号——租赁》取消了承租人对融资租赁和经营租赁的分类，要求对所有租赁确认使用权资产和租赁负债。

使用权资产不包括土地使用权。土地使用权划入无形资产进行管理与核算。

## 二、 使用权资产的管理

1. 使用权资产的积极作用

使用权资产虽然只获得使用权，但可以在一定程度上缓解企业的短期资金压力，防范和化解资金链断裂的风险。

在资金不足的情况下，不要求所有权，通过租赁先进设备和技术，也可以提高企业生产效率和产品质量，实现企业产品升级换代，提高产品的市场竞争力。

2. 使用权资产可能面临的风险

租赁资产所引进的技术是否先进、成熟，成熟的技术是否存在法律侵权的问题。

如果引进的是外国设备还可能存在政治政策风险和汇率风险。

此外，使用权资产还可能存在经营风险和自然灾害风险。

3. 使用权资产的管理

企业应定期保养和维护使用权资产，确保其正常使用，并根据经营需要和市场需求，合理分配使用权资产。

企业对使用权资产的更新和使用情况应定期出具报告，评估使用权资产的利用率和使用效率。

企业应建立完善的会计制度，对使用权资产进行准确的核算与监督。

## 三、 使用权资产的核算范围

使用权资产的核算范围为所有长期租赁(租期超过一年)业务取得的使用权资产，包括经营租赁取得的使用权资产和融资租赁取得的使用权资产。

短期租赁业务和低价值租赁业务不属于使用权资产的核算范围。

短期租赁是指在租赁期开始日，租赁期不超过 12 个月的租赁。

低价值资产是指单项租赁资产为全新资产时价值较低的租赁，如单价不超过 1 万元的普通办公家具、笔记本电脑，单价不超过 5 000 元的台式电脑等。

低价值资产租赁的判定不受承租人性质、规模以及其他情况的影响，只与资产的绝对价值有关。

承租人应将短期租赁和低价值资产租赁的租金，在租赁期内采用符合会计制度规定的方法计入当期损益或相关资产的成本。

**业务处理1**

不考虑税费、利率等相关因素，甲企业的使用权资产是 5 万元。

对承租方而言，企业使用权资产并不是租赁资产本身价值或者账面价值，而是支付租金及相关费用。

**业务呈现2**

2024年1月1日，一般纳税人海兰服饰股份有限公司从一般纳税人晋江盛世科创园租入一层写字楼，约定不可撤销的租赁期3年，不含税年租赁付款额为60 000元(每年年初支付)。海兰服饰股份有限公司确定租赁内含利率为4%，不考虑税费等相关因素，请确定海兰服饰股份有限公司租赁负债的初始计量金额，并进行相应的账务处理。

**知识准备**

企业应加强对使用权资产的管理，确保使用权资产的安全，并提高其利用效率。

## 一、账户设置

企业应设置"使用权资产""租赁负债""使用权资产累计折旧""使用权资产减值准备"等账户，对使用权资产进行会计核算与监督。

1. 使用权资产

借　　　　使用权资产(资产类)　　　　贷

| | |
|---|---|
| 增加的使用权资产的成本 | 减少的使用权资产的成本 |
| 期末持有的使用权资产的成本 | |

按使用权资产类别、使用部门和每项使用权资产设置明细账

2. 租赁负债

借　　　　租赁负债(负债类)　　　　贷

| | |
|---|---|
| 租赁负债减少额 | 租赁负债增加额 |
| | 尚未偿还的租赁负债金额 |

设"租赁负债—租赁付款""租赁负债—未确认融资费用"明细科目进行明细核算

## 二、使用权资产初始计量及账务处理

1. 使用权资产初始计量

使用权资产应当按照成本进行初始计量。

使用权资产的成本=租赁负债的初始计量金额(租赁付款额的现值)+在租赁开始日或之前支付的租赁款项-租赁奖励金额+承租人发生的初始直接费用(佣金、印花税等)+预计将发生的拆卸及移除租赁资产、复原或恢复租赁资产发生的成本的现值

2. 使用权资产初始计量的账务处理

(1) 租赁付款额。

借：使用权资产(租赁付款额的现值)
　　租赁负债—未确认融资费用(差额)
　　贷：租赁负债—租赁付款额

(2) 在租赁开始日或之前支付的租赁款项。

借：使用权资产
　　贷：银行存款

注：承租人发生的初始直接费用(佣金、印花税等)编制同样的会计分录。

(3) 收到租赁奖励金额。

借：银行存款
　　贷：使用权资产

(4) 预计拆卸或恢复成本。

借：使用权资产(拆卸或恢复成本的现值)
　　租赁负债—未确认融资费用(差额)
　　贷：预计负债—复原成本

**业务处理2**

1. 计算海兰服饰股份有限公司租赁负债的初始计量金额

(1) 租赁付款额 = 60 000×3 = 180 000(元)

(2) 租赁付款额的现值 = 60 000 + 60 000×(P/A, 4%, 2) = 60 000(1 + 1.8861) = 173 166(元)

其中：第一年年初支付的租金，现值系数为1；

第二年及第三年年初支付的租金，现值系数(P/A, 4%, 2) = 1.8861。

(3) 未确认融资费用 = 180 000 − 173 166 = 6 834(元)

2. 账务处理

| | | |
|---|---|---|
| 借：使用权资产—标准厂房 | 173 166.00 | |
| 　　租赁负债—未确认融资费用 | 6 834.00 | |
| 　　贷：租赁负债—租赁付款额 | | 180 000.00 |

## 初试身手

承【业务呈现2】

(1) 海兰服饰股份有限公司向促成此项租赁业务的中介公司转账支付30 000元的佣金以及1 800元的增值税。

(2) 晋江盛世科创园奖励海兰服饰股份有限公司20 000元，以减轻公司负担。

(3) 预估租赁期满，应花费复原费用为3 360元，现值为3 000元。

请对以上业务进行账务处理，并计算海兰服饰股份有限公司使用权资产的成本。

## 知识拓展　普通年金现值

年金是指一定期间内每期等额收付的款项。

现值也称折现值，会计中的现值是指对未来的现金流量以恰当的折现率折现后的价值，是考虑货币时间价值因素等的一种计量属性。

普通年金现值是以计算期期末为基准，在给定投资报酬率下按照货币时间价值计算出来的未来一段时期内每年或每月收取或支付的年金现金流的折现价值之和。

**业务呈现3**

承【业务呈现2】及“初试身手”，海兰服饰股份有限公司于2024年1月1日、2025年1月1日、2026年1月1日，分别支付租金(含税，税率11%)66 600元，并在支付租金的同时分摊未确认融资费用。请进行相应的账务处理。

**知识准备**

在租赁期开始日后，承租人应采用成本模式对使用权资产进行后续计量。

### 一、 偿还租金并分摊未确认融资费用

1. 偿还租金

借：租赁负债—租赁付款额
　　应交税费—应交增值税(进项税额)
　　贷：银行存款

2. 分摊未确认融资费用

承租人按租赁负债初始计量时的折现率计算租赁负债在租赁期内各期的利息费用，并计入当期损益或相关资产成本。

借：财务费用—利息

　　贷：租赁负债—未确认融资费用

各期利息费用=租赁负债年末金额×折现率(或借款利率)

## 二、 使用权资产折旧

承租人确定在租赁期满能够取得租赁资产所有权的，应当在租赁资产剩余使用寿命期内计提折旧。在租赁期满不能取得租赁资产所有权的，应当在租赁期与租赁资产剩余使用寿命期中，以期限较短的作为计提折旧期限。

借：管理费用或制造费用(根据使用权资产的使用部门选择科目)

　　贷：使用权资产累计折旧

## 三、 使用权资产减值准备

在租赁期开始日后，承租人应当按照《企业会计准则第 8 号——资产减值》的规定，确定使用权资产是否发生减值，并对已识别的减值损失进行账务处理。

借：资产减值损失

　　贷：使用权资产减值准备

使用权资产减值准备一经计提，不得转回。承租人应当按照扣除减值损失之后的使用权资产的账面价值，进行后续折旧。

**业务处理3**

1. 2024 年 1 月 1 日支付租金

| | | |
|---|---|---|
| 借：租赁负债—租赁付款额 | 60 000.00 | |
| 　　应交税费—应交增值税(进项税额) | 6 600.00 | |
| 　　贷：银行存款 | | 66 600.00 |

第一年 1 月 1 日支付租金，没有利息费用。

2. 2025 年 1 月 1 日支付租金

| | | |
|---|---|---|
| 借：租赁负债—租赁付款额 | 60 000.00 | |
| 　　应交税费—应交增值税(进项税额) | 6 600.00 | |
| 　　贷：银行存款 | | 66 600.00 |

同时计算利息费用，分摊未确认融资费用。

利息=(173 166-60 000)×4%=113 166×4%=4 526.64(元)

| | | |
|---|---|---|
| 借：财务费用—租赁利息 | 4 526.64 | |
| 贷：租赁负债—未确认融资费用 | | 4 526.64 |

3. 2026 年 1 月 1 日支付租金

| | | |
|---|---|---|
| 借：租赁负债—租赁付款额 | 60 000.00 | |
| 应交税费—应交增值税(进项税额) | 6 600.00 | |
| 贷：银行存款 | | 66 600.00 |

同时计算利息费用，分摊未确认融资费用。

利息：

算法 1：(113 166-60 000+4 526.64)×4%=2 307.71(元)

算法 2：6 834.00-4 526.64=2 307.36(元)

由于这是最后一年，考虑到四舍五入的影响，应采用算法 2 得出的数据。

| | | |
|---|---|---|
| 借：财务费用—租赁利息 | 2 307.36 | |
| 贷：租赁负债—未确认融资费用 | | 2 307.36 |

## 初试身手

海兰服饰股份有限公司对租入写字楼计提折旧，已知租入写字楼承租期 3 年，可使用期限 50 年，租赁成本 185 472 元，租赁期满不再续租，采用平均法计提折旧(列出计算过程)并进行账务处理。

只完成某一月份计提折旧业务。

## 业务呈现4

海兰服饰股份有限公司租入的写字楼于 2026 年 12 月 31 日租赁期满，公司不再续租，并于 2027 年 1 月 1 日全部撤出，完成交接手续。完成交接手续日，公司使用权资产原值为 185 472 元，使用权资产累计折旧为 185 472 元，租赁负债余额为零，企业没有计提使用权资产减值准备。

请进行相应的账务处理。

## 知识准备

使用权资产处置有两种情形：第一种是当使用权资产(指租赁资产)租赁期满时，承租方行使购买选择权；第二种是当使用权资产(指租赁资产)租赁期满时，承租方既未行使购买权，也不再续租。

不同选择的账务处理略有不同。

## 一、租赁期满，行使购买权

借：固定资产
　　使用权资产累计折旧
　　使用权资产减值准备（如果有计提减值准备）
　　租赁负债—租赁付款额（如果还有余额）
　　贷：使用权资产
　　　　租赁负债—未确认融资费用（如果还有余额）
　　　　银行存款（实付购买款项）

## 二、租赁期满，未行使购买权，也不再续租

1. 转入清理

借：固定资产清理
　　使用权资产累计折旧
　　使用权资产减值准备（如果有计提减值准备）
　　租赁负债—租赁付款额（如果还有余额）
　　贷：使用权资产
　　　　租赁负债—未确认融资费用（如果还有余额）

2. 支付清理费用

借：固定资产清理
　　贷：银行存款（支付清理费用）

如有清理收入，编制相反的会计分录。

3. 结转清理损益

借：资产处置损益（清理净亏损）
　　贷：固定资产清理

如果是清理净收益，则编制相反的会计分录。

**业务处理4**

2027年1月1日，编制会计分录如下。

借：使用权资产累计折旧　　　　　　　　　　　185 472.00
　　贷：使用权资产　　　　　　　　　　　　　　185 472.00

# 子项目 4　其他非流动资产

业务呈现1

天路公司出资 60 万元，收购合伙企业山路公司，相关手续已办理完毕，请进行相应的账务处理。

知识准备

其他非流动资产是企业除资产负债表上所列非流动资产项目以外的其他周转期超过一年的长期资产。其他非流动资产在企业资产中占比极小，甚至为零。

其他非流动资产包括对合伙企业的投资、超过一年的质量保证金、不能完全确认的长期资产以及超过一年的其他流动资产等。

## 一、 对合伙企业的投资

企业收购一家公司，无论是有限责任公司还是股份有限公司，均可以通过“长期股权投资”科目进行核算，但如果企业收购的是一家合伙企业，由于合伙企业有限寿命主体不具有法人资格，应通过“其他非流动资产”科目进行会计核算。

## 二、 超过一年的质量保证金

企业销售商品时，客户扣押的质量保证金，如果在一年以内可退回，应通过“合同资产”科目进行会计核算；如果要超过一年才能退回的，则应在“其他非流动资产”科目进行会计核算。

## 三、 不能完全确认的长期资产

企业购入长期资产但相关手续尚未办理完毕，不能完全确认为企业的长期资产，如果这时需要会计核算，可通过“其他非流动资产”科目进行。

比如收购有限责任公司或股份有限公司，款项已支付但尚未办理股权变更手续。由于未办理股权变更手续，不能享有股东权利，所以不能通过“长期股权投资”科目进行会计核算，而应通过“其他非流动资产”科目进行会计核算。

又比如企业外购一软件产品，款项已支付，软件已装入本企业的服务器，但还在调试中，没有达到预定可使用状态，这时如果需要进行会计核算，不能使用“无形资产”科目，而应使用“其他非流动资产”科目。

**业务处理1**

天路公司编制如下会计分录。

| | |
|---|---|
| 借：其他非流动资产—山路公司 | 600 000.00 |
| 　　贷：银行存款 | 600 000.00 |

## 初试身手

2024年6月3日，甲电器厂向某商城销售一批冰箱，总价120 000元，增值税15 600元，按合同规定冰箱质保期三年，并按价款的8%支付质量保证金。甲电器厂收到某商城扣完质量保证金后的价税款126 000元。请进行相应的账务处理。

**业务呈现2**

七彩印染厂2023年的年初以经营租赁方式租入一座办公楼，租期五年，七彩印染厂根据需要对该办公楼进行装修，装修工程承包给泉海建筑集团第一工程队，七彩印染厂财务部门参与监督管理并进行会计核算。

**知识准备**

长期待摊费用是指企业已经支出，应由本期和以后各期负担的，摊销期在一年以上(不含一年)的各项费用。

### 一、 长期待摊费用的内容

企业的长期待摊费用主要包括：开办费、租入固定资产的改良支出、固定资产大修理支出、股票发行费用等。企业应当由本期负担的借款利息、租金、已缴纳的税金等不能作为长期待摊费用。

(1) 开办费：指企业自批准筹建之日起，至开始生产、经营(包含试生产、试营业)之日止(筹建期间)发生的各项费用。

(2) 租入固定资产的改良支出：指企业由于生产经营上的需要，对经营性租入固定资产进行改良所发生的各项支出。

(3) 固定资产大修理支出：企业固定资产大修理支出因金额较大、受益期较长(一般在一年以上)，所以应当通过“长期待摊费用”账户进行账务处理。

(4) 股票发行费用：指企业与股票发行直接相关的费用，一般包括股票承销费、注册会计师费(包括审计、验资、盈利预测等费用)、评估费、律师费、公关及广告费、印刷费及其他直接费用等。

## 二、账务处理

(1) 发生长期待摊费用时(如果通过在建工程核算的，完工后再转入长期待摊费用)。

借：长期待摊费用(或在建工程)
　贷：应付职工薪酬
　　银行存款

(2) 按月摊销长期待摊费用。

借：管理费用(受益对象为行政部门)
　制造费用(受益对象为车间或生产部门)
　销售费用(受益对象为企业销售部门)
　贷：长期待摊费用

**业务处理2**

(1) 七彩印染厂支付泉海建筑集团第一工程队承包款108 000元时。

| | | |
|---|---|---|
| 借：在建工程—经营租入固定资产装修工程 | 108 000.00 | |
| 　贷：银行存款 | | 108 000.00 |

(2) 工程完工，七彩印染厂验收合格时。

| | | |
|---|---|---|
| 借：长期待摊费用—经营租入固定资产装修费用 | 108 000.00 | |
| 　贷：在建工程—经营租入固定资产装修工程 | | 108 000.00 |

(3) 七彩印染厂按月摊销经营租入固定资产装修费用。

| | | |
|---|---|---|
| 借：管理费用 | 1 800.00 | |
| 　贷：长期待摊费用—经营租入固定资产装修费 | | 1 800.00 |

注：月摊销额=(108 000÷5)/12=1 800(元)

**知识拓展**

### 开办费的归集与摊销

开办费是企业筹建期间发生的费用，包括筹建期间人员工资、办公费、培训费、差旅费、印刷费、注册登记费以及不计入固定资产和无形资产购建成本的汇兑损益和利息支出。企业开办费应通过“长期待摊费用”科目进行归集，并在开始生产经营的当月一次性转入“管理费用”账户。

小企业筹建期间发生的开办费，不通过“长期待摊费用”账户核算，发生时直接记入小企业的“管理费用”账户。

# 项目九　流动负债

流动负债是指企业在一年或超过一年的一个营业周期内必须偿还的债务。流动负债具有偿还期短、偿还额小、偿还形式多样化的特点。当流动负债产生时，一般按未来应付金额或面值计量流动负债。

**学习目标**

**知识目标：**

了解流动负债的含义、特点以及分类，掌握各具体流动负债项目的管理要求以及会计处理方法。

**能力目标：**

能够对短期借款、应付账款、应付票据、应付职工薪酬、应交税费、预收账款、合同负债等各项流动负债涉及的经济业务，进行正确的会计处理和会计监督。

**思政目标：**

加强对流动负债的核算与监管，依法维护债权人的合法权益，诚信经营，为营造良好的营商环境尽企业应尽的责任。

## 子项目 1　短期借款

短期借款是企业为了满足正常生产经营的需要而向银行或其他金融机构借入的期限在一年以内(包含一年)的各种款项。

**业务呈现**

2024 年 6 月 30 日，七彩印染厂从工商银行晋江支行借入一笔款项，期限、本金、利率如图 9-1 所示。借款合同规定每季的季末付息，期满一次还本，请进行相应的账务处理。

**知识准备**

### 一、 账户设置

企业应设置“短期借款”账户，核算各种借款的取得与归还，并按债权人设置相应的明细账，进行明细核算。

**中国工商银行**（流动资金贷款）借款凭证（回单） ③

编号　　　　**日期** 贰零贰肆 **年** 陆 **月** 零叁拾 **日**　　　　银行编号 158189

| | | | | | | |
|---|---|---|---|---|---|---|
| 收款单位 | 全　称 | 七彩印染厂 | 借款单位 | 全　称 | 七彩印染厂 | |
| | 账　号 | 526308 635309 7722358 | | 放款账号 | 601323 071935 20247859 | |
| | 开户银行 | 中国工商银行晋江支行 | | 开户银行 | 中国工商银行晋江支行 | |
| 借款期限（最后还款日） | | 2024. 12. 30 | 利率 | 4％ | 起息日期 | 2024 . 6. 30 |
| 借款申请额 | | 人民币（大写） 贰佰肆拾万元整 | | | 千百十万千百十元角分 | ¥240000000 |
| 借款原因及用途 | | 流动周转资金 | 银行核定金额 | | 千百十万千百十元角分 | ¥240000000 |
| 备注： | | | 期限 | 计划还款日期 | 计划还款金额 | |
| | | | 6个月 | 2024.12.30 | ¥2 400 000.00 | |
| | | | 上述借款业已核准发放并转入你单位账户，借款到期应按期归还。　此致<br>借款单位：七彩印染厂<br>（银行盖章）2024年6月30日 | | | |

此联系核定放款回单代借款单位往来户收款通知

**图 9-1　借款凭证**

企业应设置“应付利息”和“财务费用”两个账户，核算短期借款利息的提取与支付。实际工作中，银行一般于季末收取当季的短期借款利息，所以企业短期借款利息一般采用分月预提、季末支付的方式进行，如果利息数额较少，也可以不按月预提，而是在季末支付时直接记入“财务费用”账户。

## 二、 账务处理

1. 取得短期借款

借：银行存款

　　贷：短期借款—某银行

归还短期借款本金编制相反的会计分录。

2. 按月提取利息

借：财务费用—利息支出

　　贷：应付利息—某银行

3. 归还利息

借：财务费用—利息支出(尚未提取的利息)

　　应付利息—某银行(已经提取的利息)

　　贷：应付利息—某银行

**业务处理**

(1) 2024 年 6 月 30 日，七彩印染厂根据中国工商银行(流动资金贷款)借款凭证(回单)等原始凭证编制记账凭证。

| | | |
|---|---|---|
| 借：银行存款 | 2 400 000.00 | |
| 贷：短期借款—中国工商银行晋江支行 | | 2 400 000.00 |

(2) 2024 年 7 月 30 日，按月提取短期借款利息，根据自制原始凭证编制记账凭证。

| | | |
|---|---|---|
| 借：财务费用—利息支出 | 8 000.00 | |
| 贷：应付利息—中国工商银行晋江支行 | | 8 000.00 |

注：月息 = 2 400 000×4%÷12 = 8 000(元)

(3) 2024 年 9 月 30 日，支付本季度应付利息，根据银行结算单据编制记账凭证。

| | | |
|---|---|---|
| 借：财务费用—利息支出 | 8 000.00 | |
| 应付利息—中国工商银行晋江支行 | 16 000.00 | |
| 贷：银行存款 | | 24 000.00 |

说明：7、8 月份利息均有预先提取，9 月份的利息没有提取就直接支付了。

## 初试身手

承【业务呈现】

2024 年 10 月、11 月，七彩印染厂继续按月提取短期借款利息，并于 2024 年 12 月 31 日，归还短期借款本金及第四季度的借款利息。

请进行相应的账务处理。

# 子项目 2　应付账款

**业务呈现**

2025 年 10 月 9 日，七彩印染厂从天虹公司购进一批染料，增值税专用发票(略)注明：价款 80 000 元，增值税 10 400 元，对方代垫含税(税率 9%)运费 545 元。染料已验收入库但款项尚未支付。请进行相应的账务处理。

**知识准备**

应付账款是企业因采购存货或接受劳务而产生的应付未付款项，属于应付金额肯定的流动负债，其入账时间为存货所有权发生转移的时间或是劳务已提供的时间。

企业应设“应付账款”账户对其进行总括核算，并按照供应单位设明细账进行明细分类核算。“应付账款”贷方登记因采购存货或接受劳务而形成的短期应付债务，借方登记用银行存款、商业汇票偿还的债务金额，期末余额一般在贷方，表示尚未偿还的债务。

**知识拓展**

**其他应付款**

其他应付款，是指企业除应付账款、应付票据、应付职工薪酬、应交税费、预收账款、合同负债、应付股利、应付利息等以外的其他各项应付、暂收款项。

**业务处理**

1. 染料验收入库，款项尚未支付

| | | |
|---|---|---|
| 借：原材料—染料 | 80 500. 00 | |
| 应交税费—应交增值税(进项税额) | 10 445. 00 | |
| 贷：应付账款—天虹公司 | | 90 945. 00 |

2. 七彩印染厂转账支付天虹公司应付款项

| | | |
|---|---|---|
| 借：应付账款—天虹公司 | 90 945. 00 | |
| 贷：银行存款 | | 90 945. 00 |

## 子项目 3　应付票据

**业务呈现**

2025 年 5 月 10 日，七彩印染厂开出一张面值为 135 600 元、期限为 6 个月的不带息票据，向天虹公司购进一批染料，增值税专用发票(略)上注明：染料价款 120 000 元，增值税进项税额 15 600 元，请进行相应的账务处理。

**知识准备**

应付票据是企业因购买存货、接受劳务或抵付应付账款等需要而签发、承兑商业汇票所形成的债务。

## 一、 登记应付票据备查账簿

企业签发、承兑商业汇票后，应在“应付票据备查账簿”上进行登记，商业汇票到期要在应付票据备查账簿上注销，应付票据备查账簿的格式如图 9-2 所示。

应付票据备查账簿

第　　页

| 年 | | 凭证号码 | 交易合同号码 | 票据种类 | 票据号码 | 出票日期 | 到期日期 | 票面金额 | 票面利率 | 承兑单位 | 收款单位 | 注销 | 备注 |
|---|---|---|---|---|---|---|---|---|---|---|---|---|---|
| 月 | 日 | | | | | | | | | | | | |
| | | | | | | | | | | | | | |
| | | | | | | | | | | | | | |

图 9-2　应付票据备查账簿

## 二、 账务处理

1. 因购买商品、接受劳务需要，签发、承兑商业汇票

借：在途物资(或原材料)
　　应交税费—应交增值税(进项税额)
　　贷：应付票据(面值)—某公司

2. 带息票据按月提取票面利息(不带息票据无此业务)

借：财务费用—利息支出
　　贷：应付票据(利息)—某公司

3. 按时归还票据款项

| 不带息票据 | 带息票据 |
|---|---|
| 借：应付票据(面值)—某公司<br>　贷：银行存款 | 借：应付票据(面值+已提取利息)—某公司<br>　财务费用(尚未提取的利息)<br>　贷：银行存款 |

4. 票据到期，无力还款

| 不带息票据 | 带息票据 |
|---|---|
| 借：应付票据(面值)—某公司<br>　贷：应付账款(面值)—某公司 | 借：应付票据(面值+已提取利息)—某公司<br>　财务费用(尚未提取的利息)<br>　贷：应付账款(面值+利息)—某公司 |

如果是银行承兑汇票到期，出票方无力付款，则贷记“短期借款”账户。

**业务处理**

(1) 签发、承兑商业汇票时，在“应付票据备查账簿”(略)上登记。

(2) 2025年5月10日购买染料，签发、承兑不带息的商业汇票。

| | | |
|---|---|---|
| 借：在途物资—染料 | 120 000.00 | |
| 　　应交税费—应交增值税(进项税额) | | 15 600.00 |
| 　　贷：应付票据(面值)—天虹公司 | | 135 600.00 |

(3) 2025年11月10日转账归还票据款。

| | | |
|---|---|---|
| 借：应付票据(面值)—天虹公司 | 135 600.00 | |
| 　　贷：银行存款 | | 135 600.00 |

**初试身手**

(1) 万和公司采购A材料8万元，增值税税率13%，材料已验收入库，开出一张为期3个月的银行承兑汇票支付价税款，票据月息为0.5%。

(2) 万和公司按月提取票据利息(只编某一月份的会计分录)。

(3) 票据到期，万和公司转账归还本金及3个月的利息(已提取2个月的利息)。

(4) 假设，万和公司到期无力付款。

请对以上业务进行账务处理。

# 子项目4　应付职工薪酬

职工薪酬，是指企业为获得职工提供的服务或解除劳动关系而给予的各种形式的报酬或补偿。职工薪酬包括短期职工薪酬和长期职工薪酬。

**业务呈现1**

天路公司本月提取职工工资20万元，夜班津贴1万元，提前完成订单奖金1.2万元。

天路公司本月提取职工各类社会保险和住房公积金10万元。

本月，企业从海外引进一名技术员参与企业技术攻关，按合同规定，分享了该项技术带来的超额利润的5%计4.5万元。

本月，企业一名工作5年，平均月薪6 000元的职工被辞退，企业给予6个月的薪资补偿计 3.6 万元。

请计算该企业本月职工薪酬总额。

## 知识准备

### 一、 短期职工薪酬

短期职工薪酬，指企业在职工提供相关服务的年度报告期间结束后 12 个月内需要全部给予支付的职工薪酬(不包括因解除劳动关系给予的补偿)。

(1) 职工工资、奖金、津贴、补贴。

(2) 职工福利费，包括企业向职工提供的生活困难补助、丧葬费、抚恤费、职工异地安家费、夏季防暑降温费、冬季取暖费等各项福利。

(3) 社会保险，包括企业为职工向社会保险机构缴存的医疗保险、工伤保险、失业保险、养老保险等各类社会保险。

(4) 住房公积金，指企业为职工向住房公积金管理机构缴存的住房公积金。

(5) 工会经费和职工教育经费。

(6) 短期带薪缺勤，指职工缺勤但仍享受企业薪酬的安排，包括年休假、婚假、病假、产假、丧假、探亲假等。

(7) 短期利润分享计划，指企业为获得职工服务而向职工提供基于利润或其他经营成果的薪酬。

(8) 其他短期薪酬，指企业为了获得职工服务而向职工提供除上述薪酬以外的其他短期薪酬。

### 二、 长期职工薪酬

(1) 离职后福利，是指企业为获得职工提供的服务而在职工退休或与企业解除劳动关系后，提供的各种形式的报酬和福利。包括设定提存计划(如养老金)及设定受益计划(如企业年金)等。

(2) 辞退福利，是指企业在职工劳动合同到期之前解除与职工的劳动关系，或者为鼓励职工自愿接受裁减而给予职工的补偿。

(3) 其他长期职工福利，包括长期带薪缺勤、其他长期服务福利、长期残疾福利、长期利润分享计划和长期奖金计划。

知识拓展

### 五险一金及其缴存比例

职工医疗保险、养老保险、失业保险、工伤保险、生育保险、住房公积金统称“五险一金”，其中生育保险并入职工医疗保险管理，但还是一个独立存在的险种。工伤保险、生育保险由单位缴费，职工不缴费；其他三险一金，单位和职工均要按规定的比例缴费。不同地方、不同企业“五险一金”的缴费比例会有些差异。

## 业务处理1

天路公司本月职工薪酬总额＝20+1+1. 2+10+4. 5+3. 6＝40. 3(万元)

## 业务呈现2

天路公司职员张著先生2024年10月份的考勤记录表如图9-3所示，请计算职员张著2024年10月份的应付职工薪酬，并填入“工资结算汇总表”的相关栏目里。

**天路公司员工考勤记录表**

部 门：行政部门　　　　姓 名：张著　　　　编 号：1001

| 月标准工资 | 6 525元 | 日标准工资 | | 300元 | | | |
|---|---|---|---|---|---|---|---|
| 项目<br>月日 | 旷工 | 事假 | 病假 | 婚丧产假 | 出勤 | 加班 | 备注 |
| 10.01 | 法定节假日 | | | | | ✓ | 根据《劳动法》及相关规定，加班工资计算方式如下：1. 工作日加班，加班工资是标准工资的1.5倍。2. 休息日加班，加班工资是标准工资的2倍。3. 法定节假日加班，加班工资是标准工资的3倍。 |
| 10.02 | 法定节假日 | | | | | | |
| 10.03 | 法定节假日 | | | | | | |
| 10.04 | 双休日 | | | | | | |
| 10.05 | 双休日 | | | | | | |
| 10.06 | 双休日 | | | | | | |
| 10.07 | 双休日 | | | | | | |
| 10.08 | | | | | ✓ | | |
| 10.09 | | | | | ✓ | | |
| 10.10 | | | | | ✓ | | |
| 10.11 | | | | | ✓ | | |
| 10.12 | 国庆调班 | | | | ✓ | | |
| 10.13 | 双休日 | | | | | | |
| 10.14 | | | | | ✓ | | |
| 10.15 | | | | | ✓ | | |
| 10.16 | | | | | ✓ | | |
| 10.17 | | | | | ✓ | | |
| 10.18 | | | | | ✓ | | |
| 10.19 | 双休日 | | | | | | |
| 10.20 | 双休日 | | | | | | |
| 10.21 | | | | | ✓ | | |
| 10.22 | | | | | ✓ | | |
| 10.23 | | | | | ✓ | | |
| 10.24 | | | ✓ | | | | |
| 10.25 | | | | | ✓ | | |
| 10.26 | 双休日 | | | | | | |
| 10.27 | 双休日 | | | | | | |
| 10.28 | | | | | ✓ | | |
| 10.29 | | | | | ✓ | | |
| 10.30 | | | | | ✓ | | |
| 10.31 | | ✓ | | | | | |
| 合 计 | 0 | 1 | 1 | 0 | 17 | 1 | |

图9-3　员工张著考勤记录表

## 知识准备

职工薪酬的原始记录是计算职工薪酬的主要依据，其中：职工考勤记录(见图 9-3)是计算计时工资的主要依据，而职工产量记录是计算计件工资的主要依据。

1. 计时工资的计算

原劳动和社会保障部 2009 年 2 月公布了职工全年月平均工作时间和工资折算办法。

月制度计薪日=(365-104)÷12=21.75(天)

日标准工资=月标准工资÷21.75

职工月计时工资=月标准工资+加班工资-旷工、事病假等应扣工资

旷工应扣工资=旷工天数×日标准工资×旷工应扣工资系数

事假应扣工资=事假天数×日标准工资×事假应扣工资系数

病假应扣工资=病假天数×日标准工资×病假应扣工资系数

系数由各企业自行规定：比如有的企业规定旷工扣双倍工资，则旷工应扣工资系数为 2；事假扣全部工资，则事假应扣工资系数为 1；病假不分工龄，均扣一半工资，则病假应扣工资系数为 0.5。

2. 计件工资的计算

计件工资是根据员工生产的合格产品的数量或完成的作业量乘以预先规定的计件单价来计算薪酬。

具体公式为：薪酬数额=合格产品的数量×计件单价

不同类型计件工资制的具体计算方式主要有：

(1) 直接无限计件工资制：在这种形式下，员工生产的合格产品数量没有上限，且完工数量不影响计件单价，薪酬数额随产品数量的增加而增加。

(2) 累进计件工资制：在完成合格产品的条件下，定额以内部分按正常计件单价计算工资，超额部分按照一种或几种在原计件单价基础上递增的计件单价计算工资。

(3) 限额计件工资制：员工在一定时间内完成一定任务量后，薪酬达到上限，不再随产品数量的增加而增加。

企业可以根据具体需求和员工的生产能力选择和调整计件工资制形式，以达到激励员工提高生产效率和保证产品质量的目的。

## 业务处理2

根据图 9-3 的考勤记录及有关资料，计算张著工资，结果如图 9-4 所示。

（1）月标准工资 6 525 元从图 9-3 抄录。

（2）加班工资 = 1 天×300（日标准工资）×3（法定节假日加班工资倍数）= 900（元）

（3）事假应扣工资 = 1 天×300（日标准工资）×1（事假扣工资系数）= 300（元）

（4）病假应扣工资 = 1 天×300（日标准工资）×0. 3（病假扣工资系数）= 90（元）

（5）应付工资合计 =（1）+（2）+（3）+（4）= 6 525+900-300-90 = 7 035（元）

（6）代扣的三险一金 =（5）×（8%+1. 5%+0. 5%+8%）= 7 035×18% = 1 266. 30（元）

说明：8%、1. 5%、0. 5%、8%分别为职工个人应负担的养老保险比例、医疗保险比例、失业保险比例、住房公积金比例。

**工　资　结　算　表**

2024 年 10 月 31 日

| 部门 | 姓名 | 应付工资 | | | | | | | | 代扣款项 | | | 实发工资 | 签名 |
|---|---|---|---|---|---|---|---|---|---|---|---|---|---|---|
| | | 月标准工资 | 计件工资 | 加班工资 | 奖金 | 应扣工资 | | | 应付工资合计 | 三险一金 | 个人所得税 | 合计 | | |
| | | | | | | 旷工 | 事假 | 病假 | | | | | | |
| 行政部门 | 张著 | 6 525 (1) | | 900 (2) | | | 300 (3) | 90 (4) | 7 035 (5) | 1 266. 30 (6) | 23. 06 (7) | 1 289. 36 (8) | 5 745. 64 (9) | |
| | 小计 | | | | | | | | | | | | | |
| 合计 | | | | | | | | | | | | | | |

**图 9-4　员工张著工资结算情况**

（7）代扣个人所得税 =（7 035-1 266. 3-5 000）×3% = 768. 70×3% = 23. 06（元）

说明：768. 70 对应的个税税率为 3%，速算扣除率为 0，张著未婚，未购房，父母在职，故无专项附加扣除，也无依法确定的其他扣除，且无已预缴预扣税额。

（8）代扣款项合计 =（6）+（7）= 1 266. 30+23. 06 = 1 289. 36（元）

（9）实发工资 =（5）-（8）= 7 035-1 289. 36 = 5 745. 64（元）

说明：上述计算过程中，日标准工资、加班天数、事假天数、病假天数等数据均来源于图 9-3，法定节假日加班工资倍数由国家规定，病（事）假扣工资系数由单位内部规定。

## 初试身手

职工陈帮 2025 年 1 月产量记录如图 9-5 所示，且陈帮计件工资已包含了加班工资。另：陈帮个人负担的养老保险、医疗保险、失业保险和住房公积金的比例分别是应付工资的 8%、1. 5%、0. 5%、8%。

**天路公司生产工人产量记录表**

车 间：印花车间　　　　姓 名：陈帮　　　　编 号：1032

| 时间 | | | | | | 任务安排 | | | | | | 任务完成情况 | | | |
|---|---|---|---|---|---|---|---|---|---|---|---|---|---|---|---|
| 月份 | 日期 | 产品名称 | 工序编号 | 工序名称 | 交付加工数量（m²） | 交验数量（m²） | 合格数量（m²） | 返工数量 | 工废数量 | 料废数量 | 定额工时 | 计件单价 | 合格品工资 | 废品工资 | 合计 |
| 1 | 1 | 针织布 | T05 | 印花 | 1 000 | 1 000 | 1 000 | | | | 7.5 | 0.60 | 600 | | 600 |
| 1 | 2 | 针织布 | T05 | 印花 | 1 020 | 1 020 | 1 020 | | | | 8 | 0.20 | 204 | | 204 |
| 1 | 3 | 针织布 | T05 | 印花 | 1 030 | 1 030 | 1 030 | | | | 8 | 0.20 | 206 | | 206 |
| … | … | 针织布 | T05 | 印花 | …… | …… | …… | | | | … | 0.20 | …… | | …… |
| 1 | 31 | 针织布 | T05 | 印花 | 1 060 | 1 060 | 1 060 | | | | 8 | 0.20 | 212 | | 212 |
| 合计 | | 针织布 | T05 | 印花 | 25 980 | 25 980 | 25 980 | | | | 183.5 | | 5 596 | | 5 596 |
| 备注 | 注：❶……表示省略；　❷本月无旷工、请假；1月1日元旦加班，故单价3倍。 | | | | | | | | | | | | | | |

图 9-5　生产工人陈帮产量记录情况

请在工资结算表(图 9-6)里直接填入或计算填入陈帮本月计件工资、应付工资合计、个人负担的三险一金，并判断是否要交个人所得税(假定陈帮无专项附加扣除、无依法确定的其他扣除)，如果要交，请计算出应交金额。

**工　资　结　算　表**

2025 年 1 月 31 日

| 部门 | 姓名 | 应付工资 | | | | | | | | 代扣款项 | | | 实发工资 | 签名 |
|---|---|---|---|---|---|---|---|---|---|---|---|---|---|---|
| | | 月标准工资 | 计件工资 | 加班工资 | 奖金 | 应扣工资 | | | 应付工资合计 | 三险一金 | 个人所得税 | 合计 | | |
| | | | | | | 旷工 | 事假 | 病假 | | | | | | |
| 印花车间 | 陈帮 | 500 | | | | | | | | | | | | |
| | 小计 | | | | | | | | | | | | | |
| 合计 | | | | | | | | | | | | | | |

图 9-6　生产工人陈帮工资结算表

## 业务呈现3

某企业 2025 年 1 月份应付职工工资总额为 460 600 元，“工资费用分配汇总表”中列示：生产甲产品人员的工资为 234 600 元，基本生产车间管理人员工资为 36 600 元，辅助生产车间人员工资(为简化核算，辅助生产车间不单独设置“制造费用”科目)为 47 500元，专设销售机构人员工资为 40 300 元，企业行政管理部门人员工资为 101 600 元。请根据以上资料进行工资分配的账务处理。

## 知识准备

企业应设置“应付职工薪酬”科目，核算企业应付给职工的各种薪酬，本科目应按“工资(含奖金、津贴及补贴)”“职工福利”“社会保险”“住房公积金”“工会经费”“职工教育经费”“非货币性福利”“带薪缺勤”“辞退福利”等明细项目进行明细分类核算。

1. 企业根据“工资费用分配汇总表”提取职工工资、奖金、津贴和补贴

借：基本生产成本—某产品（直接人工）（产品生产工人工资）
　　制造费用—基本生产车间（基本生产车间管理人员工资）
　　辅助生产成本—人工费用（辅助生产车间工人工资）
　　制造费用—辅助生产车间（辅助生产车间管理人员工资）
　　销售费用（专设销售机构人员工资）
　　管理费用（行政管理人员工资）
　　贷：应付职工薪酬—工资（应付工资、奖金、津贴、补贴总额）

2. 转账发放职工工资并代扣或收回代垫款项

借：应付职工薪酬—工资（应付工资总额）
　　贷：银行存款（实发工资总额）
　　　　其他应收款（收回代垫款项）
　　　　其他应付款（代扣由职工个人负担的社会保险和住房公积金等）
　　　　应交税费—应交个人所得税（代扣个人所得税）

注：当代金融信息非常发达，按月发放的薪酬很少直接使用现金支付，一般都通过银行转账支付，这样既可以减少出纳的工作量，又能保护企业的资金安全。

3. 按应付工资总额提取“五险一金”

借：基本生产成本—某产品（直接人工）（产品生产工人工资×规定的比例）
　　制造费用—基本生产车间（基本生产车间管理人员工资×规定的比例）
　　辅助生产成本—某辅助产品或服务（辅助生产车间生产工人工资×规定的比例）
　　制造费用—辅助生产车间（辅助生产车间管理人员工资×规定的比例）
　　销售费用（专设销售机构人员工资×规定的比例）
　　管理费用（行政管理人员工资×规定的比例）
　　贷：应付职工薪酬—职工养老保险（应付职工工资总额×规定的比例）
　　　　　　　　　　—职工医疗保险（应付职工工资总额×规定的比例）
　　　　　　　　　　—职工工伤保险（应付职工工资总额×规定的比例）
　　　　　　　　　　—职工失业保险（应付职工工资总额×规定的比例）
　　　　　　　　　　—职工生育保险（应付职工工资总额×规定的比例）
　　　　　　　　　　—职工住房公积金（应付职工工资总额×规定的比例）

4. 向保险机构缴交社会保险(含企业负担和个人负担两部分)

借：应付职工薪酬—职工养老保险
　　　　　　　　—职工医疗保险
　　　　　　　　—职工工伤保险
　　　　　　　　—职工失业保险
　　　　　　　　—职工生育保险
　　其他应付款—职工个人负担的社会保险
　　贷：银行存款

5. 向住房公积金管理机构缴交住房公积金(含企业负担和个人负担两部分)

借：应付职工薪酬—住房公积金
　　其他应付款—职工个人负担的住房公积金
　　贷：银行存款

6. 提取职工教育经费和工会经费

借：基本生产成本—某产品(直接人工)(产品生产工人工资×规定的比例)
　　制造费用—基本生产车间(基本生产车间管理人员工资×规定的比例)
　　辅助生产成本—某辅助产品或服务(辅助车间生产工人工资×规定的比例)
　　制造费用—辅助生产车间(辅助生产车间管理人员工资×规定的比例)
　　销售费用(专设销售机构人员工资×规定的比例)
　　管理费用(行政管理人员工资×规定的比例)
　　贷：应付职工薪酬—应付职工教育经费(应付职工工资总额×规定的比例)
　　　　　　　　　　—应付工会经费(应付职工工资总额×规定的比例)

企业工会经费按工资总额的2%提取。职工教育经费在2.5%到8%的范围内确定提取比率，确定后不得随意变更。职工教育经费连续三个会计年度出现赤字或结余的，管理层应提请内部决策机构批准提高或降低提取比率。调整后的比率不得低于2.5%，可以高于8%但不得导致企业出现亏损。

业务处理3

分配职工工资的会计分录：

借：基本生产成本—甲产品(直接人工)　　234 600.00
　　制造费用—基本生产车间　　36 600.00
　　辅助生产成本— 人工费用　　47 500.00
　　销售费用—人工费用　　40 300.00
　　管理费用—人工费用　　101 600.00
　　贷：应付职工薪酬—工资　　460 600.00

## 初试身手

(1) 某企业 2025 年 2 月 10 日发放同年 1 月份的职工工资，详见图 9-7 工资结算汇总表，并根据图 9-7 编制转账发放职工工资的会计分录。

**工 资 结 算 汇 总 表**

2025 年 2 月 10 日

| 姓名 | 应付工资总额 | 代扣款项 | | | | 实发工资 | 签名 |
|---|---|---|---|---|---|---|---|
| | | 社会保险 | 住房公积金 | 个人所得税 | 合计 | | |
| 张晋江 | 12 900.00 | 1 290.00 | 1 032.00 | 107.34 | 2 429.34 | 10 470.66 | |
| 蔡宏村 | 9 400.00 | 940.00 | 752.00 | 21.24 | 1 713.24 | 7 686.76 | |
| …… | …… | …… | …… | …… | …… | …… | …… |
| 陈向 | 5 320.00 | 532.00 | 425.60 | 0 | 957.60 | 4 362.40 | |
| 张海涛 | 4 200.00 | 420.00 | 336.00 | 0 | 756.00 | 3 444.00 | |
| 合计 | 460 600.00 | 46 060.00 | 36 848.00 | 9 450.00 | 92 358.00 | 368 242.00 | |

说明：①…… 表示省略部分员工的工资结算情况；② 2 月 10 日发放的是职工 1 月份的工资。

图 9-7　工资结算汇总表

(2) 某企业 2025 年 1 月份提取五险一金情况如图 9-8 所示，请根据图 9-8 及相关资料进行账务处理。

(3) 某企业 2025 年 1 月份分别按工资总额(工资总额详见图 9-8)的 2%和 8%提取工会经费和职工教育经费，请进行相应的账务处理。

**职工“五险一金”计提表**

2025年1月31日

| 受益部门或产品 | | 应付工资金额① | 五险一金 | | | | | | |
|---|---|---|---|---|---|---|---|---|---|
| | | | 医疗保险 ②=①×8% | 养老保险 ③=①×16% | 失业保险 ④=①×2% | 工伤保险 ⑤=①×0.5% | 生育保险 ⑥=①×0.5% | 住房公积金 ⑦=①×8% | 小计 ⑧ |
| 基本车间 | 甲产品 | 234 600 | 18 768 | 37 536 | 4 692 | 1 173 | 1 173 | 18 768 | 82 110 |
| | 管理人员 | 36 600 | 2 928 | 5 856 | 732 | 183 | 183 | 2 928 | 12 810 |
| | 小计 | 271 200 | 21 696 | 43 392 | 5 424 | 1 356 | 1 356 | 21 696 | 94 920 |
| 辅助车间 | | 47 500 | 3 800 | 7 600 | 950 | 237.5 | 237.5 | 3 800 | 16 625 |
| 销售部门 | | 40 300 | 3 224 | 6 448 | 806 | 201.5 | 201.5 | 3 224 | 14 105 |
| 行政部门 | | 101 600 | 8 128 | 16 256 | 2 032 | 508 | 508 | 8 128 | 35 560 |
| 合计 | | 460 600 | 36 848 | 73 696 | 9 212 | 2 303 | 2 303 | 36 848 | 161 210 |

图 9-8 五险一金计提表

**业务呈现4**

山泰有限责任公司实行累积带薪缺勤制度，每位员工每年可享受5个工作日带薪年休假，未享受的带薪年休假可以递延1年。假设2024年该公司有一名生产线上(生产甲产品)的员工没有享受5个工作日带薪年休假，预计第二年全部享受。第二年该员工享受了3天上年结转的带薪年休假，放弃了2天上年结转的带薪年休假。

如果这位员工每个工作日工资为200元，请进行相应的账务处理。

**知识准备**

## 职工福利费

企业一般不预先提取职工福利费，确有支出需要，可按支出数额(不超过职工工资总额的14%)提取，另外实际发生的福利费用如果次数少且金额小，也可以不提取，在支付时直接列费用。

### 一、非货币性福利

1. 企业向职工无偿发放自产产品或外购商品

| 情形 | 会计分录 |
|---|---|
| 计提时 | 借：基本生产成本—某产品(直接人工)<br>制造费用—基本生产车间<br>辅助生产成本—某辅助产品或服务<br>制造费用—辅助生产车间<br>销售费用—人工费用<br>管理费用—人工费用<br>贷：应付职工薪酬—非货币性福利(含税售价或含税公允价) |

续表

| 情形 | 外购商品的会计分录 | 自产商品的会计分录 |
| --- | --- | --- |
| 发放时 | 借：应付职工薪酬—非货币性福利<br>贷：库存商品<br>应交税费—应交增值税（进项税额转出） | 借：应付职工薪酬—非货币性福利<br>贷：主营业务收入<br>应交税费—应交增值税（销项税额）<br>借：主营业务成本<br>贷：库存商品 |

2. 将自有房屋或租赁房屋等资产无偿提供给职工使用

| 情形 | 会计分录 |
| --- | --- |
| 计提时 | 与"向职工无偿发放自产产品或外购商品"的计提分录一样，只是金额为自有资产的折旧或租赁资产的租金 |
| 计提折旧<br>支付租金 | 借：应付职工薪酬—非货币性福利<br>贷：累计折旧（提取自有房产等资产折旧）<br>银行存款（支付租赁房屋或其他租赁资产租金） |

提示：企业自有轿车或租赁轿车供管理层无偿使用，账务上也是如此处理。

## 二、 短期带薪缺勤

短期带薪缺勤，如果短期带薪缺勤在当期（指一年内）就完成了，则不必进行账务处理。但如果带薪缺勤当期不用而是结转到下期使用，则应进行账务处理。

1. 年终，将当年未使用的带薪缺勤结转下期

借：有关科目（根据员工所在部门或服务对象确定科目）
　　贷：应付职工薪酬—累积短期带薪缺勤

职工未在规定期限内使用上年结转的累积短期带薪缺勤，则编制相反的会计分录。

2. 次年，职工按规定享受上年结转的短期带薪缺勤

借：应付职工薪酬—累积短期带薪缺勤
　　贷：银行存款

## 三、 辞退福利

根据《劳动法》的规定和劳动协议的要求，企业提前终止劳动合同、辞退员工时，应向被辞退员工提供一笔资金作为补偿，这就是辞退福利。

1. 企业因提前解除劳动关系向职工支付补偿

借：应付职工薪酬—辞退福利
　　贷：银行存款

2. 期末结转辞退补偿

借：管理费用—辞退福利
　　贷：应付职工薪酬—辞退福利

业务处理4

1. 第一年的年终，将当年未使用的5天带薪年休假结转下年

| | | |
|---|---|---|
| 借：生产成本—甲产品(直接人工) | 1 000.00 | |
| 　　贷：应付职工薪酬—累积短期带薪缺勤 | | 1 000.00 |

2. 次年，职工按规定享受上年结转的3天带薪年休假

| | | |
|---|---|---|
| 借：应付职工薪酬—累积短期带薪缺勤 | 600.00 | |
| 　　贷：银行存款 | | 600.00 |

3. 次年，职工放弃了上年结转的2天带薪年休假

| | | |
|---|---|---|
| 借：应付职工薪酬—累积短期带薪缺勤 | 400.00 | |
| 　　贷：生产成本—甲产品(直接人工) | | 400.00 |

### 初试身手

甲公司为12名部门经理及以上的员工，每人提供一辆轿车免费使用。假定每辆轿车每月折旧费用为1 000元，请进行相应的账务处理。

(1) 按月提取部门经理及以上员工免费使用轿车的非货币性福利。

(2) 每月对部门经理及以上员工免费使用的轿车计提折旧。

## 子项目5　应交税费

企业应设置"应交税费"账户，按税法规定核算各种应交税费，企业应交的税金主要有增值税、消费税、企业所得税、城市维护建设税、资源税、土地增值税、城镇土地使用税、房产税、车船税、环境保护税、关税等；企业应交的费用主要有教育费附加。

企业不需要预计应交数额的税金不在"应交税费"账户核算，主要有印花税、契税、车辆购置税、耕地占用税等。

## 业务呈现1

山泰有限责任公司从其他企业购进毛坯布，经染整车间生产成光坯布，光坯布作为商品对外销售。请根据该企业的相关业务，登记该企业2024年8月份的“应交税费—应交增值税明细账”，明细账格式见图9-9。

**应交税费— 应交增值税**

| 日期 2024年 | | 凭证（略） | 摘要 | 借方 | | | | | | 贷方 | | | | | 借或贷 | 余额 |
|---|---|---|---|---|---|---|---|---|---|---|---|---|---|---|---|---|
| | | | | 合计 | 进项税额 | 已交税金 | 减免税款 | 出口抵销内销产品应纳税额 | 转出未交增值税 | 合计 | 销项税额 | 出口退税 | 进项税额转出 | 转出多交增值税 | | |
| 7 | … | … | …… | …… | …… | …… | … | …… | …… | …… | …… | …… | …… | …… | 平 | 0 |
| 7 | 31 | | 本月合计 | 353 500 | 303 500 | 50 000 | | | | 353 500 | 353 500 | | | | 平 | 0 |
| | | | | | | | | | | | | | | | | |

图9-9　应交增值税明细账

业务(1)：2024年8月5日，购入毛坯布1 869 500元，增值税专用发票(略)注明税款为243 035元，价税款转账付讫。

业务(2)：2024年8月15日，财产清查中发现有600米毛坯布发霉变质，主要原因是管理人员雨天忘记关窗，属于管理不善，如何处理尚待研究。该毛坯布单位采购成本为每米15元，增值税税率为13%，请进行处理前的账务处理。

业务(3)：2024年8月25日，出售光坯布85 000米，每米布售价25元，增值税专用发票(略)注明税款为276 250元，价税款转账收讫。

业务(4)：2024年8月30日，转账支付本月应交增值税20 000元。

业务(5)：2024年8月30日，根据业务(1)至业务(4)所提供的资料，请计算并结转本月增值税。

## 知识准备

增值税是以商品(含应税劳务)在流转过程中产生的增值额作为计税依据而征收的一种流转税。增值税属于价外税，由消费者负担。

2024年12月25日，十四届全国人大常委会第十三次会议表决通过《增值税法》，自2026年1月1日起施行。

《增值税法》第三条规定：在中华人民共和国境内销售货物、服务、无形资产、不动产，以及进口货物的单位和个人(包括个体工商户)，为增值税的纳税人，应当依照本法规定缴纳增值税。

销售货物、服务、无形资产、不动产，是指有偿转让货物、不动产的所有权，有偿提供服务，有偿转让无形资产的所有权或者使用权。

《增值税法》第三十二条规定：增值税由税务机关征收，进口货物的增值税由海关代征。海关应当将代征增值税和货物出口报关的信息提供给税务机关。

## 一、 增值税一般纳税人的认定

增值税一般纳税人是指年应税销售额超过500万元的纳税人。

年应税销售额未超过500万元的小规模纳税人，如果会计核算健全，能够提供准确税务资料的，可以向主管税务机关办理登记，按照《增值税法》规定的一般计税方法缴纳增值税。

## 二、 一般纳税人与小规模纳税人的区别

1. 应纳税额计算方式

一般纳税人的应纳税额=当期销项税额-当期进项税额

小规模纳税人的应纳税额=销售额×征收率

2. 税率

一般纳税人适用的税率有13%、9%、6%等；小规模纳税人适用简易计税方法计算缴纳增值税的征收率为3%。

纳税人发生两项以上应税交易涉及不同税率、征收率的，应当分别核算适用不同税率、征收率的销售额；未分别核算的，从高适用税率。

纳税人发生一项应税交易涉及两个以上税率、征收率的，按照应税交易的主要业务适用税率、征收率。

3. 发票使用

一般纳税人可以开具增值税专用发票，也可以开具增值税普通发票，且销项税额的处理都是一样的。一般纳税人取得增值税专用发票，进项税额可以抵扣；取得增值税普通发票，则进项税额不能抵扣。

小规模纳税人不能开具增值税专用发票，且取得的增值税发票无论是普通发票还是专用发票，进项税额都不能抵扣。

4. 账务处理

一般纳税人的增值税是价外税，其进项税额记入“应交税费—应交增值税(进项税额)”账户。小规模纳税人的增值税进项税额全额计入所购货物的成本。

## 三、 一般纳税人增值税业务的账务处理

一般纳税人应当在“应交税费”账户下设置“应交增值税”“未交增值税”二级账户，并在“应交增值税”二级账户下开设“进项税额”“已交税金”“减免税款”“出口抵销内销产品应纳税额”“转出未交增值税”“销项税额”“出口退税”“进项税额转出”“转出多交增值税”等三级账户(见图9-9、图9-10)。

1. 进项税额的账务处理

一般纳税人购进货物、接受劳务、接受投资或捐赠转入的货物，应以依法取得的增值税专用发票(发票联、抵扣联)上注明的增值税额入账，若货物或劳务用于非应税项目、免征增值税项目，则所含的增值税额不得抵扣，应计入货物或劳务成本。

一般纳税人购进农产品，取得增值税专用发票或海关进口增值税专用缴款书的，以上面注明的增值税为进项税额。取得小规模纳税人开具的征收率为3%的增值税专用发票以及取得农产品销售发票或收购发票的，均按买价和9%的扣除率计算进项税额，如果购进的农产品用于生产销售或委托加工税率为13%的货物，则按10%(购进时仍按9%，领用时再加计1%)的扣除率计算进项税额。

(1) 一般纳税人购进货物，根据审核无误的增值税发票等单据编制记账凭证如下：

借：原材料(或库存商品)

　　应交税费—应交增值税(进项税额)(增值税发票上注明的税款)

　　贷：银行存款(或应付票据、应付账款等科目)

如果是接受投资转入的货物，则贷记实收资本。

如果是接受捐赠转入的货物，则贷记营业外收入或资本公积。

(2) 一般纳税人接受劳务，应根据审核无误的增值税发票等单据编制记账凭证如下：

借：生产成本(生产产品接受应税劳务)

　　制造费用(生产车间管理接受应税劳务)

　　管理费用(行政部门管理接受应税劳务)

　　销售费用(专设销售机构管理接受应税劳务)

　　应交税费—应交增值税(进项税额)(增值税发票上注明的税款)

　　贷：银行存款(或应付票据、应付账款等科目)

2. 进项税额转出的账务处理

下列几种情形，应将已列的增值税进项税额转出。

(1) 一般纳税人购进物资、库存商品、在制品发生非正常损失(详见项目四的子项目6)，其购进时已支付的增值税进项税额应当转出。

(2) 固定资产处置及发生非正常损失时(详见项目七的子项目6)，其净值所包含的增值税进项税额应当转出。

特别提示：非正常损失是指因管理不善造成被盗、丢失、霉烂变质的损失。由不可抗力如地震、台风等造成的损失属于非常损失，其已抵扣的进项税额不必转出。

(3) 一般纳税人购进物资时支付的增值税已经列入进项税额，之后又改变所购物资的用途，将所购物资用于非应税项目的。

3. 销项税额的账务处理

一般纳税人销售货物，将自产或加工收回的货物用于不动产建设、自用动产建设、职工生活福利、对外投资(上述行为视同销售)的，均应计算增值税销项税额。

(1) 销售货物或提供劳务，应根据增值税发票等单据编制记账凭证如下：

借：银行存款(或应收票据、应收账款等科目)
　　贷：主营业务收入(或其他业务收入)
　　　　应交税费—应交增值税(销项税额)

(2) 将自产或加工收回的货物用于职工福利、对外投资的视同销售，应根据增值税发票等单据编制记账凭证如下：

借：应付职工薪酬(用于职工福利)
　　长期股权投资(用于对外投资)
　　贷：主营业务收入(按销售价计算)
　　　　应交税费—应交增值税(销项税额)

特别提示：外购材料用于职工福利，应将外购材料已抵扣的进项税额转出；库存商品用于职工福利，应按库存商品的售价计算增值税，并列入“销项税额”明细账户。

4. 缴纳本月应交增值税

内销企业本月应交增值税=销项税额+进项税额转出-进项税额-减免税额

向税务机关缴交本月应交增值税，编制记账凭证如下：

借：应交税费—应交增值税(已交税金)
　　贷：银行存款

提示：企业缴纳本月增值税，在“应交税费—应交增值税”账户核算；企业缴纳以前月份的未交增值税，应在“应交税费—未交增值税”账户核算。

5. 结转本月增值税

本月应结转的增值税=本月应交增值税-本月已交增值税

当本月应结转增值税为0时，无须结转。

当本月应结转增值税<0时，为本月多交增值税，应编制结转增值税记账凭证如下：

借：应交税费—未交增值税
　　贷：应交税费—应交增值税(转出多交增值税)

当本月应结转增值税>0 时，为本月未交增值税，应编制结转增值税记账凭证如下：

借：应交税费—应交增值税（转出未交增值税） -
　　贷：应交税费—未交增值税

业务处理1

根据业务（1）提供的资料，编制记账凭证如下：

| | | |
|---|---|---|
| 借：原材料—毛坯布 | 1 869 500. 00 | |
| 　　应交税费—应交增值税（进项税额） | 243 035. 00 | |
| 　　贷：银行存款 | | 2 112 535. 00 |

根据审核无误的记账凭证以及所附增值税专用发票，登记“应交税费—应交增值税”明细账，详见图 9-10。

根据业务（2）提供的资料，编制记账凭证如下：

| | | |
|---|---|---|
| 借：待处理财产损溢—待处理流动资产损溢 | 10 170. 00 | |
| 　　贷：原材料—毛坯布 | | 9 000. 00 |
| 　　　　应交税费—应交增值税（进项税额转出） | | 1 170. 00 |

根据审核无误的记账凭证及所附原始凭证，登记“应交税费—应交增值税”明细账，详见图 9-10。

根据业务（3）提供的资料，编制记账凭证如下：

| | | |
|---|---|---|
| 借：银行存款 | 2 401 250. 00 | |
| 　　贷：主营业务收入—光坯布 | | 2 125 000. 00 |
| 　　　　应交税费—应交增值税（销项税额） | | 276 250. 00 |

根据审核无误的记账凭证以及所附增值税专用发票，登记“应交税费—应交增值税”明细账，详见图 9-10。

根据业务（4）提供的资料，编制记账凭证如下：

| | | |
|---|---|---|
| 借：应交税费—应交增值税（已交税金） | 20 000. 00 | |
| 　　贷：银行存款 | | 20 000. 00 |

根据审核无误的记账凭证以及所附《中华人民共和国税收转账专用完税证》等单据，登记“应交税费—应交增值税”明细账，详见图 9-10。

根据业务（1）至业务（4）提供的资料计算本月应结转增值税。

本月应交增值税 = 销项+进项转出−进项 = 276 250+1 170−243 035 = 34 385(元)

本月应结转增值税 = 本月应交增值税−本月已交增值税 = 34 385−20 000 = 14 385(元)

由于计算结果大于 0，为未交增值税，应编制结转分录如下：

借：应交税费—应交增值税(转出未交增值税)　　　　14 385.00

　　贷：应交税费—未交增值税　　　　14 385.00

根据审核无误的记账凭证，登记“应交税费—应交增值税”明细账，详见图 9-10。

**应交税费 —应交增值税**

| 日期 | | 凭证 | 摘要 | 借方 | | | | | | 贷方 | | | | | 借或贷 | 余额 |
|---|---|---|---|---|---|---|---|---|---|---|---|---|---|---|---|---|
| 2024 年 | | (略) | | 合计 | 进项税额 | 已交税金 | 减免税款 | 出口抵销内销产品应纳税额 | 转出未交增值税 | 合计 | 销项税额 | 出口退税 | 进项税额转出 | 转出多交增值税 | | |
| 7 | … | … | …… | …… | …… | …… | … | …… | …… | …… | …… | …… | …… | …… | 平 | 0 |
| 7 | 31 | | 本月合计 | 353 500 | 303 500 | 50 000 | | | | 353 500 | 353 500 | | | | 平 | 0 |
| 8 | 05 | | 购料 | 243 035 | 243 035 | | | | | | | | | | 借 | 243 035 |
| 8 | 15 | | 盘亏 | | | | | | | 1 170 | | | 1 170 | | 借 | 241 865 |
| 8 | 25 | | 销售 | | | | | | | 276 250 | 276 250 | | | | 贷 | 34 385 |
| 8 | 30 | | 缴纳税金 | 20 000 | | 20 000 | | | | | | | | | 贷 | 14 385 |
| 8 | 31 | | 未交税金 | 14 385 | | | | | 14 385 | | | | | | 平 | 0 |
| 8 | 31 | | 本月合计 | 277 420 | 243 035 | 20 000 | | | 14 385 | 277 420 | 276 250 | | 1 170 | | 平 | 0 |
| | | | | | | | | | | | | | | | | |

图 9-10　应交增值税明细账

## 业务呈现2

2024 年 8 月 9 日，先海百货进口一批防晒霜，关税完税价格为 255 000 元，缴纳关税 45 900 元，请计算该进口商品的消费税，并进行缴纳消费税的账务处理。

## 知识准备

消费税是对从事生产、委托加工和进口应税消费品的单位和个人所取得的销售收入征收的一种流转税。

### 一、 消费税的纳税环节

(1) 境内生产应税消费品，由生产者于确认销售收入时纳税。

(2) 自产自用消费品，用于连续生产的不纳税；用于其他方面的，在移送使用时纳税。

（3）委托加工的应税消费品，在受托方向委托方提货时代收代缴税款。

（4）进口的消费品，由进口报关者于报关进口时纳税。

## 二、 消费税的征收方法

（1）从价定率办法计算的应纳税额=销售额×税率

（2）从量定额办法计算的应纳税额=销售数量×单位税额

（3）复合征收：应纳税额=销售额×比例税率+应税消费品的数量×单位税额

提示：现行消费税的征收范围中，只有卷烟和白酒采用复合计征的办法。

## 三、 消费税的计税口径

（1）从价定率征收：应税消费品计税销售额是指纳税人销售时收取的不含增值税的全部价款及一切价外费用。对包含增值税的销售额，则应换算成不含增值税的计税销售额。

（2）纳税人自产自用消费品：在没有同类消费品销售价可供参考的情况下，则按组成计税价格计算，其计算公式如下。

组成计税价格=(生产成本+利润)÷(1-消费税税率)

（3）委托加工的应税消费品：在没有同类消费品销售价格可供参考时，则按组成计税价格计算，其计算公式如下。

组成计税价格=(材料成本+加工费)÷(1-消费税税率)

（4）进口实行从价定率征收的应税消费品：按照组成计税价格计算，其计算公式如下。

组成计税价格=(关税完税价格+关税)÷(1-消费税税率)

（5）实行从价定率的应税消费品：包装物随同销售的，无论是否单独计价，其价格都应计入消费品销售额中一并征税。包装物押金不计入消费品的销售额，但对包装物逾期不还而没收的押金应转为应税消费品的销售额，按税率征收消费税。

附：消费税税目税率表(见表9-1)。

**表9-1 消费税税目税率**

| 税　目 | 比例税率 | 定额税率 |
|---|---|---|
| 一、烟 | | |
| 1. 卷烟 | | |
| 工业 | | |
| (1)甲类卷烟(每标准条调拨价在70元及以上) | 56% | 30元/万支 |
| (2)乙类卷烟(每标准条调拨价在70元以下) | 36% | 30元/万支 |
| 商业批发环节 | 11% | 50元/万支 |

续表

| 税　目 | 比例税率 | 定额税率 |
| --- | --- | --- |
| 2. 雪茄烟 | 36% | — |
| 3. 烟丝 | 30% | — |
| 4. 电子烟 | | |
| 工业 | 36% | — |
| 商业批发 | 11% | — |
| 二、酒 | | |
| 1. 白酒 | 20% | 0.5 元/500 克或毫升 |
| 2. 黄酒 | — | 240 元/吨 |
| 3. 啤酒 | | |
| （1）甲类啤酒（出厂价 3 000 元/吨及以上） | — | 250 元/吨 |
| （2）乙类啤酒（出厂价 3 000 元/吨以下） | — | 220 元/吨 |
| 4. 其他酒 | 10% | — |
| 三、高档化妆品 | 15% | — |
| 四、贵重首饰及珠宝玉石 | | |
| 1. 金银首饰、铂金首饰和钻石及钻石首饰 | 5% | — |
| 2. 其他贵重首饰和珠宝玉石 | 10% | — |
| 五、鞭炮焰火 | 15% | — |
| 六、成品油 | | |
| 1. 汽油 | — | 1.52 元/升 |
| 2. 柴油 | — | 1.20 元/升 |
| 3. 航空煤油 | — | 1.20 元/升 |
| 4. 石脑油 | — | 1.52 元/升 |
| 5. 溶剂油 | — | 1.52 元/升 |
| 6. 润滑油 | — | 1.52 元/升 |
| 7. 燃料油 | — | 1.20 元/升 |
| 七、摩托车 | | |
| 1. 气缸容量（排气量，下同）≤250 毫升 | 3% | — |
| 2. 气缸容量>250 毫升 | 10% | — |

续表

| 税 目 | 比例税率 | 定额税率 |
|---|---|---|
| 八、小汽车 | | |
| 1. 乘用车 | | |
| (1)气缸容量(排气量，下同)≤1.0 升 | 1% | — |
| (2)1.0 升<气缸容量≤1.5 升 | 3% | — |
| (3)1.5 升<气缸容量≤2.0 升 | 5% | — |
| (4)2.0 升<气缸容量≤2.5 升 | 9% | — |
| (5)2.5 升<气缸容量≤3.0 升 | 12% | — |
| (6)3.0 升<气缸容量≤4.0 升 | 25% | — |
| (7)气缸容量>4.0 升 | 40% | — |
| 2. 中轻型商用客车 | 5% | — |
| 3. 超豪华小汽车 | 10% | — |
| 九、高尔夫球及球具 | 10% | — |
| 十、高档手表 | 20% | — |
| 十一、游艇 | 10% | — |
| 十二、木制一次性筷子 | 5% | — |
| 十三、实木地板 | 5% | — |
| 十四、电池 | 4% | — |
| 十五、涂料 | 4% | — |

## 四、 消费税的账务处理

企业应设“应交税费—应交消费税”账户，核算相关业务。

(1) 委托加工应税消费品消费税的账务处理详见项目四的子项目 5。

(2) 进口应税消费品，进口企业报关时缴纳消费税，编制会计分录如下。

借：库存商品(或固定资产)

　　贷：银行存款

注：消费税业务有时不必通过“应交税费—应交消费税”账户核算。

(3) 企业正常销售应税消费品，按规定提取消费税，编制会计分录如下。

借：税金及附加

　　贷：应交税费—应交消费税

**业务处理2**

(1) 组成计税价格=(255 000+45 900)÷(1 −15%)= 354 000(元)

（2）计算并缴纳应交消费税税额＝354 000×15%＝53 100（元）

| | |
|---|---|
| 借：库存商品—防晒霜 | 53 100.00 |
| 贷：银行存款 | 53 100.00 |

（3）登记“应交税费—应交消费税”明细账。

## 初试身手

白酒的税率为20%加1元/千克，厦门海西商城2024年9月销售白酒800千克，每千克售价120元，请计算厦门海西商城本月销售白酒应缴纳的消费税，将计算过程填写到图9-11。

**应交消费税计算表**

年　月　日　　　　　　单位：

<table>
<tr><td colspan="3">项　　目</td><td colspan="9">税　　额</td></tr>
<tr><td rowspan="4">白　酒</td><td>计税数量</td><td>单位税额</td><td>百</td><td>十</td><td>万</td><td>千</td><td>百</td><td>十</td><td>元</td><td>角</td><td>分</td></tr>
<tr><td></td><td></td><td></td><td></td><td></td><td></td><td></td><td></td><td></td><td></td><td></td></tr>
<tr><td>计税销售额</td><td>税　率</td><td>百</td><td>十</td><td>万</td><td>千</td><td>百</td><td>十</td><td>元</td><td>角</td><td>分</td></tr>
<tr><td></td><td></td><td></td><td></td><td></td><td></td><td></td><td></td><td></td><td></td><td></td></tr>
<tr><td>合计（大写）</td><td colspan="2"></td><td></td><td>¥</td><td></td><td></td><td></td><td></td><td></td><td></td><td></td></tr>
</table>

会计主管：　　　　　　制表：

图9-11　应交消费税计算表

### 业务呈现3

晋江先海百货2024年8月实际缴纳增值税300 000元、消费税50 000元。请计算并提取先海百货8月份应缴纳的城市维护建设税及教育费附加，并进行相关的账务处理。

### 知识准备

城市维护建设税（简称“城建税”）是国家为了加强城市的维护建设，扩大和稳定城市维护建设资金的来源，向增值税、消费税（合称“二税”）的纳税人，以其实际缴纳的“二税”税额为计税依据而征收的一种税。

教育费附加是国家为了发展地方教育事业而向“二税”纳税人，以其实际缴纳的“二税”税额为计费依据而征收的一种附加费。

**一、 税率和征收率**

（1）城市维护建设税实行地区差别的三档比例税率，具体如下：

① 纳税人所在地为市区的，税率为7%；

② 纳税人所在地为县城、镇的，税率为5%；

③ 纳税人所在地为非市区、县城或镇的，税率为1%。

（2）教育费附加视同税款进行征收，征收率统一为3%。

## 二、 账务处理

（1）企业应设“应交税费—应交城市维护建设税”账户，进行会计核算，企业提取城市维护建设税时，编制会计分录如下。

借：税金及附加

  贷：应交税费—应交城市维护建设税

（2）企业应设“应交税费—教育费附加”账户，进行会计核算，企业提取教育费附加时，编制会计分录如下。

借：税金及附加

  贷：应交税费—教育费附加

### 业务处理3

（1）先海百货本月应交的城市维护建设税=(300 000+50 000)×7%=24 500(元)

| | | |
|---|---|---|
| 借：税金及附加 | 24 500. 00 | |
| 贷：应交税费— 应交城市维护建设税 | | 24 500. 00 |

（2）先海百货本月应交的教育费附加=(300 000+50 000)×3%=10 500(元)

| | | |
|---|---|---|
| 借：税金及附加 | 10 500. 00 | |
| 贷：应交税费—教育费附加 | | 10 500. 00 |

（3）登记“应交税费—应交城市维护建设税”和“应交税费—教育费附加”明细账。

### 业务呈现4

2024年10月25日，研媒集团会计人员收到增值税专用发票(略)、领料单(略)等单据。单据显示：企业将自产煤炭3 000吨对外销售、5 000吨用于产品生产。每吨煤炭应交资源税5元，请编制计算结转应交资源税的记账凭证。

### 知识准备

资源税是国家对我国境内从事原油、天然气、煤炭、金属矿产品和其他矿产品开发以及生产盐的单位和个人征收的一种税。

## 一、 应交资源税的计算

应交资源税＝课税数量 ×单位税额

## 二、 账务处理

1. 计算结转资源税

借：税金及附加(销售应税产品应缴纳的资源税)
　　生产成本或制造费用(自产自用应税产品应缴纳的资源税)
　　贷：应交税费—应交资源税

2. 转账支付资源税

借：应交税费—应交资源税
　　贷：银行存款

**业务处理4**

(1) 编制应交资源税计算表，如图 9-12 所示。

**应交资源税计算表**

2024 年 10 月 25 日　　单位：元

| 项目 | 计税数量(吨) | 单位税额(元/吨) | 税额 百 | 十 | 万 | 千 | 百 | 十 | 元 | 角 | 分 | 备注 |
|---|---|---|---|---|---|---|---|---|---|---|---|---|
| 外销煤炭 | 3 000 | 5 | | | | 1 | 5 | 0 | 0 | 0 | 0 | |
| 自产自用煤炭 | 5 000 | 5 | | | | 2 | 5 | 0 | 0 | 0 | 0 | |
| 合计 | 8 000 | | | | ¥ | 4 | 0 | 0 | 0 | 0 | 0 | |
| 合　计(大写) | | 人民币肆仟元整 | | | | | | | | | | |

会计主管：卓陈辉　　制表：周仙峰

图 9-12　应交资源税计算表

(2) 根据审核无误的原始凭证编制记账凭证如下：

借：税金及附加　　1 500.00
　　生产成本　　2 500.00
　　贷：应交税费—应交资源税　　4 000.00

**业务呈现5**

2025 年 12 月，诺尔公司因资金周转困难，对外出售一幢办公大楼，获得价款 2 000

万元，该大楼是2021年12月购进，到出售时正好4年，购进时成本为800万元，支付契税等相关费用8万元。转让时按售价的5%支付增值税，并分别按7%、3%征收城市维护建设税和教育费附加，请计算并结转土地增值税。

知识准备

土地增值税是国家对我国境内转让国有土地使用权、地上建筑物及附着物(转让房地产)并取得收入的单位和个人征收的一种税。

**一、 土地增值税两种征收方式**

(1) 核定征收，按照转让二手房交易价格全额的1%征收。

(2) 减除法定扣除项目金额后，按四级超率累进税率征收。

① 增值额≤扣除项目金额50%：

土地增值税税额=增值额×30%

② 扣除项目金额50%<增值额≤扣除项目金额100%：

应交土地增值税的税额=增值额×40%-扣除项目金额×5%

③ 扣除项目金额100%<增值额≤扣除项目金额200%：

应交土地增值税的税额=增值额×50%-扣除项目金额×15%

④ 扣除项目金额200%<增值额：

应交土地增值税的税额=增值额×60%-扣除项目金额×35%

**二、 法定扣除项目**

房地产开发企业出售房产或企业自行开发的房地产项目对外转让，其法定扣除项目包括取得土地使用权所付金额、房地产开发成本和开发费用、转让房地产有关税金支出、其他扣除项目。(有兴趣的读者可以学习房地产会计，其中有详细阐述)

从事二手房交易的单位和个人，法定扣除项目分两种情况：

(1) 能够提供购房发票的，可减除以下项目金额：

① 取得房地产时有效发票所载的金额；

② 按发票所载金额从购买年度起至转让年度止每年加计5%的金额；

③ 按国家规定统一缴纳的与转让房地产有关的税金；

④ 取得房地产时所缴纳的契税。

(2) 不能够提供购房发票，但能够提供房地产评估机构按照重置成本评估法评定房屋及建筑物价格评估报告的，扣除项目金额按以下标准确认：

① 取得国有土地使用权时所支付的金额证明；

② 中介机构评定的房屋及建筑物价格(不包括土地评估价值)，需经主管税务机关对评定的房屋及建筑物价格进行确认；

③ 按国家规定统一缴纳的与转让房地产有关的税金和价格评估费用。

## 三、 账务处理

（1）房地产企业销售房地产计算结转应纳土地增值税：

借：税金及附加
　　贷：应交税费—应交土地增值税

（2）非房地产企业转让土地使用权连同地上建筑物及附着物，计算结转应交土地增值税：

借：固定资产清理
　　贷：应交税费—应交土地增值税

（3）土地使用权在无形资产账户核算的，转让土地使用权应交的土地增值税，在收取款项、结转损益时作为直接抵减项目，贷记“应交税费—应交土地增值税”。

借：银行存款
　　累计摊销
　　贷：无形资产—土地使用权
　　　　应交税费—应交增值税（销项税额）
　　　　应交税费—应交土地增值税
　　　　营业外收入（或借记营业外支出）

**业务处理5**

1. 计算诺尔公司应交的土地增值税

（1）法定扣除项目（该企业能够提供购房发票等单据）。

① 购房成本 800 万元（购房发票所记载金额）。

② 从购买年度起至转让年度止每年加计 5%的金额：800×5%×4＝160（万元）。

③ 增值税：2 000×5%＝100（万元）

城建税：100×7%＝7（万元）

教育费附加：100×3%＝3（万元）

④ 取得房地产时所缴纳的契税及有关费用 8 万元。

合计：1 078 万元。

（2）增值额与增值率：

增值额：2 000－1 078＝922（万元）

增值率：922 ÷1 078＝85. 53%

（3）诺尔公司应交土地增值税＝922×40%－1 078×5%＝314. 9（万元）

2. 根据有关原始凭证，编制结转土地增值税的记账凭证如下

| | | |
|---|---|---|
| 借：固定资产清理 | 3 149 000.00 | |
| 贷：应交税费—应交土地增值税 | | 3 149 000.00 |

## 业务呈现6

晋江大飞有限责任公司，会计账簿记载公司拥有房产的原值为 500 万元，福建省政府规定按房产原值一次性扣除 25%后的余值计算缴纳房产税，请计算晋江大飞有限责任公司 2024 年应缴纳的房产税。

## 知识准备

房产税是国家向在城市、县城、建制镇、工矿区拥有房产的产权所有人征收的一种税。

房产税征收标准有从价和从租两种情况。

(1) 从价计征，其计税依据是房产余值，税率为 1.2%。房产余值是房产原值一次性减除一定比例后的余额。具体减除比例，在 10%~30%范围内由各省、自治区、直辖市人民政府确定，如浙江省人民政府规定具体减除比例为 30%。

房产税从价计征的，年应纳税额＝房产原值 ×[1 −(10%~30%)]×1.2%

没有房产原值的，由所在地税务机关参考同类房产核定。

(2) 从租计征；以房产租金收入为房产税的计税依据，年税率为 12%。

以房产租金为计税依据的，年应纳税额＝房产年租金 ×12%

## 业务处理6

晋江大飞有限责任公司 2024 年应缴房产税＝5 000 000×(1−25%)×1.2%＝45 000(元)

晋江大飞有限责任公司 2024 年每月应缴房产税＝45 000÷12＝3 750(元)

## 业务呈现7

晋江大飞有限责任公司 2024 年实际占用土地面积 8 280 平方米，属于二级土地。由于晋江市被列为大城市，按新标准，二级土地单位税额为每年 10 元/平方米。

## 知识准备

城镇土地使用税是国家为合理利用城镇土地、调节土地级差收入、提高土地使用效率、加强土地管理而开征的一种税，以纳税人实际占用的土地面积为计税依据，按规定

的税额计算征收。

城镇土地使用税每平方米年税额如下：

（1）大城市为1.5~30元；

（2）中等城市为1.2~24元；

（3）小城市为0.9~18元；

（4）县城、建制镇、工矿区为0.6~12元。

## 业务处理7

晋江大飞有限责任公司2024年应缴纳城镇土地使用税=8 280×10=82 800（元）

晋江大飞有限责任公司2024年每月应缴纳城镇土地使用税=82 800÷12=6 900（元）

## 业务呈现8

2024年晋江大飞有限责任公司有乘用车一辆，排气量2.0升，每年应缴车船税750元；另有货车三辆，一辆核载2吨，一辆核载5吨，一辆核载10吨。请问晋江大飞有限责任公司2024年应缴纳车船税多少元？（所在省份规定货车每吨按60元征收车船税）

## 知识准备

车船税是指在中华人民共和国境内的车辆、船舶的所有人或者管理人按照《中华人民共和国车船税法》（以下简称《车船税法》）应缴纳的一种税。

车船税属于地方税，在遵照《车船税法》等规定的基础上，按照各地税务局具体管理办法予以确定。

虽然每个地方的车船税是不一样的，但计算方法却是一样的。全国各地都按排气量和车型计算车船税。车型主要有五种，分别是乘用车、商用车、挂车、其他车辆和摩托车。其中，乘用车按照发动机气缸总量（排气量）分档。

以2018年车船税的新标准来说，其具体数额如下：

1.0升及其以下排量的汽车车船税是60元至360元；

1.0升以上至1.6升（含1.6升）排量的汽车车船税是300元至540元；

1.6升以上至2.0升（含2.0升）排量的汽车车船税是360元至660元；

2.0升以上至2.5升（含2.5升）排量的汽车车船税是660元至1 200元；

2.5升以上至3.0升（含3.0升）排量的汽车车船税是1 200元至2 400元；

3.0升以上至4.0升（含4.0升）排量的汽车车船税是2 400元至3 600元；

4.0升以上排量的汽车车船税是3 600元至5 400元。

车船税按年申报缴纳，一年一交。

**业务处理8**

晋江大飞有限责任公司 2024 年应缴纳车船税 = 60×(2+5+10)+750 = 1 770(元)

晋江大飞有限责任公司 2024 年每月应缴纳车船税 = 1 770÷12 = 147.50(元)

**业务呈现9**

2024 年 8 月 31 日，晋江大飞有限责任公司用库存现金向当地税务局购买印花税票 500 元，请进行相关的账务处理。

**知识准备**

印花税是对书立、领受购销合同等凭证行为征收的税款。企业根据规定自行计算印花税的应纳税额，然后通过购买并一次贴足印花税票的方式缴纳税款。

企业缴纳的印花税不需要通过“应交税费”账户核算。

**业务处理9**

1. 根据有关单据编制记账凭证如下

借：税金及附加　　500.00

　　贷：库存现金　　500.00

2. 登记“税金及附加”明细账以及“库存现金”日记账

**业务呈现10**

晋江大飞有限责任公司(只有一个排放口)2024 年 9 月向大气直接排放二氧化硫(当量值 0.95)152 吨、氮氧化物(当量值 0.95)228 吨、烟尘(当量值 2.18)76.3 吨、一氧化碳(当量值 16.7)200.4 吨，该企业所在地区大气污染物的税额标准为 1.2 元/污染当量(千克)，求该企业 2024 年 9 月因排放大气污染物应缴纳的环境保护税。

**知识准备**

## 一、 环境保护税的征税对象

环境保护税是对污染环境行为征收的一种税费形式。征税对象包括《中华人民共和国环境保护法》所附《应税污染物和当量值表》(具体内容网上可搜索)规定的大气污染物、水污染物、固定废物和噪声。

## 二、 环境保护税的税目与税额

固体废物、噪声执行全国统一的定额税。

大气污染物、水污染物，各省、自治区、直辖市实行浮动定额税。具体税额的确定和调整由各省、自治区、直辖市人民政府提出，报同级人大常委会决定，人大常委会决定后报全国人大常委会和国务院备案，见表9-2。

**表9-2　环境保护税税目税额**

| 税目 | | 计税单位 | 税额 |
|---|---|---|---|
| 大气污染物 | | 每污染当量 | 1.2元至12元 |
| 水污染物 | | | 1.4元至14元 |
| 固体废物 | 煤矸石 | 每吨 | 5元 |
| | 尾矿 | | 15元 |
| | 危险废物 | | 1 000元 |
| | 冶炼渣、粉煤灰、炉渣、其他固体废物(含半固态、液态废物) | | 25元 |
| 噪声 | 工业噪声 | 超标1~3分贝 | 每月350元 |
| | | 超标4~6分贝 | 每月700元 |
| | | 超标7~9分贝 | 每月1 400元 |
| | | 超标10~12分贝 | 每月2 800元 |
| | | 超标13~15分贝 | 每月5 600元 |
| | | 超标16分贝以上 | 每月11 200元 |

## 三、 环境保护税应纳税额的计算

1. 大气污染物

应纳税额=污染当量数×适用税额

污染当量数=该污染物的排量÷该污染物的污染当量值

提醒：应税大气污染物的每一排放口(或者无排放口)，按照污染当量数从大到小顺序排列，对前三项污染物征收环境保护税。

2. 水污染物

应纳税额=污染当量数×适用税额

污染当量数=该污染物的排量÷该污染物的污染当量值

提示：应税水污染物的污染当量数由大到小顺序排列。第一类水污染物，按前五项征收；第二类水污染物，按前三项征收。

3. 固体废物

应纳税额=固体废物排放量×适用税额

固体废物排放量=当期固体废物的产生量-当期固体废物的综合利用量-当期固体废物的储存量-当期固体废物处置量

4. 噪声

应纳税额=超过国家规定的标准分贝数所对应的具体适用税额。

### 知识拓展 房产税、城镇土地使用税、车船税、环境保护税的计提

企业提取房产税、城镇土地使用税、车船税、环境保护税应借记“税金及附加”，贷记“应交税费—应交房产税(或城镇土地使用税、车船税、环境保护税)”。

**业务处理10**

计算大飞有限责任公司2024年9月因排放大气污染物应缴纳的环境保护税过程及结果如下：

第一步：计算各污染物的污染当量数。

二氧化硫污染当量数=152×1 000÷0.95=160 000(千克)

氮氧化物污染当量数=228×1 000÷0.95=240 000(千克)

烟尘污染当量数=76.3×1 000÷2.18=35 000(千克)

一氧化碳污染当量数=200.4×1 000÷16.7=12 000(千克)

第二步：按污染物的污染当量从大到小顺序排列。

氮氧化物(240 000)>二氧化硫(160 000)>烟尘(35 000)>一氧化碳(12 000)

第三步：选取前三项污染物计算应纳税额。

排到大气的污染物应纳税额=(240 000+160 000+35 000)×1.2=522 000(元)

### 初试身手

(1) 环境保护税纳税人甲企业有一个污水排放口，2024年9月排放总铅500千克，污染当量值0.025千克，当地环境保护税税额每一污染当量为3.6元，则甲企业2024年9月应缴纳的环境保护税为多少元(假定企业没有排放其他污染物)？

(2) 环境保护税纳税人丙企业只有一个生产场所，只在昼间生产，边界处声环境功能区类型为Ⅰ类(Ⅰ类功能区昼间的噪声排放限值为55分贝)，生产时发出的噪声为69分贝，2024年9月超标天数为13天。则丙企业2024年9月应缴纳的环境保护税为多少元(假定企业没有排放其他污染物)？

## 子项目6 预收账款与合同负债

**业务呈现1**

2024年9月30日，某企业按合同规定收到甲客户预付的购买100件A产品货款

50 000元以及乙企业预付第 4 季度房租 15 000 元。

请判断以上业务应通过什么会计科目进行账务处理。

**知识准备**

## 一、 预收账款与合同负债的概述

### （一）预收账款

预收账款，是指企业向购货方预收的购货订金或部分货款，企业在收到这笔钱时，商品或劳务的销售合同尚未履行，因此不能作为收入入账，只能确认为一项负债。预收账款的期限一般不超过一年，通常应作为一项流动负债反映在各期末的资产负债表上。

如果“预收账款”账户期末为借方余额，则应在资产负债表的“应收账款”项目反映。当企业预收账款业务不多时，也可通过“应收账款”科目进行会计核算。

### （二）合同负债概述

合同负债，是指企业已收或应收客户对价而应向客户转让商品的义务。企业在向客户转让商品之前，如果客户已经支付了合同对价或企业已经取得了无条件收取合同对价的权利，则企业应当在客户实际支付款项与到期应支付款项孰早时点，将该已收或应收的款项列示为合同负债。

## 二、 预收账款与合同负债的联系与区别

主要联系：

(1) 预收账款与合同负债是企业流动负债的两种主要形式。合同负债是以《企业会计准则第 14 号——收入》为依据，对原预收账款科目作出的补充完善，合同负债与预收账款都是依据合同规定、有商业实质、与收入相关的负债，在未来都有可能转为收入。

(2) 在某些情况下，预收账款会转为合同负债。如合同尚未成立时预收的货款，首先会被确认为预收账款，待合同成立后则转为合同负债。

(3)《企业会计准则第 21 号——租赁》规定：预收定金、租金，不分合同负债与预收账款，仍然统一使用预收账款科目。

主要区别：

(1) 合同成立与否。预收账款不强调合同是否成立，合同负债则以合同成立为前提。

(2) 履约义务。预收款项与履约义务无关，重点关注的是合同成立之前就已生成的货款与订单；而合同负债更多关注合同执行过程中的义务履行。

(3) 核算范围。预收账款只能核算实际收到的款项；合同负债在签订合同、确定履约义务后，可以核算预先收取的货款，也可以核算应当收取的货款。

**业务处理1**

某企业按合同规定收到甲客户预付的购买 100 件 A 产品货款 50 000 元，应通过“合同负债”科目进行核算。因为合同已成立，收到这笔预付货款，企业则有明确的履约义

务，就是要向客户提供 100 件 A 产品。

某企业预收乙企业预付的第 4 季度房租 15 000 元，应通过“预收账款”科目进行会计核算。因为《企业会计准则第 21 号——租赁》规定：预收定金、租金，不分合同负债与预收账款，仍然统一使用预收账款科目。

**业务呈现2**

2024 年 5 月 3 日，厦门金海健身俱乐部收到某客户以现金交纳的入会费 100 元，该入会费用于内部为客户建档等管理工作。同日，客户还办了一张健身年卡，在与俱乐部签订了一份健身服务合同后，转账支付了第一年的健身费用(含税，税率 6%)1 908元。

请对上述业务进行相应的账务处理。

**知识准备**

## 三、预收账款与合同负债的账务处理

### （一）预收账款的账务处理

1. 未签订合同前，收到客户预付货款或订金

借：银行存款
　　贷：预收账款—某客户

2. 销售完成，以预付款充抵货款

借：预收账款—某客户
　　贷：主营业务收入
　　　　应交税费—应交增值税(销项税额)

3. 预收款不足以抵付货款，收到客户补付货款

借：银行存款
　　贷：预收账款—某客户

如果预收款超过货款，公司退还多收的预收款，则编制相反的会计分录。

### （二）合同负债的账务处理

1. 按合同规定，预先收取货款或定金

| 预收款项不包含增值税 | 预收款项包含增值税 |
|---|---|
| 借：银行存款<br>　　贷：合同负债—某客户 | 借：银行存款<br>贷：合同负债—某客户<br>　　应交税费—待转销项税额 |

2. 企业已经预收的账款在订立合同后转为合同负债

| 预收款项不包含增值税 | 预收款项包含增值税 |
|---|---|
| 借：预收账款—某客户<br>　　贷：合同负债 —某客户 | 借：预收账款—某客户<br>　　贷：合同负债 —某客户<br>　　　　应交税费—待转销项税额 |

3. 按合同规定应当预先收取的款项但尚未收到

借：应收账款—某客户
　　贷：合同负债 —某客户

4. 销售完成，以合同负债充抵货款

| 预收款项不包含增值税 | 预收款项包含增值税 |
|---|---|
| 借：合同负债 —某客户<br>　　应收账款(合同负债不够抵部分)<br>　　贷：主营业务收入<br>　　　　应交税费—应交增值税(销项税额) | 借：合同负债 —某客户<br>　　应交税费—待转销项税额<br>　　贷：主营业务收入<br>　　　　应交税费—应交增值税(销项税额) |

**业务处理2**

1. 收到入会费 100 元

| | | |
|---|---|---|
| 借：银行存款 | 100.00 | |
| 　　贷：预收账款—某客户 | | 100.00 |

说明：入会费没有明确的履约义务，只是内部建档管理费用，所以计入预收账款。

2. 签订健身服务合同，收到客户第一年的健身费用

| | | |
|---|---|---|
| 借：银行存款 | 1 908.00 | |
| 　　贷：合同负债—某客户 | | 1 800.00 |
| 　　　　应交税费—待转销项税额 | | 108.00 |

说明：签订了一份健身服务合同，有明确的履约义务，所以记入“合同负债”。

# 项目十　非流动负债

非流动负债是偿还期在一年或超过一年的一个营业周期以上的债务。非流动负债主要为了满足购建固定资产、改扩建工程、扩大生产经营规模等长期资金需求。非流动负债具有偿还期长、偿还额大、收益风险高的特点。我国现行会计制度规定，非流动负债应当以实际发生额入账。

**学习目标**

**知识目标：**

了解非流动负债的含义、特点以及分类，掌握各项具体非流动负债项目的管理要求以及会计处理方法。

**能力目标：**

能够对长期借款、长期应付款、专项应付款、预计负债等各项非流动负债涉及的经济业务，进行正确的会计处理和会计监督。

**思政目标：**

加强对非流动负债的核算与监管，优化企业债务结构，依法维护债权人的合法权益，诚信经营，为营造良好的营商环境尽企业应尽的责任。

## 子项目 1　长期借款

长期借款是企业向金融机构和其他单位借入的期限在一年以上(不含一年)或超过一个营业周期以上的债务。

**业务呈现**

2023 年 5 月 31 日，福建金景有限责任公司从工商银行晋江分行金井支行借入固定资金 200 万元用于生产设备的改扩建，借款期限 2 年，借款年利率为 4.8%，利息于每年年末支付一次，到期日一次性归还本金及当年发生的利息(见图 10-1)。请进行相关业务处理。

××银行贷款凭证③收账通知

日期贰零贰叁年伍月叁拾壹日

<table>
<tr><td>贷款单位名称</td><td colspan="2">福建金景有限责任公司</td><td>贷款种类</td><td colspan="4">长期资金贷款</td><td>贷款户账号</td><td colspan="5">51093708918</td></tr>
<tr><td rowspan="2">金额</td><td colspan="2" rowspan="2">人民币（大写）贰佰万元整</td><td>千</td><td>百</td><td>十</td><td>万</td><td>千</td><td>百</td><td>十</td><td>元</td><td>角</td><td>分</td><td></td></tr>
<tr><td>¥</td><td>2</td><td>0</td><td>0</td><td>0</td><td>0</td><td>0</td><td>0</td><td>0</td><td>0</td><td></td></tr>
<tr><td rowspan="2">用途</td><td rowspan="2">工程使用</td><td>单位申请期限</td><td colspan="8">自 2023 年 5 月 31 日起至 2025 年 5 月 31 日止</td><td rowspan="2">利率</td><td colspan="2" rowspan="2">4.8%</td></tr>
<tr><td>银行核定期限</td><td colspan="8">自 2023 年 5 月 31 日起至 2025 年 5 月 31 日止</td></tr>
<tr><td colspan="2">备注：</td><td colspan="12">以上贷款已核准发放，并转入你单位晋江分行金井支行 51093708918 账号账户。<br>中国工商银行晋江分行 金井支行 2023.5.31 转讫<br>此致<br>借款单位：福建金景有限责任公司<br>（银行盖章）2023 年 5 月 31 日</td></tr>
</table>

图 10-1　银行贷款凭证

知识准备

## 一、 账户设置

企业应当设置“长期借款”账户，进行总分类核算，并按贷款机构、借款种类、借款币种设置明细账户，进行明细核算。

企业还应设置“应付利息”账户，对长期借款利息进行总分类核算，并按贷款人设置明细账户，进行明细分类核算。

## 二、 账务处理

企业发生长期借款及利息，应进行如下账务处理：

(1) 企业借入各种长期款项，应根据有关单据编制会计分录。

借：银行存款

　　贷：长期借款—某银行(或某贷款人)

企业归还借款本金时，则编制相反的会计分录。

(2) 企业筹建期间，发生的不形成长期资产的长期借款利息。

借：长期待摊费用

　　贷：应付利息—某银行(或某贷款人)

(3) 经营期间的借款利息，及与固定资产购建有关但不符合资本化条件的借款利息。

借：财务费用
　　贷：应付利息—某银行（或某贷款人）

（4）与固定资产购建有关且满足资本化条件的借款利息。

借：在建工程（或固定资产）
　　贷：应付利息—某银行（或某贷款人）

**业务处理**

（1）福建金景有限责任公司根据银行贷款凭证编制记账凭证。

| | | |
|---|---|---|
| 借：银行存款 | 2 000 000.00 | |
| 　　贷：长期借款—中国工商银行晋江分行金井支行 | | 2 000 000.00 |

（2）改扩建工程发包给承包商，2023 年 6 月 1 日向承包商支付首期工程款 100 万元，根据银行结算凭证、承包商收款凭证编制记账凭证。

| | | |
|---|---|---|
| 借：在建工程—发包工程（改扩建） | 1 000 000.00 | |
| 　　贷：银行存款 | | 1 000 000.00 |

（3）提取 2023 年长期借款利息。

| | | |
|---|---|---|
| 借：在建工程—发包工程 | 28 000.00 | |
| 　　财务费用 | 28 000.00 | |
| 　　贷：应付利息—中国工商银行晋江分行金井支行 | | 56 000.00 |

注：2023 年 100 万本金 7 个月的利息＝1 000 000×4.8%÷12×7＝28 000（元）

（4）年末归还长期借款 2023 年利息的账务处理。

| | | |
|---|---|---|
| 借：应付利息—中国工商银行晋江分行金井支行 | 56 000.00 | |
| 　　贷：银行存款 | | 56 000.00 |

（5）提取 2024 年长期借款利息的账务处理。

| | | |
|---|---|---|
| 借：在建工程—发包工程 | 48 000.00 | |
| 　　财务费用 | 48 000.00 | |
| 　　贷：应付利息—中国工商银行晋江分行金井支行 | | 96 000.00 |

2024 年 100 万本金年利息＝1 000 000×4.8%＝48 000（元）

提示：归还2024年长期借款利息的账务处理请读者自行完成。

(6) 改扩建工程于2024年12月31日验收合格，2025年1月1日福建金景有限责任公司采用汇兑方式向承包商支付剩余款项1 000 000元的账务处理。

借：在建工程—发包工程(改扩建)　　1 000 000.00

　　贷：银行存款　　1 000 000.00

(7) 工程办理竣工决算后交付使用，结转工程建设成本。

借：固定资产—使用中的固定资产　　2 076 000.00

　　贷：在建工程—发包工程　　2 076 000.00

工程成本=1 000 000+28 000+48 000+1 000 000=2 076 000(元)

(8) 提取2025年长期借款利息(2 000 000×4.8%÷12×5)=40 000元。

借：财务费用　　40 000.00

　　贷：应付利息—中国工商银行晋江分行金井支行　　40 000.00

(9) 2025年5月31日归还本金及2025年1月至5月的利息。

借：长期借款—中国工商银行晋江分行金井支行　　2 000 000.00

　　应付利息—中国工商银行晋江分行金井支行　　40 000.00

　　贷：银行存款　　2 040 000.00

## 子项目2　应付债券

### 业务呈现

2024年6月30日，晋江久邻食品有限责任公司经批准向社会公众按面值发行3年期、票面年利率为3.6%、到期一次性还本付息的公司债券人民币50 000 000元，用于补充公司的流动资金，请对相关业务进行账务处理。

### 知识准备

债券是企业为筹集资金而发行的一种书面凭证。发债企业在凭证上记载利率、期限等，向投资人允诺在未来某一特定日期还本付息。偿还期在1年以上的债券属于长期负债。

## 一、债券的发行价、发行费用、发行期间冻结资金的利息

债券发行价格等于债券票面价值，称为面值发行；债券发行价格高于债券票面价值，称为溢价发行；债券发行价格低于票面价值，称为折价发行。

债券发行期间所冻结资金会产生一定的利息。若冻结资金的利息低于发行费用，其差额符合资本化条件的，应计入相关资产成本，不能资本化或有其他用途的，则计入当期财务费用。若冻结资金的利息高于发行费用，其差额视同债券的溢价收入。

## 二、账务处理

企业应设置"应付债券"总账账户，并在"应付债券"总账下设置"面值""利息调整"和"应计利息"三个明细账户，进行相关明细核算。

企业发行债券及其相关业务的账务处理如下：

1. 发行

（1）当票面利率等于银行利率时，一般按面值发行：

借：银行存款

　　贷：应付债券—面值

（2）当票面利率高于银行利率时，一般按溢价发行：

借：银行存款（实际收到款项）

　　贷：应付债券—面值

　　　　　　　　—利息调整（溢价部分）

（3）当票面利率低于银行利率时，一般按折价发行：

借：银行存款（实际收到款项）

　　应付债券—利息调整（折价部分）

　　贷：应付债券—面值

2. 提取利息

（1）按面值发行的债券，提取利息时：

借：在建工程（或制造费用、研发支出、财务费用等科目）

　　贷：应付债券—应计利息（面值×票面利率）

(2) 溢价发行的债券，提取利息时：

借：在建工程(或制造费用、研发支出、财务费用等科目)
　　应付债券—利息调整(溢价部分)
　　贷：应付债券—应计利息(面值×票面利率)

注：若是折价发行债券计提利息，则贷记“应付债券—利息调整(折价部分)”。

3. 到期还本付息

借：应付债券—面值
　　应付债券—应计利息
　　贷：银行存款

## 业务处理

(1) 久邻食品有限责任公司收到债券发行款，应根据银行收账通知及有关单据编制记账凭证：

| | | |
|---|---|---|
| 借：银行存款 | 50 000 000.00 | |
| 　　贷：应付债券—面值 | | 50 000 000.00 |

(2) 久邻食品有限责任公司按月计提债券利息：

| | | |
|---|---|---|
| 借：财务费用—债券利息(用于补充流动资金) | 150 000.00 | |
| 　　贷：应付债券—应计利息 | | 150 000.00 |

月息 = 50 000 000×3.6%÷12 = 150 000(元)

(3) 2027 年 6 月 30 日到期，一次性还本付息：

| | | |
|---|---|---|
| 借：应付债券—面值 | 50 000 000.00 | |
| 　　应付债券—应计利息 | | 5 400 000.00 |
| 　　贷：银行存款 | | 55 400 000.00 |

## 初试身手

天虹地产因承建经济适用房，经批准于 2024 年 1 月 1 日起发行 2 年期、票面年利率为 3%、到期一次性还本付息的公司债券人民币 2 000 万元，实际发行价人民币 1 980 万元，发行费用人民币 10 万元。发行期间冻结利息收入人民币 22 万元，实际收到人民币 1 992 万元，请根据审核无误原始凭证，编制发行债券、按年提取债券利息、到期还本付息的记账凭证。

# 子项目 3　长期应付款

业务呈现

2023 年 6 月 30 日，晋江久安食品有限责任公司采用分期付款方式从厦门大城有限责任公司购进一套全自动的茶叶包装设备，设备增值税专用发票注明：价款 100 万元，增值税 13 万元。合同规定：价款分 3 年还清，销售当日支付 40%的价款及增值税，满 1 年支付 30 万元(假设折现率为 0.97)，满 2 年再付 30 万元(假设折现率为 0.93)。

请进行相应的账务处理。

知识准备

长期应付款是指长期借款、应付债券以外的各种长期应付款项，如以分期付款方式购入固定资产发生的应付款项等。

## 一、 账户设置

企业应设置“长期应付款”账户进行总分类核算，并按长期应付款的种类或债权人设置明细账，进行明细分类核算。

## 二、 分期付款方式购进资产的账务处理

企业购买资产延期付款的，如果超过了正常的信用条件，就具有了融资的性质，因此所购资产的成本应当以各期实际支付价款的现值之和为基础进行确认。

各期实际支付价款之和与各期实际支付价款现值之和的差额，应当在信用期内采用实际利率法进行摊销，并计入有关资产成本或当期损益。

1. 购买固定资产

借：固定资产/在建工程 A+C(首期以后各期实际支付价款的现值之和为 C)
　　未确认融资费用 B-C
　　贷：长期应付款 B(首期以后各期实际支付价款之和为 B)
　　　　银行存款 A(首期实付款项为 A)

2. 分期摊销未确认融资费用

借：在建工程(工程完工之前)
　　财务费用(工程完工之后)
　　贷：未确认融资费用

## 知识拓展　资产负债表中的“长期应付款”项目

资产负债表中的“长期应付款”项目与“长期应付款”账户并不完全一致。资产负债表中的“长期应付款”项目是以同名账户的金额为基础进行分析计算而求取的，具体公式如下：

资产负债表中的“长期应付款”=账户中的“长期应付款”-未确认融资费用-1年内到期的长期应付款。

### 业务处理

（1）购进一套全自动的茶叶包装设备，交付使用，并转账支付首期价款40万元及全部的增值税13万元。

借：固定资产—全自动茶叶包装设备　　970 000.00
　　应交税费—应交增值税（进项税额）　　130 000.00
　　未确认融资费用　　30 000.00
　　贷：长期应付款—厦门大城有限责任公司　　600 000.00
　　　　银行存款　　530 000.00

说明：固定资产入账价值=40+30×0.97+30×0.93=97（万元）
　　　未确认融资费用=60-30×0.97-30×0.93=3（万元）

（2）2024年6月30日转账支付30万元价款。

借：长期应付款—厦门大城有限责任公司　　300 000.00
　　贷：银行存款　　300 000.00

同时摊销未确认融资费用：

借：财务费用—利息支出　　9 000.00
　　贷：未确认融资费用　　9 000.00

说明：本年未确认融资费用=30-30×0.97=0.9（万元）

### 初试身手

承【业务处理】

（1）2025年6月30日转账支付剩余的30万元价款。

（2）同时摊销剩余的未确认融资费用。

# 子项目 4　专项应付款和预计负债

业务呈现1

金景海路有限责任公司的股东是当地政府，2024 年 9 月 5 日收到当地财政部门拨入的资金 500 万元，专门用于修建金海路，公司于 2024 年 9 月 6 日开工建设，当年 12 月 30 日完成修建且验收合格，并交付使用。

道路修建共支出 450 万元，结余 50 万元按规定返还当地财政部门。

请对以上业务进行相应的账务处理。

知识准备

## 一、 专项应付款

专项应付款是指企业取得政府作为企业所有者投入的具有专项或特定用途的款项。虽然政府支付该款项是以所有者身份进行的，但该款项不能记入企业的实收资本或股本账户。同时，该款项与政府补助也有区别，在政府补助中政府不是所有者，与企业所有权没有直接关系。

1. 收到款项

借：银行存款
　　贷：专项应付款

2. 使用专项应付款用于项目

借：在建工程等科目
　　贷：银行存款

项目完工则借记“固定资产”账户，贷记“在建工程”账户。

3. 结转专项应付款

（1）专项应付款形成长期资产：

借：专项应付款
　　贷：资本公积—资本溢价

（2）需要返还的专项应付款：

借：专项应付款
　　贷：银行存款

## 业务处理1

1. 金景海路有限责任公司收到财政部门拨入的专项应付款

借：银行存款　　5 000 000.00

　　贷：专项应付款—当地财政部门　　5 000 000.00

2. 建设过程累计支付工程款450万元

借：在建工程　　4 500 000.00

　　贷：银行存款　　4 500 000.00

说明：假设建设中发生的增值税进项税额不能抵扣。

3. 工程完工，交付使用

借：固定资产—金海路　　4 500 000.00

　　贷：在建工程　　4 500 000.00

4. 结转专项应付款

（1）形成长期资产的450万元：

借：专项应付款—当地财政部门　　4 500 000.00

　　贷：资本公积—资本溢价　　4 500 000.00

（2）需要返还的50万元：

借：专项应付款—当地财政部门　　500 000.00

　　贷：银行存款　　500 000.00

## 业务呈现2

新立股份有限公司在产品销售之日起两年内对产品质量实行三包。

（1）2024年12月31日，企业对当年销售的800万元(不含税)甲产品计提质量保证金，企业根据以往的经验，预计2024年出售的甲产品在剩余的三包期内(销售当年发生的三包费用在发生时直接计入销售费用不需要计提)将发生的三包费用为产品销售额的0.8%。

（2）2025年上半年已售甲产品发生三包费用为56 000元，其中：材料费用24 000元，人工费用32 000元。上述费用均转账支付。

（3）2026年年末，甲产品三包期已到，尚有未使用的质量保证金8 000元，给予冲销。

请以新立股份有限公司会计的身份对以上业务进行相应的账务处理。

知识准备

## 二、 预计负债

预计负债是因或有事项可能产生的负债。企业产品质量保证、对外提供担保、发生的未决诉讼以及重组义务等，均可能产生预计负债。

### （一）预计负债的确认条件

根据或有事项准则的规定：与或有事项相关的义务，同时符合以下三个条件，应确认为企业负债。

（1）该义务是企业承担的现时义务。

（2）该义务的履行很可能导致经济利益流出企业。这里的“很可能”是指发生的可能性大于50%，小于或等于90%。

（3）该义务的金额能够可靠地计量。

### （二）预计负债的账务处理

1. 发生并确认预计负债

借：营业外支出(预计担保损失、预计未决诉讼损失、预计重组损失等)
　　销售费用(产品质量保证产生的预计负债)
　　管理费用(预计诉讼费用等)
　　贷：预计负债

2. 实际清偿预计负债

借：预计负债
　　贷：银行存款

业务处理2

（1）2024 年 12 月 31 日对甲产品计提质量保证金，应编制会计分录如下：

| | | |
|---|---|---|
| 借：销售费用—产品质量保证 | 64 000. 00 | |
| 　　贷：预计负债—产品质量保证 | | 64 000. 00 |

产品质量保证金 = 8 000 000×0. 8% = 64 000(元)

（2）2025 年使用甲产品的质量保证金 56 000 元，应编制会计分录如下：

借：预计负债—产品质量保证　　56 000.00
　　贷：银行存款　　56 000.00

（3）2026 年三包期满，冲销甲产品质量保证金余额，应编制会计分录如下：

借：预计负债—产品质量保证　　8 000.00
　　贷：销售费用—产品质量保证　　8 000.00

说明：企业针对特定批次产品确认预计负债，在保修期结束时，应将“预计负债—产品质量保证”结平，不留余额。

## 初试身手

武山有限责任公司 2024 年 9 月 30 日向银行借款 300 万元，采用的是无担保借款。2025 年 9 月 30 日未按时归还。2025 年 12 月 5 日，银行向法院提起诉讼，要求武山有限责任公司归还本金及利息 309 万元，另支付罚息 6 万元。如果败诉，武山有限责任公司要承担诉讼费用 2 万元，至 2025 年 12 月 31 日法院尚未判决，请进行相关账务处理。

# 项目十一　所有者权益

所有者权益是指所有者在企业资产中享有的经济利益，其金额表现为企业资产总额减去负债总额后的余额，即净资产。所有者权益通常包括实收资本(或股本)、其他权益工具、资本公积、其他综合收益、盈余公积、专项储备、未分配利润等。

**学习目标**

**知识目标：**

了解所有者权益的含义及构成、理解所有者权益各具体项目的内容，掌握所有者权益各具体项目的管理要求以及会计处理方法。

**能力目标：**

能够对实收资本、其他权益工具、资本公积、其他综合收益、盈余公积和专项储备等所有者权益各具体项目涉及的经济业务，进行正确的会计处理和会计监督。

**思政目标：**

加强对所有者权益的核算与监管，正确处理国家、所有者、员工的关系，依法维护企业中小投资者的合法权益。

## 子项目1　实收资本和其他权益工具

**业务呈现1**

2024年1月31日，根据双方签订的合同，福建著成服饰股份有限公司按时收到海西投资股份有限公司投入的资本人民币500万元。海西投资股份有限公司拥有福建著成服饰股份有限公司增资后(增资前注册资本总额1 500万)25%的资本份额。请根据图11-1~图11-3及相关资料进行账务处理。

**知识准备**

实收资本是指投资者按照企业章程或合同、协议的约定，实际投入企业的资本，即企业收到投资者根据合同、协议、章程规定实际交纳的资本数额。

**工商银行进账单（回单或收账通知）　1**

2024 年 1 月 31 日

| | | | | | |
|---|---|---|---|---|---|
| 出票人 | 全　称 | 海西投资股份有限公司 | 收款人 | 全　称 | 福建著成服饰股份有限公司 |
| | 账　号 | 35035099145068 | | 账　号 | 350125966124756 |
| | 开户银行 | 中国工商银行厦门集丽支行 | | 开户银行 | 中国工商银行晋江金井支行 |
| 金额 | 人民币（大写） | 伍佰万元整 | | 千百十万千百十元角分 | ¥500000000 |
| 票据种类 | 转账支票 | 票据张数 | 1 | | |
| 票据号码 | 100316 | | | | |
| 复核　记账 | | | 收款人开户银行盖章 | | |

中国工商银行 晋江金井支行 2024.1.3 转讫

图 11-1　银行进账单

福建省工商企业资金往来专用发票

副　联

全国统一发票监制章 福建 国家税务总局监制

客户：海西投资股份有限公司　　2024 年 1 月 31 日　　支票号：3562277921

| 往来项目 | 单位 | 数量 | 单价 | 千 | 百 | 十 | 万 | 千 | 百 | 十 | 元 | 角 | 分 | 说明 |
|---|---|---|---|---|---|---|---|---|---|---|---|---|---|---|
| 投资款项 | | | | | 5 | 0 | 0 | 0 | 0 | 0 | 0 | 0 | 0 | 本发票由福建省工商企业在发生商品销售或提供加工业劳务之外的资金往来时使用 |
| | | | | | | | | | | | | | | |
| | | | | | | | | | | | | | | |
| 小写金额合计： | | | | ¥ | 5 | 0 | 0 | 0 | 0 | 0 | 0 | 0 | 0 | |
| 大写金额： | | | | （人民币）伍佰万元整 | | | | | | | | | | |

福建著成服饰股份有限公司 88331234567899 发票专用章

开票单位：（章）　　开票人：　刘海发

图 11-2　工商企业资金往来专用发票

## 联营合同（主要条款）

甲方：海西投资股份有限公司

乙方：福建著成服饰股份有限公司

为扩大福建著成服饰股份有限公司的经营规模，经双方协商，同意海西投资股份有限公司出资人民币500万元，加盟福建著成服饰股份有限公司，拥有福建著成服饰股份有限公司增资后25%的资本份额。从资金到位之日起，福建著成服饰股份有限公司的盈亏按双方出资比例分配。

甲方（盖章）海西投资股份有限公司　　乙方（盖章）福建著成服饰股份有限公司

2024 年 1 月 31 日　　2024 年 1 月 31 日

图 11-3　联营合同

## 一、 实收资本

### （一）实收资本概述

2014年，国务院取消了注册资本限制，理论上1元也可以注册公司，但在公司注册时还是要考虑实际运作的需要，注册资本应当保证公司能够正常运行。

当企业法人实有资本比原有注册资金数额增减超过20%时，应当持资金使用证明或者验资证明向原登记机关申请变更登记。注册资本非经法定程序，不得随意增减。

实收资本按投资主体的不同，分为国家资本金、法人资本金、个人资本金和外商资本金；按资本载体的不同，分为货币资本、实物资本和无形资产资本。

### （二）实收资本的核算

企业应设置“实收资本”账户；股份有限公司应设置“股本”账户核算企业资本依法定程序增减变动以及期末实有资本的数额，“实收资本（或股本）”账户按投资人设置明细账进行明细核算。

1. 接受人民币投资（略）

2. 接受外币投资

借：银行存款—某外币（外币×交易日即期汇率）
　　贷：实收资本—某投资者（外币×交易日即期汇率）

3. 接受固定资产或存货投资

借：固定资产（或原材料、库存商品等存货类科目）
　　应交税费—应交增值税（进项税额）
　　贷：实收资本—某投资者

提示：增值税及其金额要严格按国家有关法规的规定来确认。

4. 接受无形资产投资

借：无形资产（评估价或协议价）
　　应交税费—应交增值税（进项税额）
　　贷：实收资本—某投资者

提示：增值税及其金额要严格按国家有关法规的规定来确认。

5. 发行股票筹集资本金

（1）面值发行：发行价+购买股票资金冻结期间利息-发行费用=面值。

借：银行存款
　　贷：股本（每股面值×股票张数）

（2）折价发行：发行价+购买股票资金冻结期间利息-发行费用<面值。

借：银行存款（实收款项）
　　财务费用（差额）
　　贷：股本（每股面值×股票张数）

（3）溢价发行：发行价+购买股票资金冻结期间利息-发行费用>面值。

借：银行存款（实收款项）
　　贷：股本（每股面值×股票张数）
　　资本公积（差额）

提示：实际工作中，股票基本上是溢价发行的，很少出现折价或按面值发行。

6. 回购股票并注销股本

（1）回购股票：

借：库存股（实际支付的款项）
　　贷：银行存款

（2）注销股票：

借：股本（注销股票的面值）
　　资本公积（股本<库存股，其差额先冲减资本公积）
　　盈余公积（资本公积不足以冲减的，再冲减盈余公积）
　　利润分配—未分配利润（盈余公积还不足以冲减的，冲减未分配利润）
　　贷：库存股

如果股本>库存股，其差额贷记"资本公积—股本溢价"。

知识拓展

### 库存股

库存股是股票发行公司通过各种方式重新获得已公开发行的股票，可注销或再行出售，但库存股没有投票权，不能列为企业的资产。库存股增加记借方，减少记贷方，在公司资产负债表上，库存股属于所有者权益的备抵项目。

业务处理1

根据银行进账单、工商企业资金往来专用发票以及有关资料编制记账凭证：

| | |
|---|---|
| 借：银行存款 | 5 000 000.00 |
| 贷：实收资本—海西投资股份有限公司 | 5 000 000.00 |

业务呈现2

上市公司未来食品公司决定平价发行优先股250万股，每股面值为人民币100元，股息率为5%。2024年12月31日，未来食品公司成功发行优先股250万股，募资人民币2.5亿元。扣除发行费用250万元后，余款2.475亿元已到账，请根据有关审核无误的原始凭证进行账务处理。

知识准备

其他权益工具是指企业发行的除普通股以外的按照准则规定归类为权益工具的各种金融工具，如优先股、永续债等。这些工具通常具有特殊条款，如赎回条款、股息支付条款或转换为普通股的权利等。

## 二、其他权益工具

### （一）其他权益工具分类

其他权益工具主要包括优先股和永续债。

1. 优先股

优先股是具有优先权的股票，和普通股相比，优先股没有投票权，但在分红和分配剩余资产方面享有优先权。

2. 永续债

永续债是一种没有明确的到期期限或者到期期限非常长（一般超过30年），且发行人没有返还本金但有定期支付利息义务的混合资本证券。

永续债的发行人可以自行选择将当期利息以及已经递延的所有利息推迟至下一个付息日支付，且不受到任何递延支付利息次数的限制。

一般情况下，对于具备债务工具特性的永续债会被划分为金融负债，而对于具备权益工具特性的永续债则会被划分为权益工具。若永续债同时具备债务工具和权益工具的特点，则应进行复合金融工具的分类处理。

### （二）其他权益工具的账务处理

归类为权益工具的金融工具，无论其名称中是否包含“债”，其利息支出或股利分配都应当作为发行企业的利润分配，其回购、注销都应当作为权益变动处理。

1. 发行归类为权益工具的金融工具

借：银行存款（扣除发行费用后的实收款项）
　　贷：其他权益工具—优先股
　　　　　　　　　　—永续债

2. 分派优先股股利或永续债利息的账务处理

借：利润分配—应付优先股股利
　　　　　　—应付永续债利息
　　贷：应付股利—应付优先股股利
　　　　　　　　—应付永续债利息

3. 赎回优先股或永续债的账务处理

借：库存股—其他权益工具—优先股
　　　　　　　　　　　　—永续债
　　贷：银行存款

4. 注销优先股或永续债的账务处理

借：其他权益工具—优先股
　　　　　　　　—永续债
　　贷：库存股—其他权益工具—优先股
　　　　　　　　　　　　　　—永续债

**业务处理2**

根据银行进账单以及有关资料编制记账凭证：

借：银行存款　　247 500 000. 00
　　贷：其他权益工具—优先股　　247 500 000. 00

## 子项目2　资本公积和其他综合收益

**业务呈现1**

晋江康康食品股份有限责任公司经批准首次公开发行普通股25 000 000股，每股面值1元，发行价2.98元，公司与证券公司约定，从发行收入中扣除2%的发行费用。假定扣除发行费用后的股票款已入账，请根据有关凭证进行账务处理。

## 知识准备

### 一、资本公积

资本公积是企业收到投资者的超出其在企业注册资本(或股本)中所占份额的投资，以及直接计入所有者权益的利得和损失等。

资本公积不专属于某一个投资者，而是由全体投资者共同分享。

#### (一) 资本公积的分类与用途

企业的资本公积按能否直接用于转增资本可分为：

(1) 可以直接用于转增资本的资本公积，包括资本(或股本)溢价、拨款转入、接受现金捐赠、外币资本折算差额和其他资本公积等。

(2) 不能直接用于转增资本的资本公积，包括受赠非现金资产准备和股权投资准备。

此外，使用任意盈余公积和法定盈余公积弥补亏损后，还有亏损未弥补的，可以按照规定使用资本公积弥补。这一规定有助于确保公司在面临亏损时，首先利用已有的公积金进行弥补，保护债权人的利益和公司的资本保全。

#### (二) 资本公积的账务处理

企业应设置“资本公积”总账账户，贷方登记各项资本公积的来源，借方登记按规定用途转出的各项资本公积，期末余额在贷方，反映企业实有的资本公积数额。企业还应下设“资本溢价(或股本溢价)”“其他资本公积”明细账户，进行资本公积的明细分类核算。

1. 由资本或股本溢价产生的资本公积金，可以用来转增资本

(1) 非股份制企业，投资人投入货币资产、实物资产、无形资产等。

借：有关账户(实际收到的资金数额)
　　贷：实收资本—投资方(投资人在注册资本中所占的份额)
　　　　资本公积—资本溢价(实收资金超出应占资本份额的部分)

注：按税法规定，确认是否要借记“应交税费—应交增值税(进项税额)”账户。

(2) 股份制企业溢价发行股票，会计分录见“实收资本的核算”。

(3) 资本(或股本)溢价所产生的资本公积依法转增资本，编制会计分录如下。

借：资本公积—资本溢价
　　贷：实收资本—投资方

2. 因其他原因产生的资本公积，不能用来转增资本

（1）权益法核算的长期股权投资，被投资单位除净损益以外的其他所有者权益发生变动形成的资本公积。

① 企业按持股比例计算应享份额（应享份额减少则编制相反的会计分录）。

借：长期股权投资—其他权益变动
　　贷：资本公积—其他资本公积

② 出售长期股权投资时，应冲销与之相关的其他资本公积。

借：银行存款（实际收到款项）
　　借或贷：资本公积—其他资本公积
　　借或贷：投资收益（差额）
　　贷：长期股权投资

（2）以权益结算的股份支付换取职工或其他方提供服务形成的资本公积。

① 权益工具授予日，按授予股份的公允价值。

借：管理费用（或相关账户）
　　贷：资本公积—其他资本公积

② 行权日，根据实际行权的权益工具数量。

借：资本公积—其他资本公积
　　资本公积—资本溢价（根据具体业务判断借贷方向）
　　贷：实收资本（或股本）

（3）企业与股东之间的资本性交易（权益性交易）。

① 控股股东直接或通过控股股东的子公司给本企业捐赠。

借：有关账户（实际收到的捐赠资产）
　　贷：资本公积—其他资本公积

非控股股东的捐赠，除非有证据表明属于资本性投入，否则记入“营业外收入”。

② 股东对公司进行债务豁免或代为偿债，编制会计分录如下。

借：应付账款
　　贷：资本公积—其他资本公积

### 业务处理1

晋江康康食品股份有限责任公司发行普通股，应根据银行收账通知及有关单据编制记账凭证。

借：银行存款　　72 275 000.00

　　贷：股本　　25 000 000.00

　　　　资本公积—股本溢价　　47 275 000.00

### 初试身手

晋江康康食品股份有限责任公司持有晋江康踏鞋业20%的股份，且对康踏鞋业有重大影响，康康食品股份有限责任公司对康踏鞋业的长期股权投资采用权益法进行会计核算。2024年12月31日，康踏鞋业除净损益、其他综合收益和利润分配之外的所有者权益增加2 250 000元。假设除此之外，康踏鞋业的所有者权益包括股东持股比例等均没有变化，资产的公允价值与账面价值一致。请以晋江康康食品股份有限责任公司财务的身份对此项经济业务进行账务处理。

### 业务呈现2

千红股份有限公司外币业务采用交易日即期汇率折算，按月计算汇兑差额。

2024年12月9日，公司以每股2美元的价格购入境外股1万股作为可供出售的金融资产，购买日汇率1∶7.215；同年12月31日，该股票每股交易价格2.4美元，当日即期汇率为1∶7.235。

要求：计算该投资的公允价值变动额、汇兑损失或收益，以及其他综合收益入账金额并进行相应的账务处理。

### 知识准备

## 二、 其他综合收益

其他综合收益是指企业根据会计准则的规定，未在当期损益中确认的各项利得和损失。

### （一）其他综合收益的内容

其他综合收益主要包括：

（1）可供出售金融资产公允价值变动形成的利得和损失；

（2）可供出售外币非货币性项目的汇兑差额形成的利得和损失；

（3）存货或自用房地产转换为采用公允价值模式的投资性房地产形成的利得；

(4) 权益法核算的长期股权投资，投资方应享有被投资方单位实现的其他综合收益份额；

(5) 现金流量中套期工具产生的利得或损失中属于有效套期的部分；

(6) 重新计量设定受益计划净资产或净负债形成的变动等。

**(二) 其他综合收益的账务处理**

企业应设“其他综合收益”总账，贷方登记其他综合收益增加数，借方登记减少数。“其他综合收益”账户本期发生额列报于利润表，期末余额列报于资产负债表。

(1) 可供出售金融资产公允价值变动形成的利得和损失：

借：可供出售的金融资产(公允价值上升)
　　贷：其他综合收益(利得)

提示：如果公允价值下降，则编制相反的会计分录。

(2) 持有至到期投资重分类为可供出售的金融资产形成的利得和损失：

借：可供出售的金融资产
　　持有至到期投资减值准备(没提取减值准备则不必借记本科目)
　　其他综合收益(根据具体业务判断借贷方向)
　　贷：持有至到期投资

后续：可供出售的金融资产出售了，则将“其他综合收益”转入“投资收益”。

借：银行存款
　　其他综合收益(根据具体业务判断借贷方向)
　　投资收益(根据具体业务判断借贷方向)
　　贷：可供出售金融资产(账面价值)

(3) 自用房地产(或房地产存货)转换为公允价值计量的投资性房地产所形成的利得。

① 转换日，当公允价值大于账面价值时，应编制会计分录如下。

借：投资性房地产(公允价值)
　　累计折旧
　　固定资产减值准备(未计提减值准备则不必借记本账户)
　　贷：固定资产(账面原值)
　　　　其他综合收益(差额)

注：公允价值若小于账面价值，形成损失，差额则借记“公允价值变动损益”。

② 投资性房地产在公允价值模式下不计提折旧，投资性房地产出售后，应冲销与之相关的其他综合收益，编制会计分录如下。

借：其他综合收益
　　贷：其他业务收入

（4）权益法核算的长期股权投资，投资方应享被投资方单位实现的其他综合收益份额。

① 企业按持股比例计算应享份额，编制会计分录如下。

借：长期股权投资—其他权益变动
　　贷：其他综合收益

如果应享份额减少则编制相反的会计分录。

② 出售长期股权投资时，应冲销与之相关的其他综合收益，编制会计分录如下。

借：银行存款(实际收到款项)
　　其他综合收益(根据具体业务判断借贷方向)
　　投资收益(根据具体业务判断借贷方向)
　　贷：长期股权投资

**业务处理2**

2024 年 12 月 9 日，公司以每股 2 美元的价格购入境外某股票 1 万股作为可供出售的金融资产，购买日汇率 1∶7.215。

| | | |
|---|---|---|
| 借：可供出售的金融资产—某股票 | 144 300.00 | |
| 　　贷：银行存款 | | 144 300.00 |

2024 年 12 月 31 日，该股票每股交易价格 2.4 美元，当日即期汇率为 1∶7.235。

该项投资公允价值变动额 = 10 000×(2.4−2)×7.235 = 28 940(元)

该项投资形成的汇兑损失 = 10 000×2×(7.235−7.215) = 400(元)

其他综合收益入账金额 = 10 000×2.4×7.235−10 000×2×7.215 = 29 340(元)

| | | |
|---|---|---|
| 借：可供出售的金融资产—某股票 | 29 340.00 | |
| 　　贷：其他综合收益 | | 29 340.00 |

## 初试身手

瘦龙公司年初花 1 000 万元购入康康食品股份有限责任公司的部分股权，分类为其他权益工具投资，到年底这部分股权的公允价值为 1 200 万元，请计算本项目形成的其他综合收益金额并进行相应的账务处理。

# 子项目 3　盈余公积和专项储备

**业务呈现1**

福建领头雁股份有限公司 2024 年度利润分配方案如图 11-4 所示，请根据审核无误的原始凭证进行相应的账务处理。

**福建领头雁股份有限公司 2024 年度利润分配方案**

（2025 年 3 月 24 日股东大会通过）

| | |
|---|---|
| 2024 年度净利润　3 800 000　元。<br>弥补以前年度亏损　300 000　元。<br>全年可供分配利润　3 500 000　元。 | |
| 分配方案 | 1. 提取法定盈余公积（可供分配利润的10%）350 000元。<br>2. 提取任意盈余公积（可供分配利润的5%）175 000元。<br>3. 2025年企业要扩大生产，资金紧张，故2024年不进行利润分配。 |
| **批复** | **董事长：** |

2025 年 3 月 24 日

**图 11-4　利润分配方案**

**知识准备**

## 一、 盈余公积

盈余公积是企业按规定从净利润中提取的各种累积资金，主要用于弥补亏损、转增资本、发放现金利润或股利。

### （一）盈余公积的分类

盈余公积按照提取依据的不同可分为法定盈余公积和任意盈余公积。

（1）法定盈余公积，是企业依据《公司法》的规定从净利润中提取的盈余公积。有限责任公司和股份有限公司应按照净利润的 10%（非公司制企业提取比例可以超过 10%）提取法定盈余公积，当法定盈余公积达到注册资本的 50%时可以不再提取。

（2）任意盈余公积，是企业依据股东大会或类似机构的决议，按股东大会或类似机构批准的比例从净利润中提取的盈余公积。

**（二）盈余公积的账务处理**

企业应设“盈余公积”总账，贷方登记盈余公积增加数，借方登记盈余公积减少数，并按“法定盈余公积”和“任意盈余公积”设置明细账，进行明细分类核算。

（1）提取盈余公积：

借：利润分配—提取法定盈余公积
　　　　　　—提取任意盈余公积
　贷：盈余公积—法定盈余公积
　　　　　　　—任意盈余公积

（2）用盈余公积弥补亏损：

借：盈余公积—法定盈余公积（或任意盈余公积）
　贷：利润分配—盈余公积补亏（或其他转入）

（3）经股东大会或有关机构批准，盈余公积可转增资本，但转增资本后的盈余公积不得少于注册资本的25%。

借：盈余公积—法定盈余公积（或任意盈余公积）
　贷：实收资本—某投资人

（4）企业当年没有利润，但为了企业形象，经批准也可以用盈余公积发放利润。

借：盈余公积—法定盈余公积（或任意盈余公积）
　贷：应付股利

**业务处理1**

根据图11-4编制记账凭证如下：

借：利润分配—提取公积　　525 000.00
　贷：盈余公积—法定盈余公积　　350 000.00
　　　　　　　—任意盈余公积　　175 000.00

## 初试身手

福建狼族股份有限公司2024年4月25日股东大会决议：虽然公司2023年亏损，但之前累积的盈余公积较多，决定用盈余公积200万元发放现金股利。请完成：

（1）决定用盈余公积发放现金股利的账务处理；

（2）通过银行转账发放现金股利的账务处理。

**业务呈现2**

根据国家有关规定，大黑煤业应按原煤实际产量，以吨煤15元的标准，从煤炭生产成本中提取专项储备。2024年6月该企业生产原煤42万吨，请计算该企业当月应计提的安全生产费用，并请进行相应的账务处理。

**知识准备**

## 二、专项储备

专项储备是高危行业按国家规定提取的安全生产费以及维持简单再生产费用，相当于一种准备金性质，类似于法定盈余公积，旨在提高企业应对风险的能力。

### （一）专项储备的适用范围

直接从事煤炭生产、非煤矿山开采、石油天然气开采、建设工程施工、危险品生产与储存、交通运输、烟花爆竹生产、民用爆炸物品生产、冶金、机械制造、武器装备研制生产与试验（含民用航空及核燃料）、电力生产与供应的企业及其他经济组织。

### （二）专项储备的账务处理

企业应设“专项储备”科目，“专项储备”属于所有者权益类会计科目，贷方登记专项储备的计提数，借方登记专项储备的使用数。

1. 按规定提取安全生产费以及维持简单再生产费用

借：生产成本/制造费用（根据具体产品的产量提取）
　　管理费用（根据企业的营业收入提取）
　　贷：专项储备

2. 使用专项储备

（1）专项储备用于费用化支出。

借：专项储备
　　应交税费—应交增值税（进项税额）
　　贷：银行存款

（2）专项储备用于资本化支出。

以专项储备资金购建固定资产的，按固定资产正常购建进行会计核算。当固定资产购建完成，按固定资产的入账金额一次性提足折旧，以后会计期间不再计提折旧。

借：专项储备

　　贷：累计折旧

**业务处理2**

根据产量及吨煤15元的标准，计提安全生产费用：

| | | |
|---|---|---|
| 借：生产成本—安全生产费 | 6 300 000.00 | |
| 　　贷：专项储备 | | 6 300 000.00 |

应提金额＝420 000×15＝6 300 000（元）

## 初试身手

(1) 2024年7月，大黑煤业转账支付安全生产检查费98 000元。

(2) 2024年8月30日，转账购入一批安全生产防护设备，增值税专用发票注明：价款800万元、增值税104万元。设备由销售方安装并承担全部的安装费用10万元，安装完毕，验收合格并交付使用。

(3) 对购入且验收合格并交付使用的安全生产防护设备计提折旧。

# 项目十二　收　　入

收入是企业在日常活动中形成的，会导致所有者权益增加，与所有者投入资本无关的经济利益的总流入。

学习目标

**知识目标：**

理解收入的含义、分类及特点，熟悉收入的确认条件与步骤，掌握企业销售各环节的管理要求以及会计处理方法。

**能力目标：**

能够对企业一般商品销售收入、特定交易收入涉及的各项经济业务进行正确的会计处理和会计监督。

**思政目标：**

加强对企业销售的核算与监管，正确处理企业与客户的关系，依法维护消费者的合法权益。

## 子项目 1　收入的确认与计量

企业的销售模式和销售政策应当合法、合规、科学。企业应选择与销售模式相匹配的核算与监督方式，及时、如实、全面地反映企业的销售收入、销售成本、销售费用及货款回笼情况，提供客户信用信息，为企业评估销售绩效、优化销售模式和完善销售政策提供依据，促进企业经营决策数据化和科学化。

业务呈现1

2024 年 9 月一般纳税人福建著成服饰股份有限公司有以下几笔(下列款项均按售价计算)收入业务：

5 日，向 A 公司出售锦棉布 80 000 元、增值税 10 400 元，价税款全部到账，福建著成服饰股份有限公司开了发货票和提货单，A 公司将货物提走。

11 日，B 公司向福建著成服饰股份有限公司预订 500 000 元的服饰，按合同规定，先预付 200 000 元的货款，货物在 12 月份交接。

21 日，福建著成服饰股份有限公司与三喜集团签订了分期收款发出商品销售合同，三喜集团向福建著成服饰股份有限公司购买 1 000 000 元的服饰，福建著成服饰股份有限公司于 22 日开具发货票和提货单，三喜集团当日就将货品提走。按合同规定，三喜集团提货后应立即付 40%的价税款（当日就到账），满一个月再付 30%的价税款，满二个月将剩余 30%的价税款全部付清。

25 日，福建著成服饰股份有限公司的客户 C 公司违约，没收其定金 5 000 元。

如果当月没有发生新的销售业务，请确认并计算福建著成服饰股份有限公司当月的主营业务收入、其他业务收入以及营业外收入。

## 知识准备

企业应当与客户签订销售合同。销售合同一经签订，企业就负有向客户转移商品和提供服务的履约义务，同时也享有向客户收取与转移商品、提供服务对价的权利。

### 一、 收入的特点

会计要素中的收入是狭义的收入，不包括营业外收入、投资收益、公允价值变动损益等内容。作为会计要素中的收入，具有以下特点。

(1) 收入是企业在日常经营中产生的，不是从偶然的交易或者事项中产生的。

比如：服装企业生产和销售服装，商业企业采购并销售商品都属于企业的日常经营业务，而出售固定资产则属于偶然交易，对违规行为或违反合同行为进行罚款属于偶然事项。

(2) 收入平时表现为资产的增加或负债的减少，最终会导致企业所有者权益的增加。

(3) 收入只包括本企业的经济利益流入，为第三方或者客户代收的款项不属于本企业的收入，如一般纳税人代税务部门收取的增值税销项税额。

### 二、 收入的分类

(1) 收入按性质的不同，分为商品销售收入、提供劳务收入、让渡资产使用权收入。

销售商品、产成品、代制品、代修品、原材料、周转材料等均属于商品销售收入。

为客户加工、修理、安装、运输、咨询、培训等获得的收入均为提供劳务收入。

出租固定资产、转让无形资产的使用权而获得的收入，金融企业因他人使用本企业货币资金而获得的利息收入均属于让渡资产使用权收入。

(2) 收入按主次分为主营业务收入和其他业务收入。

主营业务收入是企业利润形成的主要来源，是企业经常性业务产生的收入，如制鞋企业销售鞋的收入、钢材厂销售钢材的收入、白酒企业销售白酒的收入等。

其他业务收入是企业日常经营活动中取得的除主营业务收入以外的各项收入，如制鞋企业销售鞋的收入、钢材企业厂房租金收入、白酒企业转让商标使用权收入等。

**业务处理1**

福建著成服饰股份有限公司为一般纳税人，确认销售收入时应开具增值税专用发票。

5 日，向 A 公司销售 80 000 元的锦棉布，属于本企业的其他业务收入。

11 日，B 公司按合同规定，预先支付的货款 200 000 元属于本企业的合同负债。

21 日，分期收款发出商品，按合同规定，发出当日三喜集团付 40% 的价税款，其中价款 400 000 元属于本企业的主营业务收入。

25 日，福建著成服饰股份有限公司没收客户 C 公司的定金 5 000 元，属于本企业的营业外收入。

由于当月没再发生其他销售业务，所以当月福建著成服饰股份有限公司的主营业务收入 400 000 元，其他业务收入 80 000 元，合计营业收入 480 000 元。

**业务呈现2**

福建著成服饰股份有限公司与厦门海西商城签订合同，向其销售男休闲西裤 100 条、女连衣裙 120 条，不含增值税的合同总价款为 20 000 元。男休闲西裤 100 条、女连衣裙 120 条的单独不含税售价分别为 10 000 元、15 000 元。

请计算分摊男休闲西裤 100 条、女连衣裙 120 条各自的交易价格。

**知识准备**

### 三、 收入的确认与计量

企业应与客户签订具有法律约束力的销售合同。合同的存在是企业确认合同收入的前提。企业收入的确认与计量，其基本过程包括识别与客户订立的合同、识别合同中的单项履约义务、确定交易价格、将交易价格分摊至各单项履约义务、履行各单项履约义务时确认收入共五个步骤。

在这五个步骤中，第一步、第二步、第五步主要与收入的确认有关，第三步、第四步主要与收入的计量有关。

#### （一）识别与客户订立的合同

企业与客户的合同一经签订，就享有向客户收取与商品转移、提供服务对价的权利，同时也负有向客户转移商品、提供服务的履约义务。企业履行了义务，客户才能取得相关商品控制权。所谓的商品控制权就是指能够主导该商品的使用并从中获得几乎全部的经济利益，也包括有能力阻止其他方主导该商品的使用并从中获得经济利益。

企业与客户之间的销售合同同时满足下列五个条件的，企业应当在客户取得相关商品控制权时确认收入。

（1）合同各方已批准该合同并承诺将履行各自的义务。

（2）该合同明确了合同各方与转让商品、提供服务相关的权利和义务。

（3）该合同有明确的与转让商品、提供服务相关的支付条款。

（4）该合同具有商业实质，即履行该合同将改变企业未来现金流量的风险、时间分布或金额。

（5）企业很可能收回因向客户转让商品、提供服务而有权取得的对价。

**（二）识别合同中的单项履约义务**

合同开始日，企业应当对合同进行评估，识别该合同中包含的各单项履约义务，并确定各单项履约义务是在某一时段内履行还是在某一时点履行。然后在履行了各单项履约义务时分别确认收入。

下列情况下，企业应将向客户转让商品的承诺作为单项履约义务。

（1）企业向客户转让可明确区分商品（或商品与服务的组合）的承诺。如某建筑企业与客户签订合同，为其修建厂房与附属食堂，如果食堂有单独的造价，则建设厂房与建设食堂是两个可以明确区分的单项履约义务，应分别确认收入。

（2）企业向客户转让一系列实质相同、转让模式相同且可明确区分商品的承诺。如某建筑企业与客户签订合同，为其修建厂房与附属食堂，如果食堂没有单独的造价，则应合并为一个单项履约义务。

**（三）确定交易价格**

交易价格是指企业因向客户转让商品、提供服务而预期有权收取的对价金额。企业代第三方收取的款项以及预期将退还给客户的款项应作为负债进行会计处理，不计入交易价格。合同条款中承诺的对价可能是固定金额，也可能是可变金额，或兼而有之。

**（四）交易价格分摊至各单项履约义务**

合同中包含两项或多项履约义务的，企业应在合同开始日，按各单项履约义务所承诺商品的单独售价（指企业向客户单独销售商品的价格）的相对比例，将交易价格分摊至各单项履约义务。

分摊至各单项履约义务的交易价格应能够反映企业因向客户转让已承诺的该单项商品而有权收取的对价金额。

**（五）履行各单项履约义务时确认收入**

客户取得相关商品控制权，就意味着企业履行了合同中的履约义务，企业应及时确认收入。

企业将商品转移给客户可能是某一时段也可能是某一时点。企业应当根据实际情况，首先判断履约义务是否满足在某一时段内履行的条件，如不满足，则该履约义务属于在某一时点履行的履约义务。

特别说明：一般而言，确认和计量一项合同收入应考虑全部的五个步骤，但如果某项合同完成第一步和第二步后，确定该合同只有单项履约义务时，则可以从第三步直接进入第五步。

**知识拓展** 会计科目设置

企业为了核算与客户之间合同产生的收入及相关的成本费用，一般需要设置“主营业务收入”“主营业务成本”“其他业务收入”“其他业务成本”“合同取得成本”“合同履约成本”“合同资产”“合同负债”等科目。

**业务处理2**

按100条男休闲西裤、120条女连衣裙各单项履约义务所承诺商品的单独售价的相对比例，对20 000元的合同总价款进行分摊。

计算过程及结果如下：

100条男休闲西裤应分摊的交易价格＝10 000÷25 000×20 000＝8 000(元)

120条女连衣裙应分摊的交易价格＝15 000÷25 000×20 000＝12 000(元)

## 子项目2　销售收入的账务处理

**业务呈现1**

2024年9月22日，福建著成服饰股份有限公司按合同规定向三喜集团发出服饰1万件，不含税售价100万元，该批服饰生产成本60万元。合同规定采用分期收款方式销售产品：发货当日，三喜集团转账支付40%的价税款，满一个月再付30%的价税款，满二个月将剩余30%的价税款付清。

请根据合同及有关单据进行发货及发货日收到40%价税款的账务处理。

**知识准备**

### 一、商品控制权转移的迹象判断

对在某一时点履行的履约义务，企业应在客户取得相关商品控制权时点确认收入。企业在判断控制权是否转移时，应当综合考虑下列迹象：

(1) 企业就该商品享有现时收款权利，客户就该商品负有现时付款义务。

(2) 企业已将该商品的法定所有权转移给客户，客户已拥有该商品的法定所有权。

(3) 企业已将该商品实物转移给客户，客户已占有该商品实物。

(4) 企业已将该商品所有权上的主要风险和报酬转移给客户，客户已取得该商品所有权上的主要风险和报酬。

(5) 客户已接受该商品(客户收到并验收合格)。

(6) 其他表明客户已取得商品控制权的迹象。

## 二、 各类结算方式的账务处理

1. 确认收入

（1）现金结算方式，收到现金且客户取得相关商品控制权时点确认收入。

借：银行存款
　　贷：主营业务收入/其他业务收入
　　　　应交税费—应交增值税（销项税额）（按税法规定处理）

（2）赊销结算方式、预收款结算方式，在客户取得相关商品控制权时点确认收入。

借：应收账款（赊销结算方式）
　　合同负债（预收货款结算方式）
　　贷：主营业务收入/其他业务收入
　　　　应交税费—应交增值税（销项税额）（按税法规定处理）

（3）委托收款结算方式在办妥托收手续且客户取得相关商品控制权时点确认收入。商业汇票结算方式在收到商业汇票且客户取得相关商品控制权时点确认收入。

借：应收账款（委托收款结算方式）
　　应收票据（商业汇票结算方式）
　　贷：主营业务收入/其他业务收入
　　　　应交税费—应交增值税（销项税额）（按税法规定处理）
　　　　银行存款（支付代垫费用，如代垫运费等）

2. 结转销售成本

借：主营业务成本/其他业务成本
　　贷：库存商品/原材料或周转材料

## 三、 发出商品的账务处理

1. 发出商品

合同规定客户只有在商品出售后才支付货款的，销售方发出商品时不能确认收入。

借：发出商品
　　贷：库存商品

已发出商品被客户退回则编制相反的会计分录。

2. 确认收入

收到客户发来的代销清单且收到货款或者获得收取货款的权利时才确认收入。

借：银行存款(收到货款)
　　应收账款(货款尚未收到但取得收取货款的权利)
　　贷：主营业务收入
　　　　应交税费—应交增值税(销项税额)(按税法规定处理)

3. 结转销售成本

借：主营业务成本
　　贷：发出商品

## 四、 销售退回的账务处理

销售退回是指企业因出售不符合销售合同条款规定的商品而被客户退货的行为。

(1) 收到退回商品，按规定向客户开具红字增值税专用发票，留下记账联冲减收入。

借：主营业务收入/其他业务收入
　　应交税费—应交增值税(销项税额)
　　贷：银行存款或应收账款

(2) 冲销已结转的销售成本(如所退商品尚未结转销售成本则不必编制此分录)。

借：库存商品/原材料或周转材料
　　贷：主营业务成本/其他业务成本

**业务处理1**

1. 2024 年 9 月 22 日，发出服饰 1 万件

| | | |
|---|---|---|
| 借：发出商品—服饰 | 600 000. 00 | |
| 　　贷：库存商品—服饰 | | 600 000. 00 |

2. 同时收到首期价税款

| | | |
|---|---|---|
| 借：银行存款 | 452 000. 00 | |
| 　　贷：主营业务收入—服饰 | | 400 000. 00 |
| 　　　　应交税费—应交增值税(销项税额) | | 52 000. 00 |

同时，结转首期收入的成本。

首期收入对应的成本 = 600 000×40% = 240 000(元)

借：主营业务成本—服饰　　240 000.00
　　贷：发出商品—服饰　　240 000.00

## 初试身手

（1）2024年9月29日，福建著成服饰股份有限公司销售一批服饰，增值税专用发票上注明售价为300 000元，增值税税额为39 000元。客户收到该批服饰并验收入库，同时转账支付了价税款339 000元。

（2）该批服饰的销售成本为180 000元，请结转销售成本。

（3）2024年10月8日，客户在零售过程中发现该批服饰中有50%的商品存在严重质量问题，决定退回给福建著成服饰股份有限公司，福建著成服饰股份有限公司同意退货，并于收到退回服饰当日转账支付了所退商品的价税款169 500元，并向客户开具了增值税专用发票（红字），请冲减退回商品已确认的销售收入。

（4）请同时冲减退回商品已结转的销售成本。

请以福建著成服饰股份有限公司财务人员的身份，对上述业务进行账务处理。

## 业务呈现2

四方有限责任公司为增值税一般纳税人，主营业务为企业管理咨询和企业发展战略咨询，增值税税率为6%。2024年，四方有限责任公司通过竞标获得某客户为期三年的咨询服务合同。该客户每年年末支付含税咨询费998 520元。为了中标，四方有限责任公司聘请律师事务所律师进行调查，为此支付相关费用（增值税专用发票）20 000元及增值税1 200元，为投标发生差旅费（增值税普通发票）12 000元，支付销售人员佣金（增值税普通发票）72 000元。

四方有限责任公司预期这些支出未来均能够收回，请进行相应的账务处理。

## 知识准备

### 五、 某一时段内履行履约义务的确认条件

满足下列条件之一的，属于某一时段内履行的履约义务：

（1）客户在企业履约的同时即取得并消耗企业履约所带来的经济利益。

（2）客户能够控制企业履约过程中在建的商品。

（3）企业履约过程中所产出的商品具有不可替代用途，且该企业在整个合同期间有权就累计至今已完成的履约部分收取款项。

对于在某一时段内履行的单项履约义务，企业只能采用一种方法来确定其履约进度并一以贯之。在确定履约进度时，应扣除那些控制权尚未转移给客户的商品和服务。

资产负债表日企业确认当期收入的金额=合同的交易总价×履约进度－以前会计期间

累计已确认的收入金额

当履约进度不能合理确定时，企业已经发生的成本预计能够得到补偿的，应当按已发生的成本金额确认收入，直到履约进度能够合理确定为止。

知识拓展　**履约进度的确定方法**

产出指标：实际测量的完工进度、经评估已实现的结果、已完工或交付的产品、时间进度等。投入指标：已投入的材料数量、已花费的人工工时、已花费的机器工时、已发生的成本、时间进度等。

**六、 合同取得成本及销售收入的账务处理**

1. 合同取得成本的含义

合同取得成本是指企业为取得合同发生的(不取得合同就不会发生)且预期能够收回的增量成本。如预期可以通过未来的相关服务收入予以补偿的销售佣金(增量成本)，应在发生时确认为一项资产，即合同取得成本。

增量成本与合同直接相关，但又不是所签订合同的对象或内容(如建造商品或提供服务)本身直接发生的费用。

企业为取得合同发生的非增量成本的其他支出，如无论是否取得合同都会发生的差旅费、投标费、与投标有关的资料费等，应当在发生时计入当期损益，除非这些支出明确由客户承担。

2. 账务处理

(1) 取得合同发生的增量成本和其他支出。

借：合同取得成本(增量成本，如销售佣金)
　　管理费用(差旅费、投标费等非增量成本的其他支出)
　　应交税费—应交增值税(进项税额)(按税法规定处理)
　　贷：银行存款

(2) 每月确认合同履约收入。

借：银行存款/应收账款
　　贷：主营业务收入
　　　　应交税费—应交增值税(销项税额)

(3) 每月摊销合同取得成本。

借：销售费用
　　贷：合同取得成本

企业为取得合同发生的且预期能够收回的增量成本。如果摊销期不超过一年，可以在发生时直接计入当期损益。

## 七、 合同履约成本及销售收入的账务处理

1. 合同履约成本的含义

合同履约成本是指企业为履行合同发生的不属于存货、固定资产、无形资产等规范范围且同时满足相关条件的各种成本。

相关条件包括：

(1) 该成本与一份当前或预期取得的合同直接相关，包括直接人工、直接材料、制造费用或类似费用。

(2) 该成本增加了企业未来用于履行(包括持续履行)履约义务的资源。

(3) 该成本预期能够收回。

特别提示：企业应当在下列支出发生时，将其列入当期损益。

第一，管理费用，除非这些费用明确由客户承担。

第二，非正常消耗的直接材料、直接人工、制造费用或类似费用。

第三，与履约义务中已履行(包括已全部履行或部分履行)部分相关的支出。

第四，无法在尚未履行与已履行(或已部分履行)的履约义务之间区分的相关支出。

2. 账务处理

(1) 企业发生合同履约成本时。

借：合同履约成本
　　应交税费—应交增值税(进项税额)(按税法规定处理)
　　贷：原材料(履行履约义务耗用的材料)
　　　　应付职工薪酬(提取履行履约义务人员的工资)
　　　　累计折旧
　　　　累计摊销
　　　　银行存款等科目

(2) 每月确认合同履约收入。

借：银行存款/应收账款
　　贷：主营业务收入
　　　　应交税费—应交增值税(销项税额)

(3) 每月摊销合同履约成本。

借：主营业务成本
　　贷：合同履约成本

**业务处理2**

1. 取得合同发生的增量成本和其他支出

| | | |
|---|---|---|
| 借：合同取得成本（增量成本） | 72 000.00 | |
| 　　管理费用（其他费用） | 32 000.00 | |
| 　　应交税费—应交增值税（进项税额） | 1 200.00 | |
| 　　贷：银行存款 | | 105 200.00 |

2. 按月确认服务收入

| | | |
|---|---|---|
| 借：应收账款 | 83 210.00 | |
| 　　贷：主营业务收入 | | 78 500.00 |
| 　　　　应交税费—应交增值税（销项税额） | | 4 710.00 |

每月服务收入＝998 520÷（1+6%）÷12＝78 500（元）

3. 按月摊销合同取得成本

| | | |
|---|---|---|
| 借：销售费用 | 2 000.00 | |
| 　　贷：合同取得成本 | | 2 000.00 |

每月合同取得成本＝72 000÷3÷12＝2 000（元）

## 初试身手

（1）金景文头大酒店为增值税一般纳税人，适用增值税税率为6%。2024年11月，经计算确认，本月房费、餐饮、健身等服务含税收入254 400元，已存入酒店账户。

（2）2024年11月，酒店提取与经营直接相关的酒店房屋（自有资产，下同）、设备折旧费75 000元，摊销酒店土地使用权50 000元。

（3）摊销本月已确认的合同履约成本125 000元。

# 子项目3　特定交易收入的账务处理

**业务呈现1**

瘦且康食品有限责任公司为增值税一般纳税人，2024年11月15日，向移步康养中心销售养生食品300套，每套不含税（税率13%）售价800元，每套生产成本500元。

养生食品已发出，价税款已收到。但根据合同规定，移步康养中心在2025年1月15日之前有权退还养生食品。瘦且康食品有限责任公司根据以往的经验，估计该批养生食品退货率为15%。

2024年12月31日，瘦且康食品有限责任公司对退货率进行重新评估，认为只有10%的养生食品会被退回。

2025年1月15日发生销售退回，实际退货量为20套，退货款项已转账付讫并向移步康养中心出具红字增值税专用发票。

请对上述经济业务进行账务处理。

## 知识准备

### 一、附有销售退回条款的销售

#### （一）销售退回情形

企业将商品控制权转移给客户后，可能会因为各种情形而同意客户退货。这些情形主要有：合同条款的规定、法规的要求、习惯做法如七天内无理由退货等。同意客户在一定条件下选择退货，此销售为附有销售退回条款的销售。

#### （二）附有销售退回条款的销售业务的账务处理

1. 发出货物，将商品控制权转移给客户

（1）确认销售。

借：银行存款/应收账款

　　贷：主营业务收入(总售价-预计的应付退货款)

　　　　预计负债—应付退货款

　　　　应交税费—应交增值税(销项税额)(按总价款及税率计算的税额)

（2）结转销售成本。

借：主营业务成本(总成本-应付退货成本)

　　应收退货成本

　　贷：库存商品

2. 重新评估退货率

（1）重新评估后调低了退货率(如果是调高了退货率，则编制相反的会计分录)。

借：预计负债—应付退货款

　　贷：主营业务收入

（2）调整销售成本(如果是调高了退货率，则编制相反的会计分录)。

借：主营业务成本
　　贷：应收退货成本

3. 发生退货

收到退还商品，出具红字增值税专用发票，并根据不同的退货情形进行账务处理。

（1）实际退货和预计退货相同。

借：预计负债—应付退货款
　　应交税费—应交增值税（销项税额）
　　贷：银行存款

同时：

借：库存商品
　　贷：应收退货成本

（2）实际退货比预计退货少。

借：预计负债—应付退货款
　　应交税费—应交增值税（销项税额）
　　贷：银行存款
　　　　主营业务收入（退货少，收入增加了）

同时：

借：库存商品
　　主营业务成本（退货少，收入增加了，相应的成本也增加了）
　　贷：应收退货成本

（3）实际退货比预计退货多。

借：预计负债—应付退货款
　　主营业务收入（退货多，收入减少了）
　　应交税费—应交增值税（销项税额）
　　贷：银行存款

同时：

借：库存商品
　　贷：应收退货成本
　　　　主营业务成本（退货多，收入减少了，相应的成本也减少了）

**业务处理1**

1. 瘦且康食品有限责任公司2024年11月15日发出养生食品

(1) 确认收入。

借：银行存款　　271 200.00
　　贷：主营业务收入　　204 000.00
　　　　预计负债—应付退货款　　36 000.00
　　　　应交税费—应交增值税(销项税额)　　31 200.00

(2) 同时结转成本。

借：主营业务成本　　127 500.00
　　应收退货成本　　22 500.00
　　贷：库存商品—养生食品　　150 000.00

2. 瘦且康食品有限责任公司2024年12月31日将退货率调为10%

借：预计负债—应付退货款　　12 000.00
　　贷：主营业务收入　　12 000.00

同时调整销售成本。

借：主营业务成本　　7 500.00
　　贷：应收退货成本　　7 500.00

3. 瘦且康食品有限责任公司2025年1月15日收到20套退回商品

借：预计负债—应付退货款　　24 000.00
　　应交税费—应交增值税(销项税额)　　2 080.00
　　贷：银行存款　　18 080.00
　　　　主营业务收入　　8 000.00

同时：

借：库存商品—养生食品　　10 000.00
　　主营业务成本　　5 000.00
　　贷：应收退货成本　　15 000.00

**业务呈现2**

闪动健身有限责任公司为增值税一般纳税人，2025 年 1 月 15 日，向移步康养中心销售健身器材 150 套，每套不含税(税率 13%)售价 980 元，价税款已转账收讫。每套生产成本 500 元，保修期 2 年，预计 2 年的保修费用为销售收入的 6%。第一年发生了保修费用 3 200 元，第二年发生了保修费用 4 300 元。

假设不考虑相关税费及货币时间价值等其他因素，请进行相关的账务处理。

**知识准备**

## 二、 附有质量保证条款的销售

企业在销售商品时，根据合同约定、法律规定或企业之前的习惯做法等，为企业销售的商品提供质量保证。

### （一）质量保证的类型

质量保证又可分为保证类质量保证和服务类质量保证两种。

保证类质量保证，向客户保证所售商品符合既定的质量标准，客户不需要为质量保证另外付费。

服务类质量保证，是指在向客户保证所销售的商品符合既定标准之外提供了一项单独服务，客户一般需要为此项服务付费。但如果服务类质量保证无须客户单独购买，也应作为单项履约义务参与分摊部分交易价格，并进行相应的账务处理。

### （二）附有质量保证条款的销售业务的账务处理

1. 保证类质量保证业务的账务处理

（1）销售商品时或资产负债表日，预计保证类质量保证费用。

借：销售费用—保证类质量保证费用
　　贷：预计负债—预计质量保证费用

质量保证期满，如果实际使用数超过预计数，补提差额；如果实际使用数低于预计数，编制相反的会计分录，冲减差额。

（2）在质量保证期内提供质量维护服务。

借：预计负债—保证类质量保证费用
　　贷：银行存款等有关科目

2. 服务类质量保证业务的账务处理

（1）未单独收费的，在销售商品确认收入时，参与分摊部分交易价格。

借：银行存款
　　贷：主营业务收入
　　　　合同负债(作为单项履约义务分摊到的部分交易价格)
　　　　应交税费—应交增值税(销项税额)

(2) 单独且一次性收费的，在收费时确认为合同负债。

借：银行存款
　　贷：合同负债
　　　　应交税费—应交增值税(销项税额)

(3) 按服务期限，每年(或每月)确认服务收入。

借：合同负债
　　贷：主营业务收入

(4) 实际发生服务费用时。

借：主营业务成本
　　贷：银行存款等科目

## 业务处理2

闪动健身有限责任公司向移步康养中心销售健身器材相关业务的账务处理。

1. 确认收入

| | | |
|---|---|---|
| 借：银行存款 | 166 110.00 | |
| 　　贷：主营业务收入 | | 147 000.00 |
| 　　　　应交税费—应交增值税(销项税额) | | 19 110.00 |

2. 同时结转成本

| | | |
|---|---|---|
| 借：主营业务成本 | 75 000.00 | |
| 　　贷：库存商品—健身器材 | | 75 000.00 |

3. 确认收入时，按收入的6%预计保证类质量保证费用

| | | |
|---|---|---|
| 借：销售费用 | 8 820.00 | |
| 　　贷：预计负债—预计质量保证费用 | | 8 820.00 |

4. 支付第一年的保修费用

借：预计负债—预计质量保证费用　　　　3 200.00
　　贷：银行存款　　　　　　　　　　　　3 200.00

5. 支付第二年的保修费用

借：预计负债—预计质量保证费用　　　　4 300.00
　　贷：银行存款　　　　　　　　　　　　4 300.00

6. 质保期满，冲回多提的质量保证费用

借：预计负债—预计质量保证费用　　　　1 320.00
　　贷：销售费用　　　　　　　　　　　　1 320.00

**业务呈现3**

金海商城以 500 元的单价销售 A 商品并规定：购买一件 A 商品可得到一张 50%的折扣券，折扣券不能用于此次 A 商品的购买，但在未来 30 天内可使用该折扣券购买金海商城任何一款单价不超过 500 元的商品。

在优惠政策激励下，库存 100 件 A 商品全部售出，收到货款 50 000 元。根据历史经验，金海商城预计使用折扣券最大概率为 80%，额外购买商品的平均单价为 312. 50 元。

假定不考虑增值税及其他因素，请对金海商城销售 A 商品的经济业务进行账务处理。

**知识准备**

### 三、 附有客户额外购买选择权的销售

附有客户额外购买选择权的销售，主要包括积分奖励、销售激励、未来购买商品的折扣券以及合同续约选择权等情形。

如果评估认为该额外购买选择权是企业向客户提供的一项重大权利，则该额外购买选择权应作为单项履约义务，并按照有关标准将交易总价部分分摊至该单项履约义务，在客户未来行使购买选择权取得相关商品控制权，或者该选择权失效时，确认为收入。

**业务处理3**

解析：购买一件 A 商品可获得一张 50%的折扣券，金海商城认为该折扣券向客户提供了重大权利，该折扣券应作为单项履约义务。

本次实际交易金额 = 100×500 = 50 000(元)

折扣券的单独售价 = 100×80%×312. 50×50% = 12 500(元)

A 商品应分摊的交易金额 = 50 000/(50 000+12 500)×50 000 = 40 000(元)

折扣券应分摊的交易金额＝12 500/（50 000+12 500）×50 000＝10 000（元）

借：银行存款　　50 000.00

　　贷：主营业务收入　　40 000.00

　　　　合同负债　　10 000.00

**业务呈现4**

大河商贸有限责任公司向某服装厂销售一条全自动服装生产线，不含税销售价5 160万元，双方约定，服装厂有权在3年期满要求大河商贸有限责任公司以3 000万元的不含税价格回购该全自动服装生产线。

请问大河商贸有限责任公司应将此次交易视为哪类（租赁业务、融资业务、附有销售退回条款的销售业务）经济业务？并按该类经济业务进行账务处理。

**知识准备**

### 四、售后回购方式的销售

采用售后回购方式销售商品，尽管销售发生或完成时，商品的实物已转移给客户，但由于企业在销售同时承诺或有权选择日后再将该商品购回，在销售时点客户并未取得该商品的控制权。销售方应区分不同情形分别对售后回购交易进行会计处理。

#### （一）视为租赁交易的账务处理

客户具有要求企业行使回购权的重大经济动因，且回购价低于原售价的，应当视为租赁交易进行会计处理。

1. 发出商品，出具增值税专用发票，收到价税款存入银行

借：银行存款

　　贷：其他应付款（回购价）

　　　　预收账款（现售价与回购价的差价）

　　　　应交税费—应交增值税（销项税额）

2. 按月摊销销售价与回购价的差额，计入其他业务收入

借：预收账款

　　贷：其他业务收入

3. 到期回购商品

借：其他应付款（回购价）

　　应交税费—应交增值税（进项税额）

　　贷：银行存款

### （二）视为融资交易的账务处理

客户具有要求企业行使回购权的重大经济动因，且回购价高于原售价的，应当视为融资交易进行会计处理。

1. 发出商品，出具增值税专用发票，收到价税款存入银行

借：银行存款

　　贷：其他应付款(现售价)

　　　　应交税费—应交增值税(销项税额)

2. 按月摊销销售价与回购价的差额，计入财务费用

借：财务费用

　　贷：其他应付款

3. 到期回购商品

借：其他应付款(回购价)

　　应交税费—应交增值税(进项税额)

　　贷：银行存款

### （三）视为附有销售退回条款的销售交易

客户不具有要求企业行使回购权的重大经济动因，企业应当将该售后回购视为附有销售退回条款的销售交易进行会计处理。

**业务处理4**

本业务中，假定不考虑时间价值的影响，由于技术进步和有形磨损，该全自动服装生产线3年后的实际价值将远低于3 000万元，客户存在要求回购的重大经济动因。

由于回购价低于销售价，大河商贸有限责任公司应将该交易视为租赁业务。

1. 发出商品，出具增值税专用发票，收到价税款存入银行

| | | |
|---|---|---|
| 借：银行存款 | 58 308 000.00 | |
| 　　贷：其他应付款 | | 30 000 000.00 |
| 　　　　预收账款 | | 21 600 000.00 |
| 　　　　应交税费—应交增值税(销项税额) | | 6 708 000.00 |

2. 按月摊销销售价与回购价的差额，计入其他业务收入

| | | |
|---|---|---|
| 借：预收账款 | 600 000.00 | |
| 贷：其他业务收入 | | 600 000.00 |

月摊销额=21 600 000÷3÷12=600 000(元)

3. 到期回购该全自动生产线

| | | |
|---|---|---|
| 借：其他应付款 | 30 000 000.00 | |
| 应交税费—应交增值税(进项税额) | 3 900 000.00 | |
| 贷：银行存款 | | 33 900 000.00 |

## 初试身手

从 2024 年 1 月 1 日起，金海商城实行一项积分奖励计划。根据该计划，顾客在金海商城每消费 99 元可获得 1 个积分，每个积分从次日开始至未来 2 年内在消费时可抵减 1 元。

(1) 至 2024 年 1 月 31 日，客户本月共消费 792 000 元，可获得 8 000 个积分。根据历史经验，金海商城估计积分的兑换率为 100%。

(2) 至 2024 年 12 月 31 日，本年 1 月份积分有 4 500 个被兑换，并且金海商城预计剩余积分也会在规定时间内被兑换。

(3) 至 2025 年 12 月 31 日，上年 1 月 8 000 个积分已经全部被兑换。

不考虑增值税及时间价值等其他因素的影响，请对上述销售业务进行账务处理。

# 项目十三　费　用

费用是指企业日常经营活动中发生的，会导致所有者权益减少，与向所有者分配利润无关的经济利益的总流出。

**学习目标**

**知识目标：**

理解费用的含义，熟悉费用的内容，掌握营业成本、期间费用等具体项目的核算要求以及会计处理方法。

**能力目标：**

能够对企业的营业成本、期间费用涉及的各项经济业务进行正确的会计处理和会计监督。

**思政目标：**

加强对企业费用的核算与监管，在保证商品与服务质量的前提下降低费用支出，建设资源友好型企业。

## 子项目 1　营业成本

营业成本是指企业从事销售商品、提供劳务、让渡资产使用权等经营活动发生的实际成本，包括主营业务成本和其他业务成本。营业成本应当与营业收入进行配比。

**业务呈现1**

2024 年 9 月末，福建著成服饰股份有限公司本月累计完工入库男 T 恤 5 000 件、女 T 恤 4 000 件。本月累计销售男 T 恤 4 000 件、女 T 恤 4 500 件。本月库存男 T 恤、女 T 恤的平均单位生产成本分别是 125 元、120 元。请计算并结转本月已销男 T 恤、女 T 恤的生产成本。

**知识准备**

### 一、 主营业务成本

#### （一）主营业务成本的含义

主营业务成本是指企业在销售商品、提供劳务等经营性活动中发生的成本。企业一般在确认主营业务收入时或月末，将已销商品、已提供劳务的成本转入主营业务成本。

### （二）主营业务成本的账务处理

企业应设置“主营业务成本”总分类账户，用来总括核算与其相关的经济业务，并按主营业务的种类设置明细分类账进行明细分类核算。

（1）企业结转已销商品或已提供劳务的成本。

借：主营业务成本
　　贷：库存商品
　　　　合同履约成本

（2）期末将“主营业务成本”余额转入“本年利润”。

借：本年利润
　　贷：主营业务成本

结转后，“主营业务成本”账户期末无余额。

**业务处理1**

（1）福建著成服饰股份有限公司2024年9月已销男T恤、女T恤的生产成本计算过程及结果如下：

已销男T恤的生产成本＝4 000×125＝500 000（元）

已销女T恤的生产成本＝4 500×120＝540 000（元）

（2）编制结转已销男T恤、女T恤生产成本的会计分录如下：

| | | |
|---|---|---|
| 借：主营业务成本—男T恤 | 500 000.00 | |
| 　　　　　　　—女T恤 | 540 000.00 | |
| 　贷：库存商品—男T恤 | | 500 000.00 |
| 　　　　　　　—女T恤 | | 540 000.00 |

**业务呈现2**

2025年1月15日，福建著成服饰股份有限公司因销售商品领用单独计价的包装物一批，该批包装物采购成本为30 000元，开具的增值税专用发票上注明价款60 000元，增值税税额为7 800元，款项尚未收到但已办妥托收手续。

（1）请根据有关单据确认收入。

（2）在确认收入的同时，根据出库单等单据结转已销包装物成本。

（3）假设该企业本月只有一笔其他业务，月末结平“其他业务成本”账户。

知识准备

## 二、 其他业务成本

### （一）其他业务成本的含义

其他业务成本是指企业确认的除主营业务活动以外的其他日常经营活动所发生的支出。其他业务成本包括销售材料的成本、出租固定资产的折旧额、出租无形资产的摊销额、出租包装物的成本或摊销额等。采用成本模式计量投资性房地产的，其投资性房地产计提的折旧额或摊销额也构成其他业务成本。

### （二）其他业务成本的账务处理

企业应设置“其他业务成本”总账账户，用来总括核算与其相关的经济业务，并按其他业务的种类设置明细账进行明细分类核算。

1. 企业发生其他业务成本

借：其他业务成本
　　贷：原材料/周转材料（销售原材料、周转材料的成本）
　　　　累计折旧（出租固定资产的折旧）
　　　　累计摊销（出租无形资产的摊销）
　　　　应付职工薪酬（计提从事其他业务人员工资）
　　　　银行存款（支付与其他业务相关的费用）

2. 期末将“其他业务成本”余额转入“本年利润”

借：本年利润
　　贷：其他业务成本

结转后，“其他业务成本”账户期末无余额。

业务处理2

1. 根据有关单据确认收入

| | | |
|---|---|---|
| 借：应收账款 | 67 800.00 | |
| 　　贷：其他业务收入 | | 60 000.00 |
| 　　　　应交税费—应交增值税（销项税额） | | 7 800.00 |

2. 在确认收入的同时，根据出库单等单据结转已销包装物成本

| | | |
|---|---|---|
| 借：其他业务成本 | 30 000.00 | |
| 　　贷：包装物 | | 30 000.00 |

3. 月末结平“其他业务成本”账户

借：本年利润　　　　　　　　　　　　　　　　　　　30 000. 00
　　贷：其他业务成本　　　　　　　　　　　　　　　　　300 000. 00

## 初试身手

（1）2024 年 9 月，福建著成服饰股份有限公司计提本月固定资产折旧，其中行政管理部门固定资产折旧 56 000 元，生产部门固定资产折旧 65 000 元，专设销售部门固定资产折旧 18 000 元，出租固定资产折旧 4 800 元。

（2）2024 年 9 月，万峰全福有限责任公司摊销无形资产，其中企业行政管理部门使用的专利技术本月应摊销额 9 800 元，出租非专利技术本月应摊销额 39 000 元。

（3）2024 年 10 月，久达公司将一项专利技术的三年使用权转让给新海公司。根据合同规定，在新海公司技术人员还没有完全掌握此项技术的使用方法时，久达公司应派技术骨干给予指导，且技术骨干的工资由久达公司承担。10 月 30 日，久达公司财务提取外派到新海公司的技术指导人员本月工资 25 000 元。

对上述业务进行账务处理。

# 子项目 2　期 间 费 用

期间费用是指企业日常活动发生的不能计入特定核算对象的成本，而应计入发生当期损益的费用。

期间费用是企业为组织和管理整个经营活动所发生的费用，包含以下两种情况：一是企业发生的支出不符合或不再符合资产确认条件的，应当在发生时确认为费用，计入当期损益。二是企业发生的交易或者事项导致其承担了一项负债，而又不能确认为资产的，应当在发生时确认为费用，计入当期损益。

期间费用包括销售费用、管理费用、财务费用。

**业务呈现1**

2024 年 11 月 1 日，福建著成服饰股份有限公司为了提高新产品在双十一期间的销售量，在国内某知名视频网站上投放连续十天的新品广告，取得增值税专用发票上注明价款为 98 000 元，增值税为 5 880 元，价税款已转账付讫，请进行相应的账务处理。

**知识准备**

## 一、 销售费用

### （一）销售费用的含义及内容

销售费用是指企业在销售商品和材料、提供服务过程中发生的各种费用，包括的具体项目有：保险费、包装费、运输费和装卸费、展览费和广告费、商品维修费、预计产品质量保证损失、委托代销商品手续费、出口商品佣金，专设销售机构(含销售及售后服务网点)的职工薪酬、业务费、固定资产折旧费和修理费等经营费用。

**(二) 销售费用的账务处理**

企业应设“销售费用”总账进行销售费用的总括核算，并按销售费用的类别设置明细账进行明细分类核算。

1. 企业支付、提取、分摊本期应负担的销售费用

借：销售费用
　　贷：银行存款(支付各项销售费用，暂不考虑增值税)
　　　　累计折旧(提取专设销售机构固定资产折旧)
　　　　应付职工薪酬(提取专设销售机构人员薪酬)
　　　　合同取得成本(摊销合同取得成本)

2. 期末将本期发生的“销售费用”转入“本年利润”

借：本年利润
　　贷：销售费用

结转后，“销售费用”账户期末无余额。

**业务处理1**

福建著成服饰股份有限公司应进行如下的账务处理：

| | | |
|---|---|---|
| 借：销售费用—广告费 | 98 000.00 | |
| 　　应交税费—应交增值税(进项税额) | 5 880.00 | |
| 　　贷：银行存款 | | 103 880.00 |

**业务呈现2**

2024 年 11 月，福建著成服饰股份有限公司行政部门发生部分业务如下：

(1) 提取行政人员薪酬 89 000 元。

(2) 提取行政部门固定资产折旧 50 000 元。

(3) 报销行政人员差旅费 15 000 元，已预借 10 000 元，差额以现金支付。

(4) 转账支付水电费 8 000 元，增值税 1 040 元。

(5) 向仓库领用饮水机一台，单价 980 元，采用一次摊销法。

请对上述经济业务进行相应的账务处理。

知识准备

## 二、管理费用

### （一）管理费用的含义及内容

管理费用，是指企业行政管理部门为组织和管理生产经营活动而发生的各种费用，包括的具体项目有：企业董事会和行政管理部门在企业经营管理中发生的，或者应由企业统一负担的公司经费（含行政管理人员薪酬、办公费、差旅费、低值易耗品摊销、物料消耗等）、工会经费、董事会费、聘请中介机构服务费、业务招待费、咨询费（含顾问费）、诉讼费、绿化费、技术转让费、研究费用等。

### （二）管理费用的账务处理

企业应设“管理费用”总账进行管理费用的总括核算，并按管理费用的类别设置明细账进行明细分类核算。

1. 企业支付、提取、分摊本期应负担的管理费用

借：管理费用
　　贷：银行存款（支付各项管理费用，暂不考虑增值税）
　　　　累计折旧（提取行政部门固定资产折旧）
　　　　累计摊销（行政部门应分摊的无形资产成本）
　　　　应付职工薪酬（提取行政部门人员薪酬）

2. 期末将本期发生的“管理费用”转入“本年利润”

借：本年利润
　　贷：管理费用

结转后，“管理费用”账户期末无余额。

业务处理2

（1）提取行政人员薪酬89 000元。

借：管理费用—员工薪酬　　89 000.00
　　贷：应付职工薪酬　　89 000.00

（2）提取行政部门固定资产折旧50 000元。

借：管理费用—折旧费　　50 000.00
　　贷：累计折旧　　50 000.00

(3) 报销行政人员差旅费 15 000 元，已预借 10 000 元，差额以现金支付。

借：管理费用—差旅费　　15 000.00
　　贷：其他应收款　　10 000.00
　　　　库存现金　　5 000.00

(4) 转账支付水电费 8 000 元，增值税 1 040 元。

借：管理费用—水电费　　8 000.00
　　应交税费—应交增值税(进项税额)　　1 040.00
　　贷：银行存款　　9 040.00

(5) 向仓库领用饮水机一台，单价 980 元，采用一次摊销法。

借：管理费用—办公费　　980.00
　　贷：低值易耗品—在库　　980.00

**业务呈现3**

2024 年 11 月，福建著成服饰股份有限公司财务部门发生部分业务如下：

(1) 提取财务部门人员薪酬 56 000 元。

(2) 提取本月应负担的短期借款利息 3 000 元。

(3) 转账支付银行手续费，银行提供的增值税专用发票显示：金融服务费(手续费)为 1 200 元，增值税 72 元。

请对上述经济业务进行相应的账务处理。

**知识准备**

## 三、 财务费用

### (一) 财务费用的含义及内容

财务费用，是指企业为筹集生产经营所需资金而发生的费用，具体项目有：利息净支出(利息支出减利息收入后的差额)、汇兑净损失(汇兑损失减汇兑收益的差额)、金融机构手续费、为筹集生产经营资金发生的其他费用等。

### (二) 财务费用的账务处理

企业应设“财务费用”总账进行财务费用的总括核算，并按财务费用的类别设置明细账进行明细分类核算。

1. 提取、支付本月经营借款利息

借：财务费用
　　贷：银行存款(支付由本月负担但尚未提取的利息)
　　　　应付利息(提取应由本月负担但不在本月支付的利息)

2. 支付银行等金融机构手续费

借：财务费用—金融机构手续费
　　应交税费—应交增值税(进项税额)
　　贷：银行存款

3. 月末结转外币存款汇兑损失

借：财务费用—汇兑损益
　　贷：银行存款

如果是外币存款汇兑盈余，则编制相反的会计分录。

4. 期末将本期发生的“财务费用”转入“本年利润”

借：本年利润
　　贷：财务费用

结转后，“财务费用”账户期末无余额。

**业务处理3**

(1) 提取财务部门人员薪酬56 000元。

| | | |
|---|---|---|
| 借：管理费用 | 56 000. 00 | |
| 　　贷：应付职工薪酬 | | 56 000. 00 |

(2) 提取本月应负担的短期借款利息3 000元。

| | | |
|---|---|---|
| 借：财务费用—利息支出 | 3 000. 00 | |
| 　　贷：应付利息 | | 3 000. 00 |

(3) 转账支付银行手续费。

| | | |
|---|---|---|
| 借：财务费用—金融机构手续费 | 1 200. 00 | |
| 　　应交税费—应交增值税(进项税额) | 72. 00 | |
| 　　贷：银行存款 | | 1 272. 00 |

## 初试身手

福建著成服饰股份有限公司2024年11月累计发生销售费用128 000元、管理费用295 000元、财务费用9 700元。请将该公司本月累计期间费用转入本年利润。

# 项目十四　利　　润

利润是企业在一定会计期间的经营成果，包括收入减去费用后的净额、直接计入当期利润的利得和损失等。

## 学习目标

**知识目标：**

理解利润、所得税费用的概念，熟悉利润总额调整为应纳税所得额的项目内容，掌握利润形成、所得税费用、利润分配的计算公式及核算方法。

**能力目标：**

能够对企业的利润形成、所得税费用、利润分配涉及的各项经济业务进行正确的会计处理和会计监督。

**思政目标：**

加强对企业利润形成的核算与监管，依法足额计算并缴纳所得税，确保国家税收安全，在利润分配中处理好眼前利益与长远利益的关系。

# 子项目 1　利润形成的核算

利润是反映企业经营管理水平的一项综合性指标，企业的经营能力、费用控制水平和资金使用效益都可以通过利润体现出来。

## 业务呈现

2024 年 11 月，福建著成服饰股份有限公司采用账结法结转当月的本年利润，有关资料如表 14-1 所示，请进行利润形成的会计处理。

## 知识准备

企业利润由营业利润、利润总额、净利润、综合收益总额构成。

### 一、 计算公式

1. 营业利润的计算公式

营业利润 = 营业收入 - 营业成本 - 税金及附加 - 销售费用 - 管理费用 - 研发费用 - 财务

费用-资产减值损失-信用减值损失+其他收益+投资收益+净敞口套期收益+公允价值变动收益+资产处置收益

其中：营业收入=主营业务收入+其他业务收入

营业成本=主营业务成本+其他业务成本

**表 14-1　福建著成服饰股份有限公司科目余额表**

2024 年 11 月 30 日　　单位：元

| 会计科目 | 结账前借方余额 | 结账前贷方余额 |
|---|---|---|
| 主营业务收入 | | 3 980 000 |
| 主营业务成本 | 2 100 000 | |
| 其他业务收入 | | 189 000 |
| 其他业务成本 | 120 000 | |
| 税金及附加 | 115 600 | |
| 销售费用 | 334 000 | |
| 管理费用 | 245 400<br>其中：研发费用 32 000 | |
| 财务费用 | 79 600<br>其中：利息费用 58 000<br>利息收入 12 400 | |
| 投资收益 | 280 000 | |
| 营业外收入 | | 63 000 |
| 营业外支出 | 15 000 | |
| 资产处置损益 | | 100 000 |

2. 利润总额的计算公式

利润总额=营业利润+营业外收入-营业外支出

其中：营业外收入是指与企业日常经营活动没有直接关系的各项利得，是企业财务成果的组成部分。营业外收入包括债务重组利得、非流动资产毁损利得、盘盈利得、捐赠利得、与企业日常活动无关的政府补助等。

营业外支出是指与企业日常经营活动没有直接关系的各项支出。包括债务重组损失、非流动资产盘亏、报废及损毁净损失、流动资产的非常损失、罚款支出、援外费用支出、对外理赔支出、捐赠支出。

3. 净利润的计算公式

净利润=利润总额-所得税费用

4. 综合收益总额的计算公式

综合收益总额=净利润+其他综合收益的税后净额

其中：其他综合收益的税后净额包括不能重分类进损益的其他综合收益和将重分类进损益的其他综合收益。

不能重分类进损益的其他综合收益又包括：

（1）重新计量设定受益计划变动额。

（2）权益法下不能转损益的其他综合收益。

（3）其他权益工具投资公允价值变动。

（4）企业自身信用风险公允价值变动。

将重分类进损益的其他综合收益又包括：

（1）权益法下可转损益的其他综合收益。

（2）其他债权投资公允价值变动。

（3）金融资产重分类计入其他综合收益的金额。

（4）其他债权投资信用减值准备。

（5）现金流量套期储备。

（6）外币财务报表折算差额。

## 二、企业利润形成的核算

利润核算方法有两种：账结法和表结法。当企业所得税费用分月结转时，本年利润既可采用账结法也可采用表结法；当企业所得税费用年末一次结转时，由于平时没有结转所得税费用，企业平时费用的构成不完整，适合采用表结法。

1. 表结法

1~11 月份的各月利润均通过“利润表”计算完成，“本年利润”账户无任何记录，12 月份才将各损益类账户年初以来累计实现的收入或累计发生的费用转入“本年利润”账户。

2. 账结法

每月月末，都将损益类账户中各收入类账户余额转入“本年利润”账户的贷方；各成本、费用、支出类账户余额转入“本年利润”账户的借方。转账后，“本年利润”账户若为借方余额，反映企业至年初开始累计发生的亏损数；“本年利润”账户若为贷方余额，反映企业至年初开始累计实现的利润。

在现实工作中，多数企业采用账结法。

**业务处理**

1. 将损益类账户中各收入类账户结转前的贷方余额转入本年利润

| | | |
|---|---|---|
| 借：主营业务收入 | 3 980 000.00 | |
| 其他业务收入 | 189 000.00 | |
| 营业外收入 | 63 000.00 | |
| 资产处置损益 | 100 000.00 | |
| 贷：本年利润 | | 4 332 000.00 |

2. 将损益类账户中各成本、费用类账户结转前的借方余额转入本年利润

| | | |
|---|---|---|
| 借：本年利润 | 3 289 600.00 | |
| 贷：主营业务成本 | | 2 100 000.00 |
| 其他业务成本 | | 120 000.00 |
| 税金及附加 | | 115 600.00 |
| 销售费用 | | 334 000.00 |
| 管理费用 | | 245 400.00 |
| 财务费用 | | 79 600.00 |
| 投资收益 | | 280 000.00 |
| 营业外支出 | | 15 000.00 |

3. 登记 11 月份的“本年利润”账户

当月实现的利润=4 332 000-3 289 600=1 042 400(元)

# 子项目 2　所得税费用

企业所得税是税务机关向独立核算的企业，就其会计年度实现的应纳税所得额征收的一种税款。所得税费用是当期所得税和递延所得税之和，从当期利润总额中扣除。

**业务呈现1**

福建著成服饰股份有限公司 2023 年、2024 年分别实现税前利润 8 000 000 元和

10 000 000元，其中2023年公益性捐赠1 000 000元，2024年国债利息收入60 000元。假设无其他纳税调整项目，请分别计算企业2023年、2024年的应交所得税。

**知识准备**

## 一、应纳税所得额的计算

应纳税所得额=利润总额(会计利润)+纳税调整增加额−纳税调整减少额

纳税调整项目是指企业在计算应纳税所得额时，由于会计制度和税收法规之间的差异，需要对会计利润进行调整的项目，又包括纳税调增项目和纳税调减项目。

1. 调增项目

(1) 超过工资总额14%的职工福利费、2%的工会经费、8%的职工教育经费。

(2) 超过工资总额5%的补充养老保险和补充医疗保险。

(3) 超过年度营业收入15%的广告费和业务宣传费。

(4) 超过年度利润总额12%的公益救济性捐赠支出。

(5) 企业业务招待费中超过支出标准部分。

(6) 企业从非金融机构借款超出同期金融机构贷款利率的利息费用。

(7) 按税法规定不能在税前利润扣除的折旧费。

(8) 税收滞纳金、罚金、罚款等。

2. 调减项目

(1) 企业购买国债利息收入。

(2) 企业从符合条件的居民企业收到的股息、红利等权益性投资收益。

(3) 企业用本期税前利润弥补以前年度亏损(五年以内)。

(4) 以前年度不能在税前利润扣除但按规定可以在本年度税前利润扣除的项目，如以前年度超过年度利润总额12%的公益救济性捐赠、以前年度超过工资总额8%的职工教育经费支出、超过年度营业收入15%的广告费和业务宣传费支出等。

(5) 以前年度不能在税前利润扣除但按规定可以在本年度税前利润扣除的折旧费。

## 二、应交所得税的计算

应交所得税=应纳税所得额×所得税税率(目前税率为25%)

**业务处理1**

福建著成服饰股份有限公司2023年税前利润8 000 000元，按税法规定在计算当期应纳税所得额时准予扣除的公益性捐赠为960 000(8 000 000×12%)元。公司已计入当年营业外支出但按企业所得税法规定不允许扣除的公益性捐赠为 40 000（1 000 000－960 000）元，属于纳税调整增加额。

2023 年公司应纳税所得额＝8 000 000+40 000＝8 040 000（元）

2023 年公司应交所得税额＝8 040 000×25%＝2 010 000（元）

福建著成服饰股份有限公司 2024 年税前利润 10 000 000 元，国债利息收入 60 000 元属于免税项目，在计算 2024 年应纳税所得额时应作为调减项目，另外按税法规定 2023 年在计算当期应纳税所得额时不准予扣除的公益性捐赠 40 000 元，2024 年在计算时允许扣除，也应作为调减项目。

2024 年公司应纳税所得额＝10 000 000－60 000－40 000＝9 900 000（元）

2023 年公司应交所得税额＝9 900 000×25%＝2 475 000（元）

**业务呈现2**

福建著成服饰股份有限公司 2025 年应交所得税 3 200 000 元。递延所得税负债的年初数为 350 000 元，年末数为 480 000 元。递延所得税资产的年初数为 200 000 元，年末数为 240 000 元，假设不考虑其他因素，请计提并结转福建著成服饰股份有限公司 2025 年的所得税费用。

**知识准备**

## 三、所得税费用的会计处理

### （一）暂时性差异

暂时性差异是由税收法规与会计准则的确认时间或计税基础不同而产生的差异。按暂时性差异对未来期间应纳税所得额的不同影响，分为应纳税暂时性差异和可抵扣暂时性差异。

1. 应纳税暂时性差异

资产的账面价值大于其计税基础，或负债的账面价值小于其计税基础，产生的差异为应纳税暂时性差异，在其产生的当期，符合确认条件时，应确认为递延所得税负债。

2. 可抵扣暂时性差异

资产的账面价值小于其计税基础，或负债的账面价值大于其计税基础，产生的差异为可抵扣暂时性差异，在其产生的当期，符合确认条件时，应确认为递延所得税资产。

### （二）递延所得税

递延所得税是指递延所得税资产和递延所得税负债的当期发生额，但不包括计入所有者权益的交易或事项对所得税的影响。

其计算公式表示为：

递延所得税=递延所得税负债当期发生额-递延所得税资产当期发生额

递延所得税负债当期发生额=递延所得税负债(期末余额-期初余额)

递延所得税资产当期发生额=递延所得税资产(期末余额-期初余额)

**(三) 所得税费用的账务处理**

企业应从当期利润总额中扣除的所得税费用为企业核算的当期应交所得税与递延所得税之和，即：所得税费用=当期应交所得税+递延所得税。

企业应设置“所得税费用”“递延所得税资产”“递延所得税负债”等科目，核算企业所得税费用的确认及其结转情况。

1. 提取当年所得税费用

借：所得税费用
　贷：应交税费—应交所得税
　　递延所得税负债(年末>年初的差额，若年末<年初的差额记借方)
　　递延所得税资产(年末<年初的差额，若年末>年初的差额记借方)

2. 结转当年所得税费用

借：本年利润
　贷：所得税费用

**业务处理2**

1. 计算所得税费用

递延所得税=130 000-40 000=90 000(元)

递延所得税负债当期发生额=480 000-350 000=130 000(元)

递延所得税资产当期发生额=240 000-200 000=40 000(元)

所得税费用=3 200 000+90 000=3 290 000(元)

2. 编制提取所得税费用的会计分录

| | | |
|---|---|---|
| 借：所得税费用 | 3 290 000. 00 | |
| 　递延所得税资产 | 40 000. 00 | |
| 　贷：应交税费—应交所得税 | | 3 200 000. 00 |
| 　　递延所得税负债 | | 130 000. 00 |

3. 编制结转所得税费用的会计分录

| | |
|---|---|
| 借：本年利润 | 3 290 000.00 |
| 贷：所得税费用 | 3 290 000.00 |

初试身手

达全有限责任公司2025年税前会计利润为20 000 000元，适用的所得税税率为25%。达全公司2025年全年实发工资总额为2 500 000元，职工福利费300 000元，工会经费60 000元，职工教育经费250 000元。假定该公司全年无其他纳税调整因素，请计算该公司2025年应交所得税额。

## 子项目3 利润分配

业务呈现

海景服饰有限公司2025年年初，历年结存的尚未分配利润850 500元，2025年实现净利润7 537 500元，按税后利润的10%提取法定盈余公积、3%提取任意盈余公积、12%作为现金股利分配给投资人，请进行相关的账务处理。

知识准备

利润分配是指企业根据国家法律法规和财务制度的规定，对企业一定时期内的净利润进行分配的过程。

### 一、 利润分配的顺序

企业当年实现的净利润应当按照下列顺序进行分配。

1. 弥补以前年度的亏损

五年内的亏损用税前利润弥补，五年之前的亏损用税后利润或盈余公积弥补。

2. 提取法定盈余公积

如果“利润分配—未分配利润”期初余额在贷方，应提金额=当年净利润×10%。

如果“利润分配—未分配利润”期初余额在借方：

(年度净利润-“利润分配—未分配利润”年初借方余额)≤0时，不用提取；

(年度净利润-“利润分配—未分配利润”年初借方余额)>0时，

应提金额=(年度净利润-“利润分配—未分配利润”年初借方余额)×10%。

提示：当以前年度累积的法定盈余公积达到注册资本的50%时，可以不再提取。

3. 计算并分配可供分配利润

可供分配利润=当年税后净利润+以前年度累积的未分配利润-尚未弥补的历年累积亏损-当年提取的法定盈余公积

如果计算结果为负数，则不需进行后续分配；如果计算结果为正数，则按下列顺序进行后续分配：

（1）应付优先股股利。

（2）经董事会或股东大会同意，可按一定比例提取任意盈余公积。

（3）应付普通股股利。

（4）转作资本或股本的普通股股利。

## 二、 利润分配的核算

1. 企业当年亏损

（1）将当年发生的净亏损转入未分配利润：

借：利润分配—未分配利润

　　贷：本年利润

（2）用以前年度未分配利润弥补亏损或将本年亏损留待以后年度用实现的利润弥补，均不需要单独编制会计分录。

（3）用盈余公积弥补亏损：

借：盈余公积

　　贷：利润分配—其他转入

（4）转平“利润分配”有关明细科目：

借：利润分配—其他转入

　　贷：利润分配—未分配利润

2. 企业当年实现盈利

（1）将当年实现净利润转入未分配利润：

借：本年利润

　　贷：利润分配—未分配利润

（2）提取法定(任意)盈余公积：

借：利润分配—提取法定(任意)盈余公积

　　贷：盈余公积—法定(任意)盈余公积

说明：提取任意盈余公积应在提取法定盈余公积、优先股分配之后进行。

（3）向股东分配现金股利或利润：

借：利润分配—应付优先股股利
　　　　　　—应付普通股股利
　贷：应付股利—现金股利

说明：分配普通股股利在提取法定盈余公积、分配优先股股利、提取任意盈余公积之后。

（4）经批准向股东分派股票股利：

借：利润分配—转作资本（或股本）的普通股股利
　贷：应付股利—股票股利

（5）结平“利润分配”有关明细科目：

借：利润分配—未分配利润
　贷：利润分配—提取法定盈余公积
　　　　　　　—提取任意盈余公积
　　　　　　　—应付优先股股利
　　　　　　　—应付普通股股利
　　　　　　　—转作资本（或股本）的普通股股利

（6）分派股利。

通过银行转账发放现金股利：

借：应付股利—现金股利
　贷：银行存款

办妥相关手续，发放股票股利：

借：应付股利—股票股利
　贷：实收资本（或股本）

**业务处理**

1. 海景服饰有限公司将2025年实现的净利润转入未分配利润

| | | |
|---|---|---|
| 借：本年利润 | 7 537 500.00 | |
| 　贷：利润分配—未分配利润 | | 7 537 500.00 |

2. 按税后利润10%提取法定盈余公积、3%提取任意盈余公积

借：利润分配—提取法定盈余公积　　753 750. 00
　　　　　　—提取任意盈余公积　　226 125. 00
　贷：盈余公积—法定盈余公积　　753 750. 00
　　　　　　　—任意盈余公积　　226 125. 00

3. 按税后利润的12%提取现金股利，分配给普通投资者

借：利润分配—应付普通股股利　　904 500. 00
　贷：应付股利　　904 500. 00

4. 结平利润分配有关明细科目

借：利润分配—未分配利润　　1 884 375. 00
　贷：利润分配—提取法定盈余公积　　753 750. 00
　　　　　　　—提取任意盈余公积　　226 125. 00
　　　　　　　—应付普通股股利　　904 500. 00

5. “利润分配—未分配利润”2025年年末贷方余额

850 500(贷)+7 537 500(贷)-1 884 375(借)= 6 503 625(元)

# 项目十五　财务会计报告

财务会计报告是根据审核无误的账簿记录和有关资料编制的，由单位统一对外提供的反映单位某一特定日期财务状况和某一会计期间经营成果、现金流量等会计信息的书面文件。

**学习目标**

**知识目标：**

了解财务会计报告、会计报表的含义及分类，熟悉资产负债表、利润表、现金流量表、所有者权益（或股东权益）变动表及报表附注的含义、结构及编制方法。

**能力目标：**

能够独立完成资产负债表、利润表、现金流量表、所有者权益（或股东权益）变动表以及报表附注的编制。

**思政目标：**

学生熟练掌握企业财务会计报告的编制，并延伸学习国家资产负债的含义，拓宽自身的眼界与格局。学生在编制财务会计报告过程中认真践行诚信、敬业的社会主义核心价值观，并进一步领会国家财经法规的内涵，形成敬畏法律之心。

## 子项目 1　财务会计报告概述

**业务呈现**

指出企业财务会计报告的主体和核心，简要分析编制财务会计报告的意义。

**知识准备**

### 一、 财务会计报告目标

《企业会计准则——基本准则》第四条规定：财务会计报告的目标是向财务会计报告使用者提供与企业财务状况、经营成果和现金流量等有关会计信息，反映管理层受托责任履行情况，有助于财务会计报告使用者作出经济决策。

## 二、 财务会计报告的组成

根据《会计法》第二十条第二款规定：财务会计报告由会计报表、会计报表附注和财务情况说明书组成。

(1) 会计报表是会计要素确认、计量的结果和综合性描述，是财务会计报告的主体和核心。

(2) 会计报表附注是财务会计报告的重要组成部分，主要是对于会计报表的编制基础、编制依据、编制原则、编制方法及主要项目等所作的解释。

(3) 财务情况说明书也是财务会计报告的重要组成部分，是对一定会计期间(通常是一年)内财务、成本等情况进行分析总结所作的书面文字说明，是会计报表的补充，是决算报告的组成部分。财务情况说明书全面提供公司的生产经营、业务活动情况，分析总结公司的经营业绩，指出公司经营中存在的问题和不足。

会计报表附注和财务情况说明书有利于增进会计信息的可理解性，提高会计信息的可比性和突出重要的会计信息。

## 三、 财务会计报表的组成

会计报表可按内容、服务对象、编制基础和编报期间等不同的标准进行分类。

1. 按反映经济内容的不同可分成反映财务状况的报表和反映经营成果的报表

(1) 反映财务状况的报表有资产负债表(静态状态)和现金流量表(动态状态)。

(2) 反映经营成果的报表有利润表(动态报表)。

2. 按服务对象的不同可以分成外部报表和内部报表

(1) 外部报表是按规定必须向政府相关部门、投资人、债权人及社会公众报送的报表，主要有四表一注和财务情况说明书(图 15-1)。外部报表的格式、编制方法、报送时间均由财政部门统一规定，各单位遵照执行。

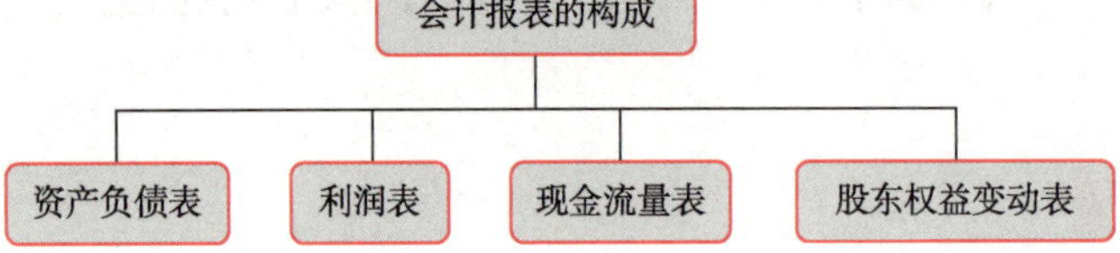


**图 15-1 四表构成图**

(2) 内部报表是指单位因内部经营管理的需要而自行设计、定期编制、不对外公开的会计报表。比如主营业务成本明细表、销售费用明细表等。

3. 按编制基础的不同可以分成个别财务报表和合并财务报表

(1) 个别财务报表是以企业自身为会计主体，由企业在自身会计核算基础上对账簿记录进行加工而编制的财务报表。

(2) 合并财务报表是以母公司和子公司组成的企业集团为会计主体，根据母公司和所属子公司的财务报表，由母公司编制的综合反映企业集团财务状况、经营成果和现金流量的财务报表。

4. 按编报期间的不同可以分成中期财务报表和年度财务报表

（1）中期财务报表是以短于一个完整会计年度的报告期间为基础编制的财务报表，包括月报、季报和半年报等。中期财务报表主要有资产负债表、利润表和应交增值税明细表等。

（2）年度财务报表(简称年报)又称决算报表，包括资产负债表、利润表、现金流量表、所有者(或股东)权益变动表以及其他附表。

## 四、 财务会计报表的编制要求

企业应当以持续经营为基本前提编制财务会计报表，以权责发生制为会计基础编制资产负债表和利润表，以收付实现制编制现金流量表，要确保会计报表的质量，企业在编制财务会计报表时还应当满足下列要求。

1. 数字真实

企业必须对实际发生的交易或事项，按照会计准则的规定进行确认、计量和记录，在账证相符、账账相符、账实相符的基础上编制财务会计报表，真实、公允地反映企业的财务状况、经营成果和现金流量。

2. 计算准确

企业呈现在的财务会计报表中的各项数据都应当按规定的渠道获得，并做到计算准确无误。

3. 内容完整

企业必须根据会计准则规定的报表种类、格式和项目来编制财务会计报表；每一种报表的各个项目以及补充资料(企业真实发生的项目及存在的资料不得漏填漏报)必须填列齐全。

4. 报送及时

及时性是会计信息质量要求之一。

根据规定：月报应于月度终了 6 天内对外提供；季报应于季度终了 15 天内对外提供；半年报应于半年度结束后 60 天内对外提供；年报应于年度终了 4 个月内对外提供。

**业务处理**

会计报表是财务会计报告的主体和核心。

财务会计报告是企业财务会计确认与计量的最终结果的体现，是企业向政府相关部门、投资者和债权人等财务会计报告使用者提供会计信息的主要载体和重要渠道，是企业管理层与投资者、债权人等财务会计报告使用者进行沟通的桥梁和纽带。

# 子项目 2　资产负债表

资产负债表是反映企业在某一特定日期财务状况的报表，是对企业特定日期的资产、负债和所有者权益的结构性表述。它反映企业在某一特定日期所拥有或控制的经济资源，所承担的现时义务和所有者对净资产的要求权。

资产负债表是会计报表中的主要报表，为企业分析财务状况提供了客观数据。比如资产负债率就是反映企业财务状况的重要指标，表明企业在特定日期的资产所占用的资金中负债资金的比率。

**业务呈现**

晋江金海股份有限公司是一家非上市股份制企业，请根据有关资料，编制该公司2025年4月的资产负债表。

资料一：金海股份有限公司2024年资产负债表(见表15-1)。

**表 15-1　资产负债表**

2024年12月31日　　会企01表

编制单位：金海股份有限公司　　单位：元

| 资　　产 | 期末余额 | 上年年末余额 | 负债和所有者权益（或股东权益） | 期末余额 | 上年年末余额 |
|---|---|---|---|---|---|
| 流动资产： | | | 流动负债： | | |
| 货币资金 | 205 000 | | 短期借款 | 200 000 | |
| 交易性金融资产 | 100 000 | | 交易性金融负债 | | |
| 衍生金融资产 | | | 衍生金融负债 | | |
| 应收票据 | | | 应付票据 | | |
| 应收账款 | 380 700 | | 应付账款 | 213 900 | |
| 应收款项融资 | | | 预收款项 | | |
| 预付款项 | 32 000 | | 合同负债 | | |
| 其他应收款 | 3 500 | | 应付职工薪酬 | 20 000 | |
| 存货 | 1 384 100 | | 应交税费 | 12 390 | |
| 合同资产 | | | 其他应付款 | 27 000 | |
| 持有待售资产 | | | 持有待售负债 | | |
| 一年内到期的非流动资产 | | | 一年内到期的非流动负债 | | |
| 其他流动资产 | | | 其他流动负债 | | |
| 流动资产合计 | 2 105 300 | | 流动负债合计 | 473 290 | |
| 非流动资产： | | | 非流动负债： | | |

续表

| 资　　产 | 期末余额 | 上年年末余额 | 负债和所有者权益（或股东权益） | 期末余额 | 上年年末余额 |
|---|---|---|---|---|---|
| 债权投资 | | | 长期借款 | 600 000 | |
| 其他债权投资 | | | 应付债券 | | |
| 长期应收款 | | | 其中：优先股 | | |
| 长期股权投资 | 150 000 | | 　　永续债 | | |
| 其他权益工具投资 | | | 租赁负债 | | |
| 其他非流动金融资产 | | | 长期应付款 | | |
| 投资性房地产 | | | 预计负债 | | |
| 固定资产 | 317 000 | | 递延收益 | | |
| 在建工程 | | | 递延所得税负债 | | |
| 生产性生物资产 | | | 其他非流动负债 | | |
| 油气资产 | | | 非流动负债合计 | 600 000 | |
| 使用权资产 | | | 负债合计 | 1 073 290 | |
| 无形资产 | 28 000 | | 所有者权益(或股东权益) | | |
| 研发支出 | | | 实收资本(或股本) | 1 200 000 | |
| 商誉 | | | 其他权益工具 | | |
| 长期待摊费用 | | | 其中：优先股 | | |
| 递延所得税资产 | | | 　　永续债 | | |
| 其他非流动资产 | | | 资本公积 | 200 000 | |
| 非流动资产合计 | 495 000 | | 减：库存股 | | |
| | | | 其他综合收益 | | |
| | | | 专项储备 | | |
| | | | 盈余公积 | 18 270 | |
| | | | 未分配利润 | 108 740 | |
| | | | 所有者权益(或股东权益)合计 | 1 527 010 | |
| 资产总计 | 2 600 300 | | 负债和所有者权益(或股东权益)总计 | 2 600 300 | |

资料二：金海股份有限公司 2025 年 4 月总账的账户资料(见表 15-2~表 15-33)。

**表 15-2**

**总　　账**　　　　第___页

科目：库存现金

| 25年 | | 记账凭证 | | 摘　要 | 借方金额 | | | | | | | | | 核对号 | 贷方金额 | | | | | | | | | 借或贷 | 余额 | | | | | | | | |
|---|---|---|---|---|---|---|---|---|---|---|---|---|---|---|---|---|---|---|---|---|---|---|---|---|---|---|---|---|---|---|---|---|---|
| 月 | 日 | 种类 | 号数 | | 百 | 十 | 万 | 千 | 百 | 十 | 元 | 角 | 分 | | 百 | 十 | 万 | 千 | 百 | 十 | 元 | 角 | 分 | | 百 | 十 | 万 | 千 | 百 | 十 | 元 | 角 | 分 |
| 4 | 30 | 汇 | | 汇总过入 | | | 2 | 5 | 0 | 0 | 0 | 0 | 0 | √ | | | 2 | 3 | 2 | 0 | 0 | 0 | 0 | 借 | | | | 6 | 0 | 0 | 0 | 0 | 0 |

**表 15-3**

## 总　　账

第__页

科目：银行存款

| 25年 | | 记账凭证 | | 摘要 | 借方金额 | | | | | | | | | 核对号 | 贷方金额 | | | | | | | | | 借或贷 | 余额 | | | | | | | | |
|---|---|---|---|---|---|---|---|---|---|---|---|---|---|---|---|---|---|---|---|---|---|---|---|---|---|---|---|---|---|---|---|---|---|
| 月 | 日 | 种类 | 号数 | | 百 | 十 | 万 | 千 | 百 | 十 | 元 | 角 | 分 | | 百 | 十 | 万 | 千 | 百 | 十 | 元 | 角 | 分 | | 百 | 十 | 万 | 千 | 百 | 十 | 元 | 角 | 分 |
| 4 | 30 | 汇 | | 汇总过入 | | 7 | 9 | 1 | 4 | 0 | 0 | 0 | 0 | √ | | 5 | 8 | 6 | 3 | 0 | 0 | 0 | 0 | 借 | | 3 | 5 | 0 | 0 | 0 | 0 | 0 | 0 |

**表 15-4**

## 总　　账

第__页

科目：其他货币资金

| 25年 | | 记账凭证 | | 摘要 | 借方金额 | | | | | | | | | 核对号 | 贷方金额 | | | | | | | | | 借或贷 | 余额 | | | | | | | | |
|---|---|---|---|---|---|---|---|---|---|---|---|---|---|---|---|---|---|---|---|---|---|---|---|---|---|---|---|---|---|---|---|---|---|
| 月 | 日 | 种类 | 号数 | | 百 | 十 | 万 | 千 | 百 | 十 | 元 | 角 | 分 | | 百 | 十 | 万 | 千 | 百 | 十 | 元 | 角 | 分 | | 百 | 十 | 万 | 千 | 百 | 十 | 元 | 角 | 分 |
| 4 | 30 | 汇 | | 汇总过入 | | | 1 | 0 | 0 | 0 | 0 | 0 | 0 | √ | | | | | | | | | | 借 | | | 1 | 0 | 0 | 0 | 0 | 0 | 0 |

**表 15-5**

## 总　　账

第__页

科目：交易性金融资产

| 25年 | | 记账凭证 | | 摘要 | 借方金额 | | | | | | | | | 核对号 | 贷方金额 | | | | | | | | | 借或贷 | 余额 | | | | | | | | |
|---|---|---|---|---|---|---|---|---|---|---|---|---|---|---|---|---|---|---|---|---|---|---|---|---|---|---|---|---|---|---|---|---|---|
| 月 | 日 | 种类 | 号数 | | 百 | 十 | 万 | 千 | 百 | 十 | 元 | 角 | 分 | | 百 | 十 | 万 | 千 | 百 | 十 | 元 | 角 | 分 | | 百 | 十 | 万 | 千 | 百 | 十 | 元 | 角 | 分 |
| 4 | 30 | 汇 | | 汇总过入 | | | | | | | | | | √ | | | 5 | 0 | 0 | 0 | 0 | 0 | 0 | 借 | | | 5 | 0 | 0 | 0 | 0 | 0 | 0 |

**表 15-6**

## 总　　账

第__页

科目：应收票据

| 25年 | | 记账凭证 | | 摘要 | 借方金额 | | | | | | | | | 核对号 | 贷方金额 | | | | | | | | | 借或贷 | 余额 | | | | | | | | |
|---|---|---|---|---|---|---|---|---|---|---|---|---|---|---|---|---|---|---|---|---|---|---|---|---|---|---|---|---|---|---|---|---|---|
| 月 | 日 | 种类 | 号数 | | 百 | 十 | 万 | 千 | 百 | 十 | 元 | 角 | 分 | | 百 | 十 | 万 | 千 | 百 | 十 | 元 | 角 | 分 | | 百 | 十 | 万 | 千 | 百 | 十 | 元 | 角 | 分 |
| 4 | 30 | 汇 | | 汇总过入 | | | 2 | 0 | 0 | 0 | 0 | 0 | 0 | √ | | | | | | | | | | 借 | | | 2 | 0 | 0 | 0 | 0 | 0 | 0 |

**表 15-7**

## 总　　账

第__页

科目：应收账款

| 25年 | | 记账凭证 | | 摘要 | 借方金额 | | | | | | | | | 核对号 | 贷方金额 | | | | | | | | | 借或贷 | 余额 | | | | | | | | |
|---|---|---|---|---|---|---|---|---|---|---|---|---|---|---|---|---|---|---|---|---|---|---|---|---|---|---|---|---|---|---|---|---|---|
| 月 | 日 | 种类 | 号数 | | 百 | 十 | 万 | 千 | 百 | 十 | 元 | 角 | 分 | | 百 | 十 | 万 | 千 | 百 | 十 | 元 | 角 | 分 | | 百 | 十 | 万 | 千 | 百 | 十 | 元 | 角 | 分 |
| 4 | 30 | 汇 | | 汇总过入 | | 4 | 2 | 9 | 4 | 0 | 0 | 0 | 0 | √ | | 2 | 0 | 0 | 0 | 0 | 0 | 0 | 0 | 借 | | 3 | 0 | 0 | 0 | 1 | 5 | 0 | 0 |

表 15-8

总　　账　　　第___页

科目：预付账款

| 25年 | | 记账凭证 | | 摘要 | 借方金额 | | | | | | | | | 核对号 | 贷方金额 | | | | | | | | | 借或贷 | 余额 | | | | | | | | |
|---|---|---|---|---|---|---|---|---|---|---|---|---|---|---|---|---|---|---|---|---|---|---|---|---|---|---|---|---|---|---|---|---|---|
| 月 | 日 | 种类 | 号数 | | 百 | 十 | 万 | 千 | 百 | 十 | 元 | 角 | 分 | | 百 | 十 | 万 | 千 | 百 | 十 | 元 | 角 | 分 | | 百 | 十 | 万 | 千 | 百 | 十 | 元 | 角 | 分 |
| 4 | 30 | 汇 | | 汇总过入 | | 2 | 5 | 0 | 0 | 0 | 0 | 0 | 0 | √ | | 1 | 3 | 5 | 6 | 0 | 0 | 0 | 0 | 借 | | 1 | 2 | 6 | 1 | 0 | 0 | 0 | 0 |

表 15-9

总　　账　　　第___页

科目：坏账准备

| 25年 | | 记账凭证 | | 摘要 | 借方金额 | | | | | | | | | 核对号 | 贷方金额 | | | | | | | | | 借或贷 | 余额 | | | | | | | | |
|---|---|---|---|---|---|---|---|---|---|---|---|---|---|---|---|---|---|---|---|---|---|---|---|---|---|---|---|---|---|---|---|---|---|
| 月 | 日 | 种类 | 号数 | | 百 | 十 | 万 | 千 | 百 | 十 | 元 | 角 | 分 | | 百 | 十 | 万 | 千 | 百 | 十 | 元 | 角 | 分 | | 百 | 十 | 万 | 千 | 百 | 十 | 元 | 角 | 分 |
| 1 | 1 | | | 上年结转 | | | | | | | | | | | | | | | | | | | | 贷 | | | 4 | 2 | 3 | 0 | 0 | 0 | 0 |

表 15-10

总　　账　　　第___页

科目：其他应收款

| 25年 | | 记账凭证 | | 摘要 | 借方金额 | | | | | | | | | 核对号 | 贷方金额 | | | | | | | | | 借或贷 | 余额 | | | | | | | | |
|---|---|---|---|---|---|---|---|---|---|---|---|---|---|---|---|---|---|---|---|---|---|---|---|---|---|---|---|---|---|---|---|---|---|
| 月 | 日 | 种类 | 号数 | | 百 | 十 | 万 | 千 | 百 | 十 | 元 | 角 | 分 | | 百 | 十 | 万 | 千 | 百 | 十 | 元 | 角 | 分 | | 百 | 十 | 万 | 千 | 百 | 十 | 元 | 角 | 分 |
| 4 | 30 | 汇 | | 汇总过入 | | | | 1 | 0 | 0 | 0 | 0 | 0 | √ | | | | | | | | | | 借 | | | | 4 | 5 | 0 | 0 | 0 | 0 |

表 15-11

总　　账　　　第___页

科目：原材料

| 25年 | | 记账凭证 | | 摘要 | 借方金额 | | | | | | | | | 核对号 | 贷方金额 | | | | | | | | | 借或贷 | 余额 | | | | | | | | |
|---|---|---|---|---|---|---|---|---|---|---|---|---|---|---|---|---|---|---|---|---|---|---|---|---|---|---|---|---|---|---|---|---|---|
| 月 | 日 | 种类 | 号数 | | 百 | 十 | 万 | 千 | 百 | 十 | 元 | 角 | 分 | | 百 | 十 | 万 | 千 | 百 | 十 | 元 | 角 | 分 | | 百 | 十 | 万 | 千 | 百 | 十 | 元 | 角 | 分 |
| 4 | 30 | 汇 | | 汇总过入 | | 3 | 8 | 7 | 0 | 0 | 0 | 0 | 0 | √ | | 2 | 3 | 6 | 0 | 0 | 0 | 0 | 0 | 借 | | 3 | 9 | 7 | 0 | 0 | 0 | 0 | 0 |

表 15-12

总　　账　　　第___页

科目：库存商品

| 25年 | | 记账凭证 | | 摘要 | 借方金额 | | | | | | | | | 核对号 | 贷方金额 | | | | | | | | | 借或贷 | 余额 | | | | | | | | |
|---|---|---|---|---|---|---|---|---|---|---|---|---|---|---|---|---|---|---|---|---|---|---|---|---|---|---|---|---|---|---|---|---|---|
| 月 | 日 | 种类 | 号数 | | 百 | 十 | 万 | 千 | 百 | 十 | 元 | 角 | 分 | | 百 | 十 | 万 | 千 | 百 | 十 | 元 | 角 | 分 | | 百 | 十 | 万 | 千 | 百 | 十 | 元 | 角 | 分 |
| 4 | 30 | 汇 | | 汇总过入 | 1 | 1 | 8 | 3 | 0 | 0 | 0 | 0 | 0 | √ | | 6 | 9 | 3 | 9 | 2 | 0 | 0 | 0 | 借 | | 9 | 4 | 6 | 8 | 0 | 0 | 0 | 0 |

**表 15-13**

## 总　　账

第＿页

科目：周转材料

| 25年 | | 记账凭证 | | 摘要 | 借方金额 | | | | | | | | | 核对号 | 贷方金额 | | | | | | | | | 借或贷 | 余额 | | | | | | | | |
|---|---|---|---|---|---|---|---|---|---|---|---|---|---|---|---|---|---|---|---|---|---|---|---|---|---|---|---|---|---|---|---|---|---|
| 月 | 日 | 种类 | 号数 | | 百 | 十 | 万 | 千 | 百 | 十 | 元 | 角 | 分 | | 百 | 十 | 万 | 千 | 百 | 十 | 元 | 角 | 分 | | 百 | 十 | 万 | 千 | 百 | 十 | 元 | 角 | 分 |
| 4 | 30 | 汇 | | 汇总过入 | | | 3 | 9 | 0 | 0 | 0 | 0 | 0 | √ | | | 9 | 2 | 0 | 9 | 5 | 0 | 0 | 借 | | | 5 | 6 | 3 | 3 | 5 | 0 | 0 |

**表 15-14**

## 总　　账

第＿页

科目：生产成本

| 25年 | | 记账凭证 | | 摘要 | 借方金额 | | | | | | | | | 核对号 | 贷方金额 | | | | | | | | | 借或贷 | 余额 | | | | | | | | |
|---|---|---|---|---|---|---|---|---|---|---|---|---|---|---|---|---|---|---|---|---|---|---|---|---|---|---|---|---|---|---|---|---|---|
| 月 | 日 | 种类 | 号数 | | 百 | 十 | 万 | 千 | 百 | 十 | 元 | 角 | 分 | | 百 | 十 | 万 | 千 | 百 | 十 | 元 | 角 | 分 | | 百 | 十 | 万 | 千 | 百 | 十 | 元 | 角 | 分 |
| 4 | 30 | 汇 | | 汇总过入 | | 9 | 6 | 5 | 7 | 5 | 0 | 0 | 0 | √ | 1 | 1 | 8 | 3 | 0 | 0 | 0 | 0 | 0 | 借 | | | 3 | 8 | 2 | 5 | 0 | 0 | 0 |

**表 15-15**

## 总　　账

第＿页

科目：长期股权投资

| 25年 | | 记账凭证 | | 摘要 | 借方金额 | | | | | | | | | 核对号 | 贷方金额 | | | | | | | | | 借或贷 | 余额 | | | | | | | | |
|---|---|---|---|---|---|---|---|---|---|---|---|---|---|---|---|---|---|---|---|---|---|---|---|---|---|---|---|---|---|---|---|---|---|
| 月 | 日 | 种类 | 号数 | | 百 | 十 | 万 | 千 | 百 | 十 | 元 | 角 | 分 | | 百 | 十 | 万 | 千 | 百 | 十 | 元 | 角 | 分 | | 百 | 十 | 万 | 千 | 百 | 十 | 元 | 角 | 分 |
| 1 | 1 | | | 上年结转 | | | | | | | | | | | | | | | | | | | | 借 | | 1 | 5 | 0 | 0 | 0 | 0 | 0 | 0 |

**表 15-16**

## 总　　账

第＿页

科目：固定资产

| 25年 | | 记账凭证 | | 摘要 | 借方金额 | | | | | | | | | 核对号 | 贷方金额 | | | | | | | | | 借或贷 | 余额 | | | | | | | | |
|---|---|---|---|---|---|---|---|---|---|---|---|---|---|---|---|---|---|---|---|---|---|---|---|---|---|---|---|---|---|---|---|---|---|
| 月 | 日 | 种类 | 号数 | | 百 | 十 | 万 | 千 | 百 | 十 | 元 | 角 | 分 | | 百 | 十 | 万 | 千 | 百 | 十 | 元 | 角 | 分 | | 百 | 十 | 万 | 千 | 百 | 十 | 元 | 角 | 分 |
| 1 | 1 | | | 上年结转 | | | | | | | | | | | | | | | | | | | | 借 | | 3 | 4 | 8 | 1 | 2 | 0 | 0 | 0 |

**表 15-17**

## 总　　账

总＿页

科目：累计折旧

| 25年 | | 记账凭证 | | 摘要 | 借方金额 | | | | | | | | | 核对号 | 贷方金额 | | | | | | | | | 借或贷 | 余额 | | | | | | | | |
|---|---|---|---|---|---|---|---|---|---|---|---|---|---|---|---|---|---|---|---|---|---|---|---|---|---|---|---|---|---|---|---|---|---|
| 月 | 日 | 种类 | 号数 | | 百 | 十 | 万 | 千 | 百 | 十 | 元 | 角 | 分 | | 百 | 十 | 万 | 千 | 百 | 十 | 元 | 角 | 分 | | 百 | 十 | 万 | 千 | 百 | 十 | 元 | 角 | 分 |
| 4 | 30 | 汇 | | 汇总过入 | | | | | | | | | | √ | | | | 1 | 3 | 7 | 0 | 0 | 0 | 贷 | | | 7 | 4 | 9 | 0 | 0 | 0 | 0 |

表 15-18

**总　　账**　　　　第__页

科目：无形资产

| 25年 | | 记账凭证 | | 摘要 | 借方金额 | | | | | | | | | 核对号 | 贷方金额 | | | | | | | | | 借或贷 | 余额 | | | | | | | | |
|---|---|---|---|---|---|---|---|---|---|---|---|---|---|---|---|---|---|---|---|---|---|---|---|---|---|---|---|---|---|---|---|---|---|
| 月 | 日 | 种类 | 号数 | | 百 | 十 | 万 | 千 | 百 | 十 | 元 | 角 | 分 | | 百 | 十 | 万 | 千 | 百 | 十 | 元 | 角 | 分 | | 百 | 十 | 万 | 千 | 百 | 十 | 元 | 角 | 分 |
| 1 | 1 | | | 上年结转 | | | | | | | | | | | | | | | | | | | | 借 | | | 5 | 0 | 0 | 0 | 0 | 0 | 0 |

表 15-19

**总　　账**　　　　第__页

科目：累计摊销

| 25年 | | 记账凭证 | | 摘要 | 借方金额 | | | | | | | | | 核对号 | 贷方金额 | | | | | | | | | 借或贷 | 余额 | | | | | | | | |
|---|---|---|---|---|---|---|---|---|---|---|---|---|---|---|---|---|---|---|---|---|---|---|---|---|---|---|---|---|---|---|---|---|---|
| 月 | 日 | 种类 | 号数 | | 百 | 十 | 万 | 千 | 百 | 十 | 元 | 角 | 分 | | 百 | 十 | 万 | 千 | 百 | 十 | 元 | 角 | 分 | | 百 | 十 | 万 | 千 | 百 | 十 | 元 | 角 | 分 |
| 4 | 30 | 汇 | | 汇总过入 | | | | | | | | | | √ | | | | 1 | 7 | 5 | 0 | 0 | 0 | 贷 | | | 2 | 6 | 0 | 0 | 0 | 0 | 0 |

表 15-20

**总　　账**　　　　第__页

科目：长期待摊费用

| 25年 | | 记账凭证 | | 摘要 | 借方金额 | | | | | | | | | 核对号 | 贷方金额 | | | | | | | | | 借或贷 | 余额 | | | | | | | | |
|---|---|---|---|---|---|---|---|---|---|---|---|---|---|---|---|---|---|---|---|---|---|---|---|---|---|---|---|---|---|---|---|---|---|
| 月 | 日 | 种类 | 号数 | | 百 | 十 | 万 | 千 | 百 | 十 | 元 | 角 | 分 | | 百 | 十 | 万 | 千 | 百 | 十 | 元 | 角 | 分 | | 百 | 十 | 万 | 千 | 百 | 十 | 元 | 角 | 分 |
| 4 | 30 | 汇 | | 汇总过入 | | 2 | 3 | 5 | 9 | 8 | 0 | 0 | 0 | √ | | | | | | | | | | 借 | | 2 | 3 | 5 | 9 | 8 | 0 | 0 | 0 |

表 15-21

**总　　账**　　　　第__页

科目：短期借款

| 25年 | | 记账凭证 | | 摘要 | 借方金额 | | | | | | | | | 核对号 | 贷方金额 | | | | | | | | | 借或贷 | 余额 | | | | | | | | |
|---|---|---|---|---|---|---|---|---|---|---|---|---|---|---|---|---|---|---|---|---|---|---|---|---|---|---|---|---|---|---|---|---|---|
| 月 | 日 | 种类 | 号数 | | 百 | 十 | 万 | 千 | 百 | 十 | 元 | 角 | 分 | | 百 | 十 | 万 | 千 | 百 | 十 | 元 | 角 | 分 | | 百 | 十 | 万 | 千 | 百 | 十 | 元 | 角 | 分 |
| 4 | 30 | 汇 | | 汇总过入 | | | | | | | | | | √ | | | 5 | 0 | 0 | 0 | 0 | 0 | 0 | 贷 | | 2 | 5 | 0 | 0 | 0 | 0 | 0 | 0 |

表 15-22

**总　　账**　　　　第__页

科目：应付票据

| 25年 | | 记账凭证 | | 摘要 | 借方金额 | | | | | | | | | 核对号 | 贷方金额 | | | | | | | | | 借或贷 | 余额 | | | | | | | | |
|---|---|---|---|---|---|---|---|---|---|---|---|---|---|---|---|---|---|---|---|---|---|---|---|---|---|---|---|---|---|---|---|---|---|
| 月 | 日 | 种类 | 号数 | | 百 | 十 | 万 | 千 | 百 | 十 | 元 | 角 | 分 | | 百 | 十 | 万 | 千 | 百 | 十 | 元 | 角 | 分 | | 百 | 十 | 万 | 千 | 百 | 十 | 元 | 角 | 分 |
| 4 | 30 | 汇 | | 汇总过入 | | | | | | | | | | √ | | 1 | 2 | 0 | 0 | 0 | 0 | 0 | 0 | 贷 | | 1 | 2 | 0 | 0 | 0 | 0 | 0 | 0 |

表 15-23

**总　　账**

第___页

科目：合同负债

| 25年 | | 记账凭证 | | 摘要 | 借方金额 | | | | | | | | | 核对号 | 贷方金额 | | | | | | | | | 借或贷 | 余额 | | | | | | | | |
|---|---|---|---|---|---|---|---|---|---|---|---|---|---|---|---|---|---|---|---|---|---|---|---|---|---|---|---|---|---|---|---|---|---|
| 月 | 日 | 种类 | 号数 | | 百 | 十 | 万 | 千 | 百 | 十 | 元 | 角 | 分 | | 百 | 十 | 万 | 千 | 百 | 十 | 元 | 角 | 分 | | 百 | 十 | 万 | 千 | 百 | 十 | 元 | 角 | 分 |
| 4 | 30 | 汇 | | 汇总过入 | | | | | | | | | | √ | | 2 | 0 | 0 | 0 | 0 | 0 | 0 | 0 | 贷 | | 2 | 0 | 0 | 0 | 0 | 0 | 0 | 0 |

表 15-24

**总　　账**

第___页

科目：应付职工薪酬

| 25年 | | 记账凭证 | | 摘要 | 借方金额 | | | | | | | | | 核对号 | 贷方金额 | | | | | | | | | 借或贷 | 余额 | | | | | | | | |
|---|---|---|---|---|---|---|---|---|---|---|---|---|---|---|---|---|---|---|---|---|---|---|---|---|---|---|---|---|---|---|---|---|---|
| 月 | 日 | 种类 | 号数 | | 百 | 十 | 万 | 千 | 百 | 十 | 元 | 角 | 分 | | 百 | 十 | 万 | 千 | 百 | 十 | 元 | 角 | 分 | | 百 | 十 | 万 | 千 | 百 | 十 | 元 | 角 | 分 |
| 4 | 30 | 汇 | | 汇总过入 | | | 9 | 2 | 0 | 0 | 0 | 0 | 0 | √ | | 1 | 0 | 0 | 0 | 0 | 0 | 0 | 0 | 贷 | | | 8 | 0 | 0 | 0 | 0 | 0 | 0 |

表 15-25

**总　　账**

第___页

科目：应付利息

| 25年 | | 记账凭证 | | 摘要 | 借方金额 | | | | | | | | | 核对号 | 贷方金额 | | | | | | | | | 借或贷 | 余额 | | | | | | | | |
|---|---|---|---|---|---|---|---|---|---|---|---|---|---|---|---|---|---|---|---|---|---|---|---|---|---|---|---|---|---|---|---|---|---|
| 月 | 日 | 种类 | 号数 | | 百 | 十 | 万 | 千 | 百 | 十 | 元 | 角 | 分 | | 百 | 十 | 万 | 千 | 百 | 十 | 元 | 角 | 分 | | 百 | 十 | 万 | 千 | 百 | 十 | 元 | 角 | 分 |
| 4 | 30 | 汇 | | 汇总过入 | | | | 5 | 0 | 0 | 0 | 0 | 0 | √ | | | | | | | | | | 贷 | | | | 5 | 0 | 0 | 0 | 0 | 0 |

表 15-26

**总　　账**

第___页

科目：应交税费

| 25年 | | 记账凭证 | | 摘要 | 借方金额 | | | | | | | | | 核对号 | 贷方金额 | | | | | | | | | 借或贷 | 余额 | | | | | | | | |
|---|---|---|---|---|---|---|---|---|---|---|---|---|---|---|---|---|---|---|---|---|---|---|---|---|---|---|---|---|---|---|---|---|---|
| 月 | 日 | 种类 | 号数 | | 百 | 十 | 万 | 千 | 百 | 十 | 元 | 角 | 分 | | 百 | 十 | 万 | 千 | 百 | 十 | 元 | 角 | 分 | | 百 | 十 | 万 | 千 | 百 | 十 | 元 | 角 | 分 |
| 4 | 30 | 汇 | | 汇总过入 | | 3 | 8 | 2 | 4 | 6 | 0 | 0 | 0 | √ | | 3 | 9 | 4 | 3 | 5 | 0 | 0 | 0 | 贷 | | | 1 | 1 | 8 | 9 | 0 | 0 | 0 |

表 15-27

**总　　账**

第___页

科目：应付账款

| 25年 | | 记账凭证 | | 摘要 | 借方金额 | | | | | | | | | 核对号 | 贷方金额 | | | | | | | | | 借或贷 | 余额 | | | | | | | | |
|---|---|---|---|---|---|---|---|---|---|---|---|---|---|---|---|---|---|---|---|---|---|---|---|---|---|---|---|---|---|---|---|---|---|
| 月 | 日 | 种类 | 号数 | | 百 | 十 | 万 | 千 | 百 | 十 | 元 | 角 | 分 | | 百 | 十 | 万 | 千 | 百 | 十 | 元 | 角 | 分 | | 百 | 十 | 万 | 千 | 百 | 十 | 元 | 角 | 分 |
| 4 | 30 | 汇 | | 汇总过入 | | | 3 | 0 | 0 | 0 | 0 | 0 | 0 | | | 3 | 4 | 0 | 0 | 0 | 0 | 0 | 0 | 贷 | | 2 | 1 | 0 | 0 | 0 | 0 | 0 | 0 |

**表 15-28**

## 总　账

第__页

科目：长期借款

| 25年 | | 记账凭证 | | 摘　要 | 借方金额 | | | | | | | | | 核对号 | 贷方金额 | | | | | | | | | 借或贷 | 余额 | | | | | | | | |
|---|---|---|---|---|---|---|---|---|---|---|---|---|---|---|---|---|---|---|---|---|---|---|---|---|---|---|---|---|---|---|---|---|---|
| 月 | 日 | 种类 | 号数 | | 百 | 十 | 万 | 千 | 百 | 十 | 元 | 角 | 分 | | 百 | 十 | 万 | 千 | 百 | 十 | 元 | 角 | 分 | | 百 | 十 | 万 | 千 | 百 | 十 | 元 | 角 | 分 |
| 1 | 1 | | | 上年结转 | | | | | | | | | | | | | | | | | | | | 贷 | | 5 | 0 | 0 | 0 | 0 | 0 | 0 | 0 |

**表 15-29**

## 总　账

第__页

科目：实收资本

| 25年 | | 记账凭证 | | 摘　要 | 借方金额 | | | | | | | | | 核对号 | 贷方金额 | | | | | | | | | 借或贷 | 余额 | | | | | | | | |
|---|---|---|---|---|---|---|---|---|---|---|---|---|---|---|---|---|---|---|---|---|---|---|---|---|---|---|---|---|---|---|---|---|---|
| 月 | 日 | 种类 | 号数 | | 百 | 十 | 万 | 千 | 百 | 十 | 元 | 角 | 分 | | 百 | 十 | 万 | 千 | 百 | 十 | 元 | 角 | 分 | | 百 | 十 | 万 | 千 | 百 | 十 | 元 | 角 | 分 |
| 1 | 1 | | | 上年结转 | | | | | | | | | | | | | | | | | | | | 贷 | 1 | 2 | 0 | 0 | 0 | 0 | 0 | 0 | 0 |

**表 15-30**

## 总　账

第__页

科目：资本公积

| 25年 | | 记账凭证 | | 摘　要 | 借方金额 | | | | | | | | | 核对号 | 贷方金额 | | | | | | | | | 借或贷 | 余额 | | | | | | | | |
|---|---|---|---|---|---|---|---|---|---|---|---|---|---|---|---|---|---|---|---|---|---|---|---|---|---|---|---|---|---|---|---|---|---|
| 月 | 日 | 种类 | 号数 | | 百 | 十 | 万 | 千 | 百 | 十 | 元 | 角 | 分 | | 百 | 十 | 万 | 千 | 百 | 十 | 元 | 角 | 分 | | 百 | 十 | 万 | 千 | 百 | 十 | 元 | 角 | 分 |
| 1 | 1 | | | 上年结转 | | | | | | | | | | | | | | | | | | | | 贷 | | 2 | 0 | 0 | 0 | 0 | 0 | 0 | 0 |

**表 15-31**

## 总　账

第__页

科目：盈余公积

| 25年 | | 记账凭证 | | 摘　要 | 借方金额 | | | | | | | | | 核对号 | 贷方金额 | | | | | | | | | 借或贷 | 余额 | | | | | | | | |
|---|---|---|---|---|---|---|---|---|---|---|---|---|---|---|---|---|---|---|---|---|---|---|---|---|---|---|---|---|---|---|---|---|---|
| 月 | 日 | 种类 | 号数 | | 百 | 十 | 万 | 千 | 百 | 十 | 元 | 角 | 分 | | 百 | 十 | 万 | 千 | 百 | 十 | 元 | 角 | 分 | | 百 | 十 | 万 | 千 | 百 | 十 | 元 | 角 | 分 |
| 1 | 1 | | | 上年结转 | | | | | | | | | | | | | | | | | | | | 贷 | | | 1 | 8 | 2 | 7 | 0 | 0 | 0 |

**表 15-32**

## 总　账

第__页

科目：利润分配

| 25年 | | 记账凭证 | | 摘　要 | 借方金额 | | | | | | | | | 核对号 | 贷方金额 | | | | | | | | | 借或贷 | 余额 | | | | | | | | |
|---|---|---|---|---|---|---|---|---|---|---|---|---|---|---|---|---|---|---|---|---|---|---|---|---|---|---|---|---|---|---|---|---|---|
| 月 | 日 | 种类 | 号数 | | 百 | 十 | 万 | 千 | 百 | 十 | 元 | 角 | 分 | | 百 | 十 | 万 | 千 | 百 | 十 | 元 | 角 | 分 | | 百 | 十 | 万 | 千 | 百 | 十 | 元 | 角 | 分 |
| 1 | 1 | | | 上年结转 | | | | | | | | | | | | | | | | | | | | 贷 | | 1 | 0 | 8 | 7 | 4 | 0 | 0 | 0 |

表 15-33

**总　　账**　　　　第__页

科目：本年利润

| 25年 | | 记账凭证 | | 摘要 | 借方金额 | | | | | | | | | 核对号 | 贷方金额 | | | | | | | | | 借或贷 | 余额 | | | | | | | | |
|---|---|---|---|---|---|---|---|---|---|---|---|---|---|---|---|---|---|---|---|---|---|---|---|---|---|---|---|---|---|---|---|---|---|
| 月 | 日 | 种类 | 号数 | | 百 | 十 | 万 | 千 | 百 | 十 | 元 | 角 | 分 | | 百 | 十 | 万 | 千 | 百 | 十 | 元 | 角 | 分 | | 百 | 十 | 万 | 千 | 百 | 十 | 元 | 角 | 分 |
| 4 | 30 | 汇 | | 汇总过入 | | | | | | | | | | | | | | | | | | | | 贷 | | | 4 | 2 | 0 | 0 | 0 | 0 | 0 |

资料三：金海股份有限公司2025年4月部分明细账的资料(见表15-34~表15-41)。

1. 预付款所属明细账的资料(见表15-34和表15-35)

表 15-34

**明　细　账**　　　　第__页

科目：预付账款　　户名：绿农股份

| 25年 | | 记账凭证 | | 摘要 | 借方金额 | | | | | | | | | 核对号 | 贷方金额 | | | | | | | | | 借或贷 | 余额 | | | | | | | | |
|---|---|---|---|---|---|---|---|---|---|---|---|---|---|---|---|---|---|---|---|---|---|---|---|---|---|---|---|---|---|---|---|---|---|
| 月 | 日 | 种类 | 号数 | | 百 | 十 | 万 | 千 | 百 | 十 | 元 | 角 | 分 | | 百 | 十 | 万 | 千 | 百 | 十 | 元 | 角 | 分 | | 百 | 十 | 万 | 千 | 百 | 十 | 元 | 角 | 分 |
| 4 | 27 | 记 | 57 | 预购茶叶款 | | 1 | 5 | 0 | 0 | 0 | 0 | 0 | 0 | | | | | | | | | | | 借 | | 1 | 5 | 0 | 0 | 0 | 0 | 0 | 0 |
| 4 | 30 | | | 本月合计 | | 1 | 5 | 0 | 0 | 0 | 0 | 0 | 0 | | | | | | | | | | | | | | | | | | | | |

表 15-35

**明　细　账**　　　　第__页

科目：预付账款　　户名：龙族股份

| 25年 | | 记账凭证 | | 摘要 | 借方金额 | | | | | | | | | 核对号 | 贷方金额 | | | | | | | | | 借或贷 | 余额 | | | | | | | | |
|---|---|---|---|---|---|---|---|---|---|---|---|---|---|---|---|---|---|---|---|---|---|---|---|---|---|---|---|---|---|---|---|---|---|
| 月 | 日 | 种类 | 号数 | | 百 | 十 | 万 | 千 | 百 | 十 | 元 | 角 | 分 | | 百 | 十 | 万 | 千 | 百 | 十 | 元 | 角 | 分 | | 百 | 十 | 万 | 千 | 百 | 十 | 元 | 角 | 分 |
| 4 | 28 | 记 | 58 | 预付款采购 | | | | | | | | | | | | 1 | 3 | 5 | 6 | 0 | 0 | 0 | 0 | 贷 | | | 2 | 3 | 9 | 0 | 0 | 0 | 0 |
| 4 | 30 | | | 本月合计 | | 1 | 0 | 0 | 0 | 0 | 0 | 0 | 0 | | | 1 | 3 | 5 | 6 | 0 | 0 | 0 | 0 | | | | | | | | | | |

2. 应付账款所属明细账的资料(见表15-36和表15-37)

表 15-36

**明　细　账**　　　　第__页

科目：应付账款　　户名：长红家电

| 25年 | | 记账凭证 | | 摘要 | 借方金额 | | | | | | | | | 核对号 | 贷方金额 | | | | | | | | | 借或贷 | 余额 | | | | | | | | |
|---|---|---|---|---|---|---|---|---|---|---|---|---|---|---|---|---|---|---|---|---|---|---|---|---|---|---|---|---|---|---|---|---|---|
| 月 | 日 | 种类 | 号数 | | 百 | 十 | 万 | 千 | 百 | 十 | 元 | 角 | 分 | | 百 | 十 | 万 | 千 | 百 | 十 | 元 | 角 | 分 | | 百 | 十 | 万 | 千 | 百 | 十 | 元 | 角 | 分 |
| 4 | 29 | 记 | 59 | 应付电视款 | | | | | | | | | | | | 2 | 4 | 0 | 0 | 0 | 0 | 0 | 0 | 贷 | | 2 | 4 | 0 | 0 | 0 | 0 | 0 | 0 |
| 4 | 30 | | | 本月合计 | | | | | | | | | | | | 2 | 4 | 0 | 0 | 0 | 0 | 0 | 0 | | | | | | | | | | |

**表 15-37**

## 明　细　账

第__页

科目：应付账款　　　户名：大有新材

| 25年 | | 记账凭证 | | 摘要 | 借方金额 | | | | | | | | | 核对号 | 贷方金额 | | | | | | | | | 借或贷 | 余额 | | | | | | | | |
|---|---|---|---|---|---|---|---|---|---|---|---|---|---|---|---|---|---|---|---|---|---|---|---|---|---|---|---|---|---|---|---|---|---|
| 月 | 日 | 种类 | 号数 | | 百 | 十 | 万 | 千 | 百 | 十 | 元 | 角 | 分 | | 百 | 十 | 万 | 千 | 百 | 十 | 元 | 角 | 分 | | 百 | 十 | 万 | 千 | 百 | 十 | 元 | 角 | 分 |
| 4 | 25 | 记 | 60 | 预付部分货款 | | | 3 | 0 | 0 | 0 | 0 | 0 | 0 | | | | | | | | | | | 借 | | | 3 | 0 | 0 | 0 | 0 | 0 | 0 |
| 4 | 30 | | | 本月合计 | | | 3 | 0 | 0 | 0 | 0 | 0 | 0 | | | 1 | 0 | 0 | 0 | 0 | 0 | 0 | 0 | | | | | | | | | | |

3. 应交税费所属明细账的资料(见表 15-38 和表 15-39)

**表 15-38**

## 明　细　账

第__页

科目：应交税费—未交增值税

| 25年 | | 记账凭证 | | 摘要 | 借方金额 | | | | | | | | | 核对号 | 贷方金额 | | | | | | | | | 借或贷 | 余额 | | | | | | | | |
|---|---|---|---|---|---|---|---|---|---|---|---|---|---|---|---|---|---|---|---|---|---|---|---|---|---|---|---|---|---|---|---|---|---|
| 月 | 日 | 种类 | 号数 | | 百 | 十 | 万 | 千 | 百 | 十 | 元 | 角 | 分 | | 百 | 十 | 万 | 千 | 百 | 十 | 元 | 角 | 分 | | 百 | 十 | 万 | 千 | 百 | 十 | 元 | 角 | 分 |
| 4 | 30 | 汇 | | 汇总过入 | | | | | | | | | | √ | | | | 9 | 9 | 4 | 0 | 0 | 0 | 贷 | | | | 9 | 9 | 4 | 0 | 0 | 0 |

**表 15-39**

## 明　细　账

第__页

科目：应交税费—待转销项税额

| 25年 | | 记账凭证 | | 摘要 | 借方金额 | | | | | | | | | 核对号 | 贷方金额 | | | | | | | | | 借或贷 | 余额 | | | | | | | | |
|---|---|---|---|---|---|---|---|---|---|---|---|---|---|---|---|---|---|---|---|---|---|---|---|---|---|---|---|---|---|---|---|---|---|
| 月 | 日 | 种类 | 号数 | | 百 | 十 | 万 | 千 | 百 | 十 | 元 | 角 | 分 | | 百 | 十 | 万 | 千 | 百 | 十 | 元 | 角 | 分 | | 百 | 十 | 万 | 千 | 百 | 十 | 元 | 角 | 分 |
| 4 | 30 | 汇 | | 汇总过入 | | | | | | | | | | √ | | | | 1 | 9 | 5 | 0 | 0 | 0 | 贷 | | | | 1 | 9 | 5 | 0 | 0 | 0 |

备注：预计在一年内会转为“应交税费—应交增值税（销项税额）”

4. 长期借款所属明细账的资料(见表 15-40 和表 15-41)

**表 15-40**

## 明　细　账

第__页

科目：长期借款　　　户名：建设银行

| 25年 | | 记账凭证 | | 摘要 | 借方金额 | | | | | | | | | 核对号 | 贷方金额 | | | | | | | | | 借或贷 | 余额 | | | | | | | | |
|---|---|---|---|---|---|---|---|---|---|---|---|---|---|---|---|---|---|---|---|---|---|---|---|---|---|---|---|---|---|---|---|---|---|
| 月 | 日 | 种类 | 号数 | | 百 | 十 | 万 | 千 | 百 | 十 | 元 | 角 | 分 | | 百 | 十 | 万 | 千 | 百 | 十 | 元 | 角 | 分 | | 百 | 十 | 万 | 千 | 百 | 十 | 元 | 角 | 分 |
| 1 | 1 | | | 上年结转 | | | | | | | | | | | | | | | | | | | | 贷 | | 4 | 0 | 0 | 0 | 0 | 0 | 0 | 0 |

说明：此笔款项于2024年2月25日借入，期限三年

表 15-41

明　细　账　　　　第__页

科目：长期借款　　户名：工商银行

| 25年 | | 记账凭证 | | 摘要 | 借方金额 | | | | | | | | | 核对号 | 贷方金额 | | | | | | | | | 借或贷 | 余额 | | | | | | | | |
|---|---|---|---|---|---|---|---|---|---|---|---|---|---|---|---|---|---|---|---|---|---|---|---|---|---|---|---|---|---|---|---|---|---|
| 月 | 日 | 种类 | 号数 | | 百 | 十 | 万 | 千 | 百 | 十 | 元 | 角 | 分 | | 百 | 十 | 万 | 千 | 百 | 十 | 元 | 角 | 分 | | 百 | 十 | 万 | 千 | 百 | 十 | 元 | 角 | 分 |
| 1 | 1 | | | 上年结转 | | | | | | | | | | | | | | | | | | | | 贷 | | 1 | 0 | 0 | 0 | 0 | 0 | 0 | 0 |

说明：此笔款项于2023年1月25日借入，期限三年

## 知识准备

### 一、 编制资产负债表的依据

（1）理论依据：资产=负债+所有者权益（会计平衡公式）。

（2）各项目计算依据：各项目相关总账和明细账的期末余额。

### 二、 资产负债表的基本结构

报告式资产负债表是上下结构，账户式资产负债表是左右结构，《企业会计准则》规定我国境内资产负债表一般采用账户式结构，如图 15-2 所示。

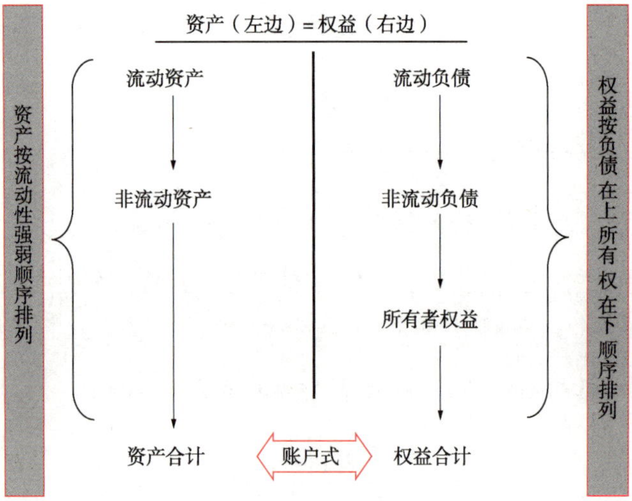


图 15-2　资产负债表的基本结构

### 三、 资产负债表的编制方法

#### （一）报表中各项目的年初数应根据上一年度资产负债表的期末数填列

说明：如果资产负债表本年度某些项目的名称和内容与上一年度不一致，应按照本年度的规定，对上一年度资产负债表中该项目的名称和金额进行调整，才可填入本年度相对应项目的年初数栏内。

### （二）期末余额的确定方式

1. 根据同名总账期末余额直接填列的报表项目

有些报表项目和总账账户同名，且内涵也相同，如短期借款、应付票据、实收资本等，这类报表项目就可以根据同名总账的期末余额直接填列。

2. 根据有关总账或明细账期末余额分析计算填列的报表项目

有些报表项目虽有同名总账，但内涵却不相同，如固定资产、长期借款等，还有一些报表项目根本就没有同名总账，如存货、一年内到期的非流动资产等，这类报表项目都需要根据有关总账或明细账的期末余额分析计算填列。

### （三）资产负债表具体项目填列说明

1. 资产项目(见表 15-42)

表 15-42　资产项目

| 报表项目 | 填列依据(期末余额) |
| --- | --- |
| 货币资金 | 应列示金额=库存现金+银行存款+其他货币资金 |
| 交易性金融资产 | 根据“交易性金融资产”相关明细科目期末余额分析填列 |
| 应收票据 | 应列示金额=应收票据-因应收票据而提取的坏账准备<br>说明：已贴现的商业承兑汇票，如果出票人到期不能付款，应在补充资料中填列；已贴现的银行承兑汇票则不必在报表中反映 |
| 应收账款 | 应列示金额=应收账款所属明细账期末借方余额+预收账款所属明细账期末借方余额-因应收账款提取的坏账准备期末余额 |
| 应收款项融资 | 反映资产负债表日以公允价值计量且变动计入其他综合收益的应收票据和应收账款等的金额 |
| 预付款项 | 应列示金额=预付账款所属明细账期末借方余额+应付账款所属明细账期末借方余额-因预付账款提取的坏账准备期末余额 |
| 其他应收款 | 应列示金额=应收利息+应收股利+其他应收款-因其他应收款提取的坏账准备 |
| 存货 | 应列示金额=在途物资+原材料+自制半成品+库存商品+周转材料+发出商品+生产成本+委托加工物资+委托代销商品+受托代销商品-存货跌价准备-受托代销商品款+材料成本差异 |
| 合同资产 | 应列示金额=合同资产相关明细科目-合同资产相关明细科目减值准备(同一合同下的合同负债和合同资产，应以净余额列示，其中净余额为借方的，在本项目列示) |
| 持有待售资产 | 应列示金额=持有待售资产-持有待售资产减值准备 |
| 一年内到期的非流动资产 | 应列示金额=一年内到期的长期债权投资+一年内到期的其他债权投资+一年内可收回的长期应收款 |
| 其他流动资产 | 在本项目列示的有：<br>“待处理财产损溢—待处理流动资产净损溢”账户期末余额。<br>企业购入以摊余成本计量且一年内到期的债权投资期末账面价值。<br>企业购入以公允价值计量且变动计入其他综合收益的一年内到期的债权投资期末账面价值<br>(提示：以上两类债券在购入时就是一年内到期) |
| 流动资产合计 | 由上述流动资产各项目的金额汇总得出 |

续表

| 报表项目 | 填列依据(期末余额) |
|---|---|
| 债权投资 | 本项目反映以摊余成本计量的长期债权投资的期末账面价值。<br>根据“债权投资”科目相关明细科目期末余额，减去“债权投资减值准备”中相关减值准备的期末余额后分析计算填列。<br>提示：自资产负债表日起一年内到期的长期债权投资，在“一年内到期的非流动资产”项目反映；企业购入一年内到期的债权投资在“其他流动资产”项目反映(见“其他流动资产”项目) |
| 其他债权投资 | 本项目反映以公允价值计量且变动计入其他综合收益的长期债权投资的期末账面价值。<br>根据“其他债权投资”科目相关明细科目的期末余额分析计算填列。<br>提示：自资产负债表日起一年内到期的长期债权投资，在“一年内到期的非流动资产”项目反映；企业购入一年内到期的债权投资在“其他流动资产”项目反映(见“其他流动资产”项目) |
| 长期应收款 | 应列示金额=同名账户期末余额-未实现的融资收益-因长期应收款而计提的坏账准备-一年内可收回的长期应收款 |
| 长期股权投资 | 应列示金额=长期股权投资-长期股权投资减值准备 |
| 其他权益工具投资 | 根据“其他权益工具投资”科目的期末余额填列 |
| 固定资产 | 应列示金额=固定资产-累计折旧-固定资产减值准备+固定资产清理(借方余额相加，贷方余额相减) |
| 在建工程 | 应列示金额=在建工程-在建工程减值准备+工程物资-工程物资减值准备 |
| 使用权资产 | 应列示金额=使用权资产-使用权资产累计折旧-使用权资产减值准备 |
| 无形资产 | 应列示金额=无形资产-累计摊销-无形资产减值准备 |
| 研发支出 | 根据“研发支出—资本化支出”明细账户期末余额填列 |
| 商誉 | 应列示金额=商誉-商誉减值准备 |
| 长期待摊费用 | 根据“长期待摊费用”账户期末余额直接填列 |
| 递延所得税资产 | 根据同名账户的期末余额填列 |
| 其他非流动资产 | 根据相关账户的期末余额填列 |
| 非流动资产合计 | 由上述非流动资产各项目的金额汇总得出 |
| 资产总计 | 本项目填列金额=流动资产合计+非流动资产合计 |

2. 权益项目(见表 15-43)

**表 15-43　权 益 项 目**

| 报表项目 | 填列依据(期末余额) |
|---|---|
| 短期借款 | 根据“短期借款”账户期末余额直接填列 |
| 交易性金融负债 | 根据“交易性金融负债”科目相关明细科目期末余额分析填列 |
| 应付票据 | 根据“应付票据”账户期末余额直接填列 |
| 应付账款 | 应列示金额=应付账款所属明细账贷方余额+预付账款所属明细账贷方余额 |
| 预收款项 | 应列示金额=预收账款所属明细账贷方余额+应收账款所属明细账贷方余额 |
| 合同负债 | 根据“合同负债”相关明细科目期末余额分析填列 |

续表

| 报表项目 | 填列依据(期末余额) |
| --- | --- |
| 应付职工薪酬 | 根据“应付职工薪酬”科目所属各明细科目的期末贷方余额分析填列 |
| 应交税费 | 根据“应交税费”科目期末贷方余额填列。其中：<br>(1)“应交增值税”“未交增值税”“待抵扣进项税额”“待认证进项税额”“增值税留抵税额”等明细科目期末为借方余额的，应根据情况，在“其他流动资产”或“其他非流动资产”项目列示。<br>(2)“应交税费—待转销项税额”等科目期末为贷方余额的，应根据情况，在“其他流动负债”或“其他非流动负债”项目列示。<br>(3)“未交增值税”“简易计税”“转让金融商品应交增值税”“代扣代交增值税”等科目期末为贷方余额的，应在“应交税费”项目列示 |
| 其他应付款 | 应列示金额=应付利息+应付股利+其他应付款 |
| 持有待售负债 | 根据“持有待售负债”账户期末余额直接填列 |
| 一年内到期的非流动负债 | 应列示金额=一年内到期的长期借款+一年内到期的应付债券+一年内到期的租赁负债+一年内到期的长期应付款 |
| 其他流动负债 | 根据有关账户期末余额分析计算填列 |
| 流动负债合计 | 由上述流动负债各项目的金额汇总得出 |
| 长期借款 | 应列示金额=长期借款总账科目余额-一年内到期且企业不能自主地将清偿义务展期的长期借款明细科目期末余额 |
| 应付债券 | 应列示金额=应付债券总账科目期末余额-一年内到期的应付债券明细科目期末余额<br>说明：本项目下的“优先股”和“永续债”根据“应付债券”总账科目下同名明细科目的期末余额分别填列 |
| 租赁负债 | 应列示金额=租赁负债总账余额-一年内到期的租赁负债明细余额 |
| 长期应付款 | 应列示金额=同名账户期末余额-未确认融资费用期末余额-一年内到期的长期应付款+专项应付款期末余额 |
| 预计负债 | 根据同名账户期末余额填列 |
| 递延收益 | 根据同名账户期末余额填列 |
| 递延所得税负债 | 根据同名账户期末余额填列 |
| 其他非流动负债 | 反映企业除以上非流动负债以外的其他非流动负债，应根据相关科目余额减去一年(含一年)内到期偿还数后的余额填列 |
| 非流动负债合计 | 由上述非流动负债各项目的金额汇总得出 |
| 负债合计 | 本项目填列金额=流动负债合计+非流动负债合计 |
| 实收资本(或股本) | 根据同名账户期末余额填列 |
| 其他权益工具 | 根据“其他权益工具”总账科目期末余额填列。<br>说明：本项目下的“优先股”和“永续债”根据“其他权益工具”总账科目下同名明细科目的期末余额分别填列 |
| 资本公积 | 根据同名账户期末余额填列 |
| 其他综合收益 | 根据相关账户期末余额分析计算填列 |
| 专项储备 | 根据同名账户期末余额填列 |

续表

| 报表项目 | 填列依据(期末余额) |
|---|---|
| 盈余公积 | 根据同名账户期末余额填列 |
| 未分配利润 | 本项目金额=本年利润(贷+借-)+利润分配(贷+借-) |
| 所有者权益(或股东权益)合计 | 由上述所有者权益(或股东权益)各项目的金额汇总得出 |
| 负债和所有者权益(或股东权益)总计 | 本项目填列金额=负债合计+所有者权益(或股东权益)合计 |

## 业务处理

(1) 根据金海股份有限公司 2025 年 4 月总账账户资料和明细账账户资料编制期末余额试算平衡表，如表 15-44 所示。

(2) 根据金海股份有限公司 2024 年年报的期末数填列该公司 2025 年 4 月资产负债表中的上年年末余额，如表 15-45 所示。

**表 15-44　金海股份有限公司 2025 年 4 月期末余额试算平衡表**　　单位：元

| 账户名称 | 方向 | 期末余额 | 账户名称 | 方向 | 期末余额 |
|---|---|---|---|---|---|
| 库存现金 | 借 | 6 000 | 短期借款 | 贷 | 250 000 |
| 银行存款 | 借 | 350 000 | 应付票据 | 贷 | 120 000 |
| 其他货币资金 | 借 | 10 000 | 合同负债 | 贷 | 200 000 |
| 交易性金融资产 | 借 | 50 000 | 应付职工薪酬 | 贷 | 80 000 |
| 应收票据 | 借 | 20 000 | 应付利息 | 贷 | 5 000 |
| 应收账款 | 借 | 300 015 | 应交税费 | 贷 | 11 890 |
| 预付账款 | 借 | 126 100 | 其中：未交增值税 | 贷 | 9 940 |
| 其中：绿农股份 | 借 | 150 000 | 待转销项税额 | 贷 | 1 950 |
| 龙族股份 | 贷 | 23 900 | 应付账款 | 贷 | 210 000 |
| 坏账准备 | 贷 | 42 300 | 其中：长红家电 | 贷 | 240 000 |
| 其他应收款 | 借 | 4 500 | 大有新材 | 借 | 30 000 |
| 原材料 | 借 | 397 000 | 长期借款 | 贷 | 500 000 |
| 库存商品 | 借 | 946 800 | 其中：一年内到期的长期借款 | 贷 | 100 000 |
| 周转材料 | 借 | 56 335 | 实收资本 | 贷 | 1 200 000 |
| 生产成本 | 借 | 38 250 | 资本公积 | 贷 | 200 000 |
| 长期股权投资 | 借 | 150 000 | 盈余公资 | 贷 | 18 270 |
| 固定资产 | 借 | 348 120 | 本年利润 | 贷 | 42 000 |
| 累计折旧 | 贷 | 74 900 | 利润分配 | 贷 | 108 740 |
| 无形资产 | 借 | 50 000 | | | |
| 累计摊销 | 贷 | 26 000 | | | |
| 长期待摊费用 | 借 | 235 980 | | | |
| 合计 | | 2 945 900 | 合计 | | 2 945 900 |

（3）根据金海股份有限公司 2025 年 4 月期末余额试算平衡表及有关资料，分析、计算并填列该公司 2025 年 4 月资产负债表的期末余额，如表 15-45 所示。

**表 15-45　资产负债表**

2025 年 4 月 30 日　　会企 01 表

编制单位：金海股份有限公司　　单位：元

| 资　　产 | 期末余额 | 上年年末余额 | 负债和所有者权益（或股东权益） | 期末余额 | 上年年末余额 |
|---|---|---|---|---|---|
| 流动资产： | | | 流动负债： | | |
| 货币资金 | 366 000 | 205 000 | 短期借款 | 250 000 | 200 000 |
| 交易性金融资产 | 50 000 | 100 000 | 交易性金融负债 | | |
| 衍生金融资产 | | | 衍生金融负债 | | |
| 应收票据 | 20 000 | | 应付票据 | 120 000 | |
| 应收账款 | 257 715 | 380 700 | 应付账款 | 263 900 | 213 900 |
| 应收款项融资 | | | 预收款项 | | |
| 预付款项 | 180 000 | 32 000 | 合同负债 | 200 000 | |
| 其他应收款 | 4 500 | 3 500 | 应付职工薪酬 | 80 000 | 20 000 |
| 存货 | 1 438 385 | 1 384 100 | 应交税费 | 9 940 | 12 390 |
| 合同资产 | | | 其他应付款 | 5 000 | 27 000 |
| 持有待售资产 | | | 持有待售负债 | | |
| 一年内到期的非流动资产 | | | 一年内到期的非流动负债 | 100 000 | |
| 其他流动资产 | | | 其他流动负债 | 1 950 | |
| 流动资产合计 | 2 316 600 | 2 105 300 | 流动负债合计 | 1 030 790 | 473 290 |
| 非流动资产： | | | 非流动负债： | | |
| 债权投资 | | | 长期借款 | 400 000 | 600 000 |
| 其他债权投资 | | | 应付债券 | | |
| 长期应收款 | | | 其中：优先股 | | |
| 长期股权投资 | 150 000 | 150 000 | 永续债 | | |
| 其他权益工具投资 | | | 租赁负债 | | |
| 其他非流动金融资产 | | | 长期应付款 | | |
| 投资性房地产 | | | 预计负债 | | |
| 固定资产 | 273 220 | 317 000 | 递延收益 | | |
| 在建工程 | | | 递延所得税负债 | | |
| 生产性生物资产 | | | 其他非流动负债 | | |
| 油气资产 | | | 非流动负债合计 | 400 000 | 600 000 |
| 使用权资产 | | | 负债合计 | 1 430 790 | 1 073 290 |
| 无形资产 | 24 000 | 28 000 | 所有者权益（或股东权益） | | |
| 研发支出 | | | 实收资本（或股本） | 1 200 000 | 1 200 000 |

续表

| 资　产 | 期末余额 | 上年年末余额 | 负债和所有者权益(或股东权益) | 期末余额 | 上年年末余额 |
|---|---|---|---|---|---|
| 商誉 | | | 其他权益工具 | | |
| 长期待摊费用 | 235 980 | | 其中：优先股 | | |
| 递延所得税资产 | | | 永续债 | | |
| 其他非流动资产 | | | 资本公积 | 200 000 | 200 000 |
| 非流动资产合计 | 683 200 | 495 000 | 减：库存股 | | |
| | | | 其他综合收益 | | |
| | | | 专项储备 | | |
| | | | 盈余公积 | 18 270 | 18 270 |
| | | | 未分配利润 | 150 740 | 108 740 |
| | | | 所有者权益(或股东权益)合计 | 1 569 010 | 1 527 010 |
| 资产总计 | 2 999 800 | 2 600 300 | 权益总计 | 2 999 800 | 2 600 300 |

知识拓展

### 国家资产负债表

国家资产负债表是指将一个国家所有经济部门的资产和负债进行分类，然后分别汇总得到的报表。一张完整的国家资产负债表一般由政府、居民、企业和金融机构四个经济部门的子表构成，显示了一个国家在某一时点上的“家底”。

中国国家资产负债表的主要特点是政府拥有较大比例的国家资产，为我国集中力量办大事和实现共同富裕奠定了良好的物质基础。

# 子项目3　利　润　表

利润表又称损益表，是反映企业在一定会计期间经营成果的会计报表，是对企业一定会计期间的收入、费用和利润的结构性表述。

利润表是会计报表中的主要报表，在企业与财务报告使用者的沟通中发挥重要作用。财务报告使用者通过对利润表的数据进行分析，可以了解企业的获利能力及管理者的综合管理水平，并预测企业发展前景。

业务呈现

泉州南巽工贸股份有限公司总股本2 000万股，没有潜在普通股。请根据相关资料，编制公司2025年2月的利润表。

资料一：泉州南巽工贸股份有限公司2024年2月利润表(见表15-46)。

**表 15-46　利润表**

2024 年 2 月　　　　会企 02 表

编制单位：泉州南巽工贸股份有限公司　　　　单位：元

| 项　　目 | 本期金额 | 上期金额 |
|---|---|---|
| 一、营业收入 | 18 338 600 | |
| 减：营业成本 | 9 541 600 | |
| 税金及附加 | 752 000 | |
| 销售费用 | 2 060 920 | |
| 管理费用 | 1 772 720 | |
| 研发费用 | 277 400 | |
| 财务费用 | 531 840 | |
| 其中：利息费用 | 434 680 | |
| 利息收入 | 15 400 | |
| 加：其他收益 | | |
| 投资收益（损失以“-”号填列） | | |
| 其中：对联营企业和合营企业的投资收益 | | |
| 以摊余成本计量的金融资产终止确认收益（损失以“-”号填列） | | |
| 净敞口套期收益（损失以“-”号填列） | | |
| 公允价值变动收益（损失以“-”号填列） | | |
| 资产减值损失（损失以“-”号填列） | | |
| 信用减值损失（损失以“-”号填列） | | |
| 资产处置收益（损失以“-”号填列） | -274 120 | |
| 二、营业利润 | 3 128 000 | |
| 加：营业外收入 | 48 000 | |
| 减：营业外支出 | 14 000 | |
| 三、利润总额（亏损总额以“-”号填列） | 3 162 000 | |
| 减：所得税费用 | 802 000 | |
| 四、净利润（净亏损以“-”号填列） | 2 360 000 | |
| （一）持续经营净利润（净亏损以“-”号填列） | 2 360 000 | |
| （二）终止经营净利润（净亏损以“-”号填列） | | |
| 五、其他综合收益的税后净额 | | |
| （一）不能重分类进损益的其他综合收益 | | |
| 1. 重新计量设定受益计划变动额 | | |
| 2. 权益法下不能转损益的其他综合收益 | | |
| 3. 其他权益工具投资公允价值变动 | | |
| 4. 企业自身信用风险公允价值变动 | | |
| （二）将重分类进损益的其他综合收益 | | |
| 1. 权益法下可转损益的其他综合收益 | | |
| 2. 其他债权投资公允价值变动 | | |

续表

| 项　　目 | 本期金额 | 上期金额 |
|---|---|---|
| 3. 金融资产重分类计入其他综合收益的金额 | | |
| 4. 其他债权投资信用减值准备 | | |
| 5. 现金流量套期储备 | | |
| 6. 外币财务报表折算差额 | | |
| 六、综合收益总额 | 2 360 000 | |
| 七、每股收益 | 0.118 | |
| (一)基本每股收益 | 0.118 | |
| (二)稀释每股收益 | 0.118 | |

资料二：泉州南巽工贸股份有限公司 2025 年 2 月审核无误的损益类账户资料(详见表 15-47~表 15-58)。

**表 15-47**

**总　　账**

第__页

科目：主营业务收入

| 25年 | | 记账凭证 | | 摘要 | 借方金额 | | | | | | | | | 核对号 | 贷方金额 | | | | | | | | | 借或贷 | 余额 | | | | | | | | |
|---|---|---|---|---|---|---|---|---|---|---|---|---|---|---|---|---|---|---|---|---|---|---|---|---|---|---|---|---|---|---|---|---|---|
| 月 | 日 | 种类 | 号数 | | 百 | 十 | 万 | 千 | 百 | 十 | 元 | 角 | 分 | | 百 | 十 | 万 | 千 | 百 | 十 | 元 | 角 | 分 | | 百 | 十 | 万 | 千 | 百 | 十 | 元 | 角 | 分 |
| 1 | 31 | 汇 | | 汇总过入 | 9 | 4 | 1 | 6 | 8 | 0 | 0 | 0 | 0 | √ | 9 | 4 | 1 | 6 | 8 | 0 | 0 | 0 | 0 | 平 | | | | | | | 0 | | |
| 2 | 28 | 汇 | | 汇总过入 | 8 | 5 | 4 | 7 | 2 | 0 | 0 | 0 | 0 | √ | 8 | 5 | 4 | 7 | 2 | 0 | 0 | 0 | 0 | 平 | | | | | | | 0 | | |

**表 15-48**

**总　　账**

第__页

科目：其他业务收入

| 25年 | | 记账凭证 | | 摘要 | 借方金额 | | | | | | | | | 核对号 | 贷方金额 | | | | | | | | | 借或贷 | 余额 | | | | | | | | |
|---|---|---|---|---|---|---|---|---|---|---|---|---|---|---|---|---|---|---|---|---|---|---|---|---|---|---|---|---|---|---|---|---|---|
| 月 | 日 | 种类 | 号数 | | 百 | 十 | 万 | 千 | 百 | 十 | 元 | 角 | 分 | | 百 | 十 | 万 | 千 | 百 | 十 | 元 | 角 | 分 | | 百 | 十 | 万 | 千 | 百 | 十 | 元 | 角 | 分 |
| 1 | 31 | 汇 | | 汇总过入 | | 9 | 7 | 3 | 2 | 4 | 0 | 0 | 0 | √ | | 9 | 7 | 3 | 2 | 4 | 0 | 0 | 0 | 平 | | | | | | | 0 | | |
| 2 | 28 | 汇 | | 汇总过入 | | 4 | 7 | 0 | 7 | 6 | 0 | 0 | 0 | √ | | 4 | 7 | 0 | 7 | 6 | 0 | 0 | 0 | 平 | | | | | | | 0 | | |

**表 15-49**

**总　　账**

第__页

科目：主营业务成本

| 25年 | | 记账凭证 | | 摘要 | 借方金额 | | | | | | | | | 核对号 | 贷方金额 | | | | | | | | | 借或贷 | 余额 | | | | | | | | |
|---|---|---|---|---|---|---|---|---|---|---|---|---|---|---|---|---|---|---|---|---|---|---|---|---|---|---|---|---|---|---|---|---|---|
| 月 | 日 | 种类 | 号数 | | 百 | 十 | 万 | 千 | 百 | 十 | 元 | 角 | 分 | | 百 | 十 | 万 | 千 | 百 | 十 | 元 | 角 | 分 | | 百 | 十 | 万 | 千 | 百 | 十 | 元 | 角 | 分 |
| 1 | 31 | 汇 | | 汇总过入 | 5 | 1 | 3 | 6 | 8 | 0 | 0 | 0 | 0 | √ | 5 | 1 | 3 | 6 | 8 | 0 | 0 | 0 | 0 | 平 | | | | | | | 0 | | |
| 2 | 28 | 汇 | | 汇总过入 | 4 | 6 | 6 | 1 | 6 | 0 | 0 | 0 | 0 | √ | 4 | 6 | 6 | 1 | 6 | 0 | 0 | 0 | 0 | 平 | | | | | | | 0 | | |

## 表 15-50

**总　　账**　　　第__页

科目：其他业务成本

| 25年 | | 记账凭证 | | 摘要 | 借方金额 | | | | | | | | | 核对号 | 贷方金额 | | | | | | | | | 借或贷 | 余额 | | | | | | | | |
|---|---|---|---|---|---|---|---|---|---|---|---|---|---|---|---|---|---|---|---|---|---|---|---|---|---|---|---|---|---|---|---|---|---|
| 月 | 日 | 种类 | 号数 | | 百 | 十 | 万 | 千 | 百 | 十 | 元 | 角 | 分 | | 百 | 十 | 万 | 千 | 百 | 十 | 元 | 角 | 分 | | 百 | 十 | 万 | 千 | 百 | 十 | 元 | 角 | 分 |
| 1 | 31 | 汇 | | 汇总过入 | | 4 | 9 | 6 | 0 | 0 | 0 | 0 | 0 | √ | | 4 | 9 | 6 | 0 | 0 | 0 | 0 | 0 | 平 | | | | | | | 0 | | |
| 2 | 28 | 汇 | | 汇总过入 | | 2 | 9 | 2 | 8 | 0 | 0 | 0 | 0 | √ | | 2 | 9 | 2 | 8 | 0 | 0 | 0 | 0 | 平 | | | | | | | 0 | | |

## 表 15-51

**总　　账**　　　第__页

科目：税金及附加

| 25年 | | 记账凭证 | | 摘要 | 借方金额 | | | | | | | | | 核对号 | 贷方金额 | | | | | | | | | 借或贷 | 余额 | | | | | | | | |
|---|---|---|---|---|---|---|---|---|---|---|---|---|---|---|---|---|---|---|---|---|---|---|---|---|---|---|---|---|---|---|---|---|---|
| 月 | 日 | 种类 | 号数 | | 百 | 十 | 万 | 千 | 百 | 十 | 元 | 角 | 分 | | 百 | 十 | 万 | 千 | 百 | 十 | 元 | 角 | 分 | | 百 | 十 | 万 | 千 | 百 | 十 | 元 | 角 | 分 |
| 1 | 31 | 汇 | | 汇总过入 | | 3 | 7 | 2 | 6 | 4 | 0 | 0 | 0 | √ | | 3 | 7 | 2 | 6 | 4 | 0 | 0 | 0 | 平 | | | | | | | 0 | | |
| 2 | 28 | 汇 | | 汇总过入 | | 3 | 0 | 5 | 3 | 6 | 0 | 0 | 0 | √ | | 3 | 0 | 5 | 3 | 6 | 0 | 0 | 0 | 平 | | | | | | | 0 | | |

## 表 15-52

**总　　账**　　　第__页

科目：销售费用

| 25年 | | 记账凭证 | | 摘要 | 借方金额 | | | | | | | | | 核对号 | 贷方金额 | | | | | | | | | 借或贷 | 余额 | | | | | | | | |
|---|---|---|---|---|---|---|---|---|---|---|---|---|---|---|---|---|---|---|---|---|---|---|---|---|---|---|---|---|---|---|---|---|---|
| 月 | 日 | 种类 | 号数 | | 百 | 十 | 万 | 千 | 百 | 十 | 元 | 角 | 分 | | 百 | 十 | 万 | 千 | 百 | 十 | 元 | 角 | 分 | | 百 | 十 | 万 | 千 | 百 | 十 | 元 | 角 | 分 |
| 1 | 31 | 汇 | | 汇总过入 | 1 | 2 | 9 | 6 | 0 | 0 | 0 | 0 | 0 | √ | 1 | 2 | 9 | 6 | 0 | 0 | 0 | 0 | 0 | 平 | | | | | | | 0 | | |
| 2 | 28 | 汇 | | 汇总过入 | | 8 | 5 | 2 | 0 | 0 | 0 | 0 | 0 | √ | | 8 | 5 | 2 | 0 | 0 | 0 | 0 | 0 | 平 | | | | | | | 0 | | |

## 表 15-53

**总　　账**　　　第__页

科目：管理费用

| 25年 | | 记账凭证 | | 摘要 | 借方金额 | | | | | | | | | 核对号 | 贷方金额 | | | | | | | | | 借或贷 | 余额 | | | | | | | | |
|---|---|---|---|---|---|---|---|---|---|---|---|---|---|---|---|---|---|---|---|---|---|---|---|---|---|---|---|---|---|---|---|---|---|
| 月 | 日 | 种类 | 号数 | | 百 | 十 | 万 | 千 | 百 | 十 | 元 | 角 | 分 | | 百 | 十 | 万 | 千 | 百 | 十 | 元 | 角 | 分 | | 百 | 十 | 万 | 千 | 百 | 十 | 元 | 角 | 分 |
| 1 | 31 | 汇 | | 汇总过入 | 1 | 1 | 5 | 7 | 4 | 8 | 0 | 0 | 0 | √ | 1 | 1 | 5 | 7 | 4 | 8 | 0 | 0 | 0 | 平 | | | | | | | 0 | | |
| 2 | 28 | 汇 | | 汇总过入 | 1 | 0 | 5 | 3 | 8 | 4 | 0 | 0 | 0 | √ | 1 | 0 | 5 | 3 | 8 | 4 | 0 | 0 | 0 | 平 | | | | | | | 0 | | |

其中：1月份研发费用为260 000元；2月份研发费用为218 400元

**表 15-54**

## 总　　账

第__页

科目：财务费用

| 25年 | | 记账凭证 | | 摘要 | 借方金额 | | | | | | | | | 核对号 | 贷方金额 | | | | | | | | | 借或贷 | 余额 | | | | | | | | |
|---|---|---|---|---|---|---|---|---|---|---|---|---|---|---|---|---|---|---|---|---|---|---|---|---|---|---|---|---|---|---|---|---|---|
| 月 | 日 | 种类 | 号数 | | 百 | 十 | 万 | 千 | 百 | 十 | 元 | 角 | 分 | | 百 | 十 | 万 | 千 | 百 | 十 | 元 | 角 | 分 | | 百 | 十 | 万 | 千 | 百 | 十 | 元 | 角 | 分 |
| 1 | 31 | 汇 | | 汇总过入 | | 2 | 5 | 7 | 2 | 0 | 0 | 0 | 0 | √ | | 2 | 5 | 7 | 2 | 0 | 0 | 0 | 0 | 平 | | | | | | | 0 | | |
| 2 | 28 | 汇 | | 汇总过入 | | 2 | 5 | 4 | 8 | 0 | 0 | 0 | 0 | √ | | 2 | 5 | 4 | 8 | 0 | 0 | 0 | 0 | 平 | | | | | | | 0 | | |

其中：1月份利息费用为181 520元，利息收入为6 000元；

2月份利息费用为217 400元，利息收入为6 600元

**表 15-55**

## 总　　账

第__页

科目：资产处置损益

| 25年 | | 记账凭证 | | 摘要 | 借方金额 | | | | | | | | | 核对号 | 贷方金额 | | | | | | | | | 借或贷 | 余额 | | | | | | | | |
|---|---|---|---|---|---|---|---|---|---|---|---|---|---|---|---|---|---|---|---|---|---|---|---|---|---|---|---|---|---|---|---|---|---|
| 月 | 日 | 种类 | 号数 | | 百 | 十 | 万 | 千 | 百 | 十 | 元 | 角 | 分 | | 百 | 十 | 万 | 千 | 百 | 十 | 元 | 角 | 分 | | 百 | 十 | 万 | 千 | 百 | 十 | 元 | 角 | 分 |
| 2 | 28 | 汇 | | 汇总过入 | | | 5 | 6 | 0 | 0 | 0 | 0 | 0 | √ | | | 5 | 6 | 0 | 0 | 0 | 0 | 0 | 平 | | | | | | | 0 | | |

注：1月份企业出售不需要用的固定资产，获净收益56 000元

**表 15-56**

## 总　　账

第__页

科目：营业外收入

| 25年 | | 记账凭证 | | 摘要 | 借方金额 | | | | | | | | | 核对号 | 贷方金额 | | | | | | | | | 借或贷 | 余额 | | | | | | | | |
|---|---|---|---|---|---|---|---|---|---|---|---|---|---|---|---|---|---|---|---|---|---|---|---|---|---|---|---|---|---|---|---|---|---|
| 月 | 日 | 种类 | 号数 | | 百 | 十 | 万 | 千 | 百 | 十 | 元 | 角 | 分 | | 百 | 十 | 万 | 千 | 百 | 十 | 元 | 角 | 分 | | 百 | 十 | 万 | 千 | 百 | 十 | 元 | 角 | 分 |
| 2 | 28 | 汇 | | 汇总过入 | | | 1 | 6 | 0 | 0 | 0 | 0 | 0 | √ | | | 1 | 6 | 0 | 0 | 0 | 0 | 0 | 平 | | | | | | | 0 | | |

**表 15-57**

## 总　　账

第__页

科目：营业外支出

| 25年 | | 记账凭证 | | 摘要 | 借方金额 | | | | | | | | | 核对号 | 贷方金额 | | | | | | | | | 借或贷 | 余额 | | | | | | | | |
|---|---|---|---|---|---|---|---|---|---|---|---|---|---|---|---|---|---|---|---|---|---|---|---|---|---|---|---|---|---|---|---|---|---|
| 月 | 日 | 种类 | 号数 | | 百 | 十 | 万 | 千 | 百 | 十 | 元 | 角 | 分 | | 百 | 十 | 万 | 千 | 百 | 十 | 元 | 角 | 分 | | 百 | 十 | 万 | 千 | 百 | 十 | 元 | 角 | 分 |
| 1 | 31 | 汇 | | 汇总过入 | | | 1 | 2 | 0 | 0 | 0 | 0 | 0 | √ | | | 1 | 2 | 0 | 0 | 0 | 0 | 0 | 平 | | | | | | | 0 | | |
| 2 | 28 | 汇 | | 汇总过入 | | | | 9 | 4 | 8 | 0 | 0 | 0 | √ | | | | 9 | 4 | 8 | 0 | 0 | 0 | 平 | | | | | | | 0 | | |

**表 15-58**

**总　　账**　　　　第＿页

科目：所得税费用

| 25年 | | 记账凭证 | | 摘　要 | 借方金额 | | | | | | | | | 核对号 | 贷方金额 | | | | | | | | | 借或贷 | 余额 | | | | | | | | |
|---|---|---|---|---|---|---|---|---|---|---|---|---|---|---|---|---|---|---|---|---|---|---|---|---|---|---|---|---|---|---|---|---|---|
| 月 | 日 | 种类 | 号数 | | 百 | 十 | 万 | 千 | 百 | 十 | 元 | 角 | 分 | | 百 | 十 | 万 | 千 | 百 | 十 | 元 | 角 | 分 | | 百 | 十 | 万 | 千 | 百 | 十 | 元 | 角 | 分 |
| 1 | 31 | 汇 | | 汇总过入 | | 3 | 9 | 3 | 4 | 0 | 0 | 0 | 0 | √ | | 3 | 9 | 3 | 4 | 0 | 0 | 0 | 0 | 平 | | | | | | | 0 | | |
| 2 | 28 | 汇 | | 汇总过入 | | 4 | 4 | 8 | 6 | 0 | 0 | 0 | 0 | √ | | 4 | 4 | 8 | 6 | 0 | 0 | 0 | 0 | 平 | | | | | | | 0 | | |

## 知识准备

### 一、 利润表的编制依据

（1）编制利润表的理论依据：收入-费用=利润。

（2）利润表各项目计算依据：各项目相关账户的本期累计发生额。

### 二、 利润表的基本结构

利润表的结构分单步式和多步式两种，《企业会计准则》规定：我国境内各类企业的利润表均采用多步式结构。

### 三、 利润表的编制方法

（1）表中各项目的“上期金额”应根据上年同期利润表的“本期金额”栏所列的金额填列。

（2）表中各项目的“本期金额”栏内各项数字，一般应根据损益类会计科目和所有者权益类有关科目的发生额填列。

利润表各具体项目及其填列依据如表 15-59 所示。

**表 15-59　利润表各具体项目及其填列依据**

| 报表项目 | 填列依据（本期累计发生额） |
|---|---|
| （1）营业收入 | 应列示金额=“主营业务收入“+”其他业务收入” |
| （2）营业成本 | 应列示金额=“主营业务成本”+“其他业务成本” |
| （3）税金及附加 | 根据同名总账发生额填列 |
| （4）销售费用 | 根据同名总账发生额填列 |
| （5）管理费用 | 应列示金额=“管理费用“总账发生额-“研发费用”明细账发生额-“无形资产摊销”明细账发生额 |
| （6）研发费用 | 应列示金额=“研发费用”明细账发生额+“无形资产摊销”明细账发生额 |
| （7）财务费用<br>其中：利息费用<br>利息收入 | 根据同名总账发生额分析计算填列，若是收益，本项目以“-”号填列<br>根据总账账户下“利息费用”明细账的发生额填列<br>根据总账账户下“利息收入”明细账的发生额填列 |
| （8）其他收益 | 根据相关账户的发生额填列，若是损失，本项目以“-”号填列 |
| （9）投资收益 | 根据同名账户的发生额分析填列，若是投资损失，本项目以“-”号填列 |

续表

| 报表项目 | 填列依据(本期累计发生额) |
| --- | --- |
| (10) 净敞口套期收益 | 根据“净敞口套期损益”账户的发生额分析填列，若是套期损失，本项目以“-”号填列 |
| (11) 公允价值变动收益 | 根据“公允价值变动损益”账户的发生额分析填列，若是净损失，本项目以“-”号填列 |
| (12) 信用减值损失 | 根据同名账户的发生额分析填列 |
| (13) 资产减值损失 | 根据同名账户的发生额分析填列 |
| (14) 资产处置收益 | 根据“资产处置损益”账户的发生额分析填列，若是处置损失，本项目以“-”号填列 |
| (15) 营业利润 | 本项目金额通过公式计算得出，若是亏损，本项目以“-”号填列 |
| (16) 营业外收入 | 根据同名账户的发生额分析填列 |
| (17) 营业外支出 | 根据同名账户的发生额分析填列 |
| (18) 利润总额 | 应列示金额=(15)+(16)-(17)，若是亏损，本项目以“-”号填列 |
| (19) 所得税费用 | 根据同名账户的发生额分析填列(应纳税所得额≤0，则本项目金额为0) |
| (20) 净利润 | 企业盈利，应列示金额=(18)-(19)；企业亏损，应列示金额=(18) |
| (21) 其他综合收益的税后净额 | 应列示金额=“其他综合收益”账户的期末余额-“其他综合收益”账户的期初余额 |
| (22) 综合收益总额 | 应列示金额=(20)+(21) |
| (23) 基本每股收益 | 应列示金额=归属于普通股股东的净利润÷发行在外的普通股加权平均数 |
| (24) 稀释每股收益 | 存在稀释性潜在普通股的，应分别调整归属于普通股股东的当期净利润和发行在外普通股的加权平均数，并据以计算稀释每股收益 |

## 业务处理

(1) 泉州南巽工贸股份有限公司 2025 年 2 月利润表的“上期金额”根据该公司 2024 年 2 月利润表(见表 15-46)的本期金额填列。

(2) 根据泉州南巽工贸股份有限公司 2025 年 1—2 月损益类账户(表 15-47～表 15-58)及有关资料，编制该公司 2025 年 1—2 月损益类账户累计发生额，如表 15-60 所示。

**表 15-60 泉州南巽工贸股份有限公司 2025 年 1—2 月损益类账户累计发生额** 单位：元

| 账户名称 | 借方累计发生额 | 贷方累计发生额 | 账户名称 | 借方累计发生额 | 贷方累计发生额 |
| --- | --- | --- | --- | --- | --- |
| 主营业务收入 | 17 964 000 | 17 964 000 | 财务费用 | 512 000 | 512 000 |
| 其他业务收入 | 1 444 000 | 1 444 000 | 其中：利息费用 | 398 920 | 398 920 |
| 主营业务成本 | 9 798 400 | 9 798 400 | 利息收入 | 12 600 | 12 600 |
| 其他业务成本 | 788 800 | 788 800 | 资产处置损益 | 56 000 | 560 000 |
| 税金及附加 | 678 000 | 678 000 | 营业外收入 | 16 000 | 16 000 |
| 销售费用 | 2 148 000 | 2 148 000 | 营业外支出 | 21 480 | 21 480 |
| 管理费用 | 2 211 320 | 2 211 320 | 所得税费用 | 842 000 | 842 000 |
| 其中：研发费用 | 478 400 | 478 400 | | | |

(3) 根据表 15-60 及有关资料，计算并填列该公司 2025 年 2 月份利润表的“本期金额”，如表 15-61 所示。

**表 15-61　利润表**

2025 年 2 月　　　　　　　　　　会企 02 表

编制单位：泉州南巽工贸股份有限公司　　　　　　　　　　单位：元

| 项　　目 | 本期金额 | 上期金额 |
|---|---|---|
| 一、营业收入 | 19 408 000 | 18 338 600 |
| 减：营业成本 | 10 587 200 | 9 541 600 |
| 税金及附加 | 678 000 | 752 000 |
| 销售费用 | 2 148 000 | 2 060 920 |
| 管理费用 | 1 732 920 | 1 772 720 |
| 研发费用 | 478 400 | 277 400 |
| 财务费用 | 512 000 | 531 840 |
| 其中：利息费用 | 398 920 | 434 680 |
| 利息收入 | 12 600 | 15 400 |
| 加：其他收益 | | |
| 投资收益(损失以“-”号填列) | | |
| 其中：对联营企业和合营企业的投资收益 | | |
| 以摊余成本计量的金融资产终止确认收益(损失以“-”号填列) | | |
| 净敞口套期收益(损失以“-”号填列) | | |
| 公允价值变动收益(损失以“-”号填列) | | |
| 资产减值损失(损失以“-”号填列) | | |
| 信用减值损失(损失以“-”号填列) | | |
| 资产处置收益(损失以“-”号填列) | 56 000 | -274 120 |
| 二、营业利润 | 3 327 480 | 3 128 000 |
| 加：营业外收入 | 16 000 | 48 000 |
| 减：营业外支出 | 21 480 | 14 000 |
| 三、利润总额(亏损总额以“-”号填列) | 3 322 000 | 3 162 000 |
| 减：所得税费用 | 842 000 | 802 000 |
| 四、净利润(净亏损以“-”号填列) | 2 480 000 | 2 360 000 |
| (一)持续经营净利润(净亏损以“-”号填列) | 2 480 000 | 2 360 000 |
| (二)终止经营净利润(净亏损以“-”号填列) | | |
| 五、其他综合收益的税后净额 | | |
| (一)不能重分类进损益的其他综合收益 | | |
| 1. 重新计量设定受益计划变动额 | | |
| 2. 权益法下不能转损益的其他综合收益 | | |
| 3. 其他权益工具投资公允价值变动 | | |
| 4. 企业自身信用风险公允价值变动 | | |
| (二)将重分类进损益的其他综合收益 | | |
| 1. 权益法下可转损益的其他综合收益 | | |
| 2. 其他债权投资公允价值变动 | | |
| 3. 金融资产重分类计入其他综合收益的金额 | | |
| 4. 其他债权投资信用减值准备 | | |

续表

| 项　　目 | 本期金额 | 上期金额 |
|---|---|---|
| 5. 现金流量套期储备 | | |
| 6. 外币财务报表折算差额 | | |
| 六、综合收益总额 | 2 480 000 | 2 360 000 |
| 七、每股收益 | 0. 124 | 0. 118 |
| （一）基本每股收益 | 0. 124 | 0. 118 |
| （二）稀释每股收益 | 0. 124 | 0. 118 |

知识拓展

### 利润表期间的确定

以《企业会计准则》的要求编制利润表的，其"本期"为1月至利润表编制当月的累计期间。而其"上期"则为上年相同月份"利润表"的"本期"，也就是上年1月份至上年利润表编制当月的上年累计期间。

以《小企业会计准则》的要求编制利润表的，其"本期"为本月(月报)或本季(季报)，而其"本年累计"则为当年的1月至编制当月或当季的累计期间。

## 子项目4　现金流量表

现金流量表是以现金为基础所编制的反映企业现金来源和运用的财务报表，向报表使用者提供企业在一定会计期间内现金和现金等价物的流入和流出信息。

企业一定期间的现金流量可分为三部分，即经营活动现金流量、投资活动现金流量和筹资活动现金流量。

财务会计报告使用者通过对现金流量表进行数据分析，可以了解企业偿还债务、支付投资利润的能力，以及预测企业未来产生现金净流量的能力，从而对企业的经营状况和资金实力作出比较全面且客观的判断。

同时，现金流量表也为企业管理部门编制现金预算提供了可靠的依据。

**业务呈现1**

请采用直接法编制泉州北巽工贸股份有限公司2025年4月份的现金流量表。

资料一：泉州北巽工贸股份有限公司2025年4月份银行存款日记账，见表15-62。

资料二：泉州北巽工贸股份有限公司2025年4月份库存现金日记账，见表15-63。

提示：泉州北巽工贸股份有限公司2025年4月份的经济业务不涉及其他货币资金，也不涉及现金等价物。

表 15-62　银行存款日记账

## 银行存款日记账

| 25年 | | 凭证号数 | 摘要 | 借方金额 | | | | | | | | | 核对 | 贷方金额 | | | | | | | | | 余额 | | | | | | | | | 核对 |
|---|---|---|---|---|---|---|---|---|---|---|---|---|---|---|---|---|---|---|---|---|---|---|---|---|---|---|---|---|---|---|---|---|
| 月 | 日 | | | 百 | 十 | 万 | 千 | 百 | 十 | 元 | 角 | 分 | 对 | 百 | 十 | 万 | 千 | 百 | 十 | 元 | 角 | 分 | 百 | 十 | 万 | 千 | 百 | 十 | 元 | 角 | 分 | 对 |
| | | | 期初余额 | | | | | | | | | | | | | | | | | | | | | 1 | 6 | 3 | 0 | 0 | 0 | 0 | 0 | |
| 4 | 2 | 银收1 | 销售海产品 | | 1 | 5 | 0 | 0 | 0 | 0 | 0 | 0 | √ | | | | | | | | | | | 3 | 1 | 3 | 0 | 0 | 0 | 0 | 0 | |
| 4 | 3 | 银付1 | 支付电费 | | | | | | | | | | √ | | | 3 | 0 | 0 | 0 | 0 | 0 | 0 | | 2 | 8 | 3 | 0 | 0 | 0 | 0 | 0 | |
| 4 | 4 | 银付2 | 支付现金股利 | | | | | | | | | | √ | | 1 | 8 | 0 | 0 | 0 | 0 | 0 | 0 | | 1 | 0 | 3 | 0 | 0 | 0 | 0 | 0 | |
| 4 | 5 | 银付3 | 支付职工工资 | | | | | | | | | | √ | | | 9 | 4 | 0 | 0 | 0 | 0 | 0 | | | | 9 | 0 | 0 | 0 | 0 | 0 | |
| 4 | 6 | 银付4 | 提取现金 | | | | | | | | | | √ | | | | 5 | 0 | 0 | 0 | 0 | 0 | | | | 4 | 0 | 0 | 0 | 0 | 0 | |
| 4 | 10 | 银收2 | 销售茶叶水果 | | 1 | 4 | 6 | 0 | 0 | 0 | 0 | 0 | √ | | | | | | | | | | | 1 | 5 | 0 | 0 | 0 | 0 | 0 | 0 | |
| 4 | 15 | 银付5 | 预缴本月所得税 | | | | | | | | | | √ | | | 1 | 6 | 5 | 0 | 0 | 0 | 0 | | 1 | 3 | 3 | 5 | 0 | 0 | 0 | 0 | |
| 4 | 18 | 银收3 | 收到投资款 | | 4 | 0 | 0 | 0 | 0 | 0 | 0 | 0 | √ | | | | | | | | | | | 5 | 3 | 3 | 5 | 0 | 0 | 0 | 0 | |
| 4 | 21 | 银付6 | 支付广告费 | | | | | | | | | | √ | | | 8 | 9 | 0 | 0 | 0 | 0 | 0 | | 4 | 4 | 4 | 5 | 0 | 0 | 0 | 0 | |
| 4 | 25 | 银付7 | 付采购商品款 | | | | | | | | | | √ | | 2 | 1 | 0 | 0 | 0 | 0 | 0 | 0 | | 2 | 3 | 4 | 5 | 0 | 0 | 0 | 0 | |
| 4 | 28 | 银收4 | 收包装袋销售款 | | | 1 | 0 | 0 | 0 | 0 | 0 | 0 | √ | | | | | | | | | | | 2 | 4 | 4 | 5 | 0 | 0 | 0 | 0 | |
| 4 | 30 | 银付8 | 支付本月通信费 | | | | | | | | | | √ | | | 1 | 0 | 0 | 0 | 0 | 0 | 0 | | 2 | 3 | 4 | 5 | 0 | 0 | 0 | 0 | |
| 4 | 30 | 现付4 | 现金存入银行 | | | | 4 | 0 | 0 | 0 | 0 | 0 | √ | | | | | | | | | | | 2 | 3 | 8 | 5 | 0 | 0 | 0 | 0 | |
| | | | 本月合计 | | 7 | 1 | 0 | 0 | 0 | 0 | 0 | 0 | √ | | 6 | 3 | 4 | 5 | 0 | 0 | 0 | 0 | | 2 | 3 | 8 | 5 | 0 | 0 | 0 | 0 | |

表 15-63　库存现金日记账

## 库存现金日记账

| 25年 | | 凭证号数 | 摘要 | 借方金额 | | | | | | | | | 核对 | 贷方金额 | | | | | | | | | 余额 | | | | | | | | | 核对 |
|---|---|---|---|---|---|---|---|---|---|---|---|---|---|---|---|---|---|---|---|---|---|---|---|---|---|---|---|---|---|---|---|---|
| 月 | 日 | | | 百 | 十 | 万 | 千 | 百 | 十 | 元 | 角 | 分 | 对 | 百 | 十 | 万 | 千 | 百 | 十 | 元 | 角 | 分 | 百 | 十 | 万 | 千 | 百 | 十 | 元 | 角 | 分 | 对 |
| | | | 期初余额 | | | | | | | | | | | | | | | | | | | | | | | 6 | 0 | 0 | 0 | 0 | 0 | |
| 4 | 2 | 现付1 | 预借差旅费 | | | | | | | | | | √ | | | | 5 | 0 | 0 | 0 | 0 | 0 | | | | 1 | 0 | 0 | 0 | 0 | 0 | |
| 4 | 6 | 银付4 | 提取现金 | | | | 5 | 0 | 0 | 0 | 0 | 0 | √ | | | | | | | | | | | | | 6 | 0 | 0 | 0 | 0 | 0 | |
| 4 | 10 | 现付2 | 支付职工困难补助 | | | | | | | | | | √ | | | | 2 | 0 | 0 | 0 | 0 | 0 | | | | 4 | 0 | 0 | 0 | 0 | 0 | |
| 4 | 15 | 现付3 | 购买办公用品 | | | | | | | | | | √ | | | | | 9 | 0 | 0 | 0 | 0 | | | | 3 | 1 | 0 | 0 | 0 | 0 | |
| 4 | 28 | 现收1 | 员工违规罚款 | | | | | 4 | 0 | 0 | 0 | 0 | √ | | | | | | | | | | | | | 3 | 5 | 0 | 0 | 0 | 0 | |
| 4 | 30 | 现收2 | 出售旧电脑5台 | | | | 4 | 5 | 0 | 0 | 0 | 0 | √ | | | | | | | | | | | | | 8 | 0 | 0 | 0 | 0 | 0 | |
| 4 | 30 | 现付4 | 现金存入银行 | | | | | | | | | | √ | | | | 4 | 0 | 0 | 0 | 0 | 0 | | | | 4 | 0 | 0 | 0 | 0 | 0 | |
| | | | 本月合计 | | | | 9 | 9 | 0 | 0 | 0 | 0 | √ | | | 1 | 1 | 9 | 0 | 0 | 0 | 0 | | | | 4 | 0 | 0 | 0 | 0 | 0 | |

**知识准备**

## 一、 现金流量表的编制基础

现金流量表的编制基础是现金及现金等价物。这里的现金是指货币资金，包括库存现金、银行存款和其他货币资金；这里的现金等价物是指期限短、流动性强且易于变现的投资，如投资日起三个月到期的国库券、货币市场基金等。

现金流量表本质是向财务报告使用者提供一份以收付实现制为基础编制的会计报表，对以权责发生制为基础编制的会计报表(资产负债表和利润表)进行必要的补充。

## 二、 现金流量表编制方法

《企业会计准则》规定：现金流量表采用直接法编制，但同时要求在附注中披露用间接法计算的经营活动现金流量。

### 1. 直接法

直接法就是通过现金收入和支出的主要类别列示经营活动产生的现金流量。

直接法以营业收入为起算点，然后对影响经营活动现金流量的相关项目进行调整，最终算出经营活动产生的现金流量。直接法可以采用工作底稿，也可以采用T型账户编制现金流量表，业务简单的还可以根据有关科目记录分析后填列。

### 2. 间接法

间接法就是以净利润为起点，调整不涉及现金的收入、费用、营业外收支等有关项目，剔除投资活动、筹资活动对现金的影响，据此算出经营活动产生的现金流量。

相对于间接法，采用直接法编制的现金流量表能更好地反映经营活动产生的现金流量的来源和用途。

## 三、 现金流量表主要项目填列说明

### 1. 经营活动产生的现金流量

(1) 销售商品、提供劳务收到的现金。

本项目应列示金额=营业收入×(1+增值税税率)+应收账款(期初余额-期末余额)+应收票据(期初余额-期末余额)+预收账款(期末余额-期初余额)+本期转回多提取的坏账准备-本期提取的坏账准备

提示：营业收入中如果有一部分征收增值税，另一部分不征收增值税，应分别计算；应收账款取自报表项目余额(应收账款净额)而非科目余额。

(2) 税费返还收到的现金。

本项目根据实际收到的增值税、消费税、所得税、城市维护建设税及教育费附加等税费返还款填列。

(3) 收到的其他与经营活动有关的现金。

本项目反映企业经营租赁收到的租金以及罚款收入、银行存款利息收入等其他与经营活动有关的现金流入，金额较大的应单独列示。

经营活动现金流入小计=(1)+(2)+(3)

（4）购买商品、接受劳务支付的现金。

本项目应列金额=[营业成本+存货(期末余额-期初余额)]×(1+增值税税率)+应付票据(期初余额-期末余额)+应付账款(期初余额-期末余额)+预付账款(期末余额-期初余额)

提示：营业成本中如果有一部分征收增值税，另一部分不征收增值税，应分别计算。

（5）支付给职工及为职工支付的现金。

本项目指企业实际支付给职工的工资、奖金、各种津贴和补贴等职工薪酬(包括代扣代缴的职工个人所得税)。

企业如有在建工程，则这部分人员的工资性支出记入“投资活动产生的现金流量”。

（6）支付的各种税费。

本项目包括本期发生并支付的税费、前期发生本期支付以及预缴的税费。本项目税费种类有增值税、消费税、城市维护建设税、关税、印花税、车船使用税、房产税、土地增值税、所得税、教育费附加等。

本项目不包括实际支付并计入固定资产价值的有关税金，如耕地占用税，车辆购置税，购买固定资产的契税、印花税，进口固定资产的关税、消费税等。

（7）支付的其他与经营活动有关的现金。

本项目包括企业实际支付的办公费、差旅费、保险费、通信费、广告费、金融机构结算手续费、业务招待费、研究开发费、代垫运费、罚款支出等其他与经营活动有关的现金流出。

按租赁准则简化处理的短期租赁和低价值租赁的付款额以及未纳入租赁负债的可变租赁付款额、与短期租赁和低价值租赁相关的预付租金和租赁保证金也在本项目反映。

经营活动现金流出小计=(4)+(5)+(6)+(7)

经营活动产生的现金流量净额=[(1)+(2)+(3)]-[(4)+(5)+(6)+(7)]

2. 投资活动产生的现金流量

（1）收回投资所收到的现金。

本项目反映企业出售、转让或到期收回除现金等价物以外的交易性金融资产、其他权益工具投资、长期股权投资、其他债权投资(不包括处置子公司和其他营业单位收到的现金净额)而收到的现金。

（2）取得投资收益所收到的现金。

本项目应列金额=利润表所列投资收益-应收利息(期末余额-期初余额)-应收股利(期末余额-期初余额)

（3）处置固定资产、无形资产和其他长期资产所收回的现金净额。

本项目应列金额=企业处置固定资产、无形资产和其他长期资产所收现金（含保险理赔款等）-企业为处置这些长期资产而发生的付现费用

（4）处置子公司及其他营业单位所收回的现金净额

本项目根据企业处置子公司及其他营业单位收到的现金减去子公司或其他营业单位持有的现金和现金等价物以及相关处置费用后的净额填列。

（5）收到的其他与投资活动有关的现金。

本项目反映企业收到除（1）~（4）之外，其他与投资活动有关的现金流入，应根据“银行存款”“库存现金”和其他有关账户记录分析填列，其中收回融资租赁设备本金也在本项目填列。

投资活动现金流入小计=（1）+（2）+（3）+（4）+（5）

（6）购建固定资产、无形资产和其他长期资产所支付现金。

本项目反映企业购建固定资产、购买无形资产和其他长期资产所支付的现金（含增值税等），以及用现金支付的应由在建工程和无形资产所负担的职工薪酬。

（7）投资所支付的现金。

本项目反映企业权益性投资和债权性投资所支付的现金，包括企业取得的除现金等价物以外的以公允价值计量且变动计入当期损益的金融资产、以摊余成本计量的金融资产、以公允价值计量且变动计入其他综合收益的金融资产、长期股权投资以及支付的佣金、手续费等交易费用。

（8）取得子公司及其他营业单位支付的现金净额。

本项目反映企业取得子公司及其他营业单位购买出价中以现金支付的部分，减去子公司或其他营业单位持有的现金和现金等价物后的净额。

如支付的现金净额为负数，在“收到的其他与投资活动有关的现金”项目中反映。

（9）支付的其他与投资活动有关的现金。

本项目反映企业支付的其他与投资活动有关的现金，如购买股票和债券时，支付的买价中所包含的已宣告但尚未发放的现金股利或已到付息期但尚未领取的债券利息及未按时支付投资款的罚款等。

投资活动现金流出小计=（6）+（7）+（8）+（9）

投资活动产生的现金流量净额=[（1）+（2）+（3）+（4）+（5）]-[（6）+（7）+（8）+（9）]

3. 筹资活动产生的现金流量

（1）吸收投资所收到的现金。

本项目反映投资人投入企业的现金，包括发行股票收到的价款净额（发行收入-发

行方扣除的发行费用)、发行债券收到的现金(发行收入-发行方扣除的发行费用)等。

提示：由企业支付的股票发行评估费、审计费、咨询费及债券印刷费等发行费用不能从本项目中扣除。

(2) 取得借款收到的现金。

本项目所列金额=短期借款(期末余额-期初余额)+长期借款(期末余额-期初余额)

提示：如果期初余额大于期末余额，则在“偿还债务所支付现金项目”中反映。

(3) 收到的其他与筹资活动有关的现金。

说明：本项目反映其他与筹资活动有关的现金。如接受现金捐赠、收到投资人未按期缴纳股权的罚款等。

筹资活动现金流入小计=(1)+(2)+(3)

(4) 偿还债务所支付的现金。

本项目所列金额=短期借款(期初余额-期末余额)+长期借款(期初余额-期末余额)(剔除利息)+应付债券(期初余额-期末余额)(剔除利息)

提示：如果期末余额大于期初余额，则在“借款收到的现金项目”反映。

(5) 分配股利、利润或偿还利息所支付的现金。

本项目反映企业实际支付的现金股利、支付给其他投资单位的利润或用现金支付的借款利息、债券利息。

(6) 支付的其他与筹资活动有关的现金。

本项目反映除上述各项以外，与企业筹资活动有关的现金流出。如发行股票、债券所付的审计费、咨询费；融资租赁所付现金；减少注册资本所付现金(退还联营单位的投资、收购本公司股票)；分期付款购建固定资产，除首期以外其他各期所付现金；企业对外捐赠现金等。

筹资活动现金流出小计=(4)+(5)+(6)

筹资活动所产生的现金流量净额=[(1)+(2)+(3)]-[(4)+(5)+(6)]

4. 汇率变动对现金及现金等价物的影响

本项目反映下列两个金额之间的差额。

(1) 企业外币现金流量及境外子公司的现金流量折算成记账本位币时，采用现金流量发生日的即期汇率或按系统合理方法确定的与现金流量发生日即期汇率近似的汇率折算的金额。

(2) 企业外币现金及现金等价物净增加额按资产负债表日即期汇率折算的金额。

5. 现金及现金等价物净增加额

本项目金额=经营活动产生的现金流量净额+投资活动产生的现金流量净额+筹资活

动产生的现金流量净额+汇率变动对现金的影响额

6. 期末现金及现金等价物余额

本项目金额=现金及现金等价物期初余额+现金及现金等价物的净增加额

本项目金额应与企业期末全部货币资金以及现金等价物的合计余额相等。

知识拓展

**现金流量表编制小窍门**

企业会计在登记“库存现金日记账”“银行存款日记”“其他货币资金明细账”以及现金等价物所涉及的明细账时，应将摘要的描述与现金流量表的项目内容有机结合起来，“现金流量表”编制人员就可以根据上述日记账或明细账的摘要，分析企业收付的每一笔货币资金，判断应当填入“现金流量表”中的哪个具体项目。

**业务处理1**

对泉州北巽工贸股份有限公司2025年4月银行存款日记账和库存现金日记账摘要进行分析，我们得出如下结论。

1. 经营活动所产生的现金流量

(1) 销售商品、提供劳务收到的现金如下：

银行存款日记账中4月2日销售海产品收到的款项为150 000元；

银行存款日记账中4月10日销售茶叶水果收到的款项为146 000元；

银行存款日记账中4月28日销售包装袋收到的款项为10 000元；

小计　306 000元。

(2) 收到税费返还款(本公司本月无此项业务)。

(3) 收到的其他与经营活动有关的现金如下：

库存现金日记账中4月28日收到员工违规罚款400元。

(4) 购买商品、接受劳务支付的现金如下：

银行存款日记账中4月25日采购商品支付款项为210 000元。

(5) 支付给职工及为职工支付的现金如下：

银行存款日记账中4月5日支付职工工资94 000元；

库存现金日记账中4月10日支付职工困难补助2 000元；

小计　96 000元。

(6) 支付的各种税费如下：

银行存款日记账中4月15日预缴本月所得税16 500元。

（7）支付的其他与经营活动有关的现金如下：

库存现金日记账中 4 月 2 日预借差旅费 5 000 元；

库存现金日记账中 4 月 15 日购买办公用品 900 元；

银行存款日记账中 4 月 3 日支付电费 30 000 元；

银行存款日记账中 4 月 21 日支付广告费 89 000 元；

银行存款日记账中 4 月 30 日支付通信费 10 000 元；

小计　134 900。

经营活动产生的现金流量净额 = 306 000+400－210 000－96 000－16 500－134 900 = －151 000（元）

2. 投资活动所产生的现金流量

库存现金日记账中 4 月 30 日出售旧电脑 5 台，收到 4 500 元，属于“处置固定资产、无形资产和其他长期资产收回的现金净额”。

说明：本报告期，涉及现金流量的投资活动只有这一笔业务。

投资活动产生的现金流量净额 = 4 500（元）

3. 筹资活动所产生的现金流量

（1）吸收投资所收到的现金。

银行存款日记账中，本公司于 4 月 18 日收到投资款 400 000 元。

（2）借款所收到的现金（本公司本月无此项业务）。

（3）收到的其他与筹资活动有关的现金（本公司本月无此项业务）。

（4）偿还债务所支付的现金（本公司本月无此项业务）。

（5）分配股利、利润或偿还利息所支付的现金如下：

银行存款日记账中 4 月 4 日向投资人支付现金股利 180 000 元。

（6）支付的其他与筹资活动有关的现金（本公司本月无此项业务）。

筹资活动所产生的现金流量净额 = 400 000－180 000 = 220 000（元）

4. 汇率变动对现金及现金等价物的影响

泉州北巽工贸股份有限公司是内资企业，现金及现金等价物不受汇率变动的影响。

5. 现金及现金等价物净增加额

现金及现金等价物净增加额 = －151 000+4 500+220 000 = 73 500（元）

提示：从银行提取现金，或将现金存入银行不影响企业现金流量。

根据相关资料编制现金流量表（见表 15-64）。

**表 15-64　现金流量表**　　会企 03 表

编制单位：泉州北巽工贸股份有限公司　　2025 年 4 月　　单位：元

| 项　　目 | 行次 | 金额 |
| --- | --- | --- |
| 一、经营活动产生的现金流量： | | |
| 销售商品、提供劳务收到的现金 | | 306 000 |
| 收到的税费返还款 | | |
| 收到的其他与经营活动有关的现金 | | 400 |
| 经营活动现金流入小计 | | 306 400 |
| 购买商品、接受劳务支付的现金 | | 210 000 |
| 支付给职工及为职工支付的现金 | | 96 000 |
| 支付的各种税费 | | 16 500 |
| 支付的其他与经营活动有关的现金 | | 134 900 |
| 经营活动现金流出小计 | | 457 400 |
| 经营活动产生的现金流量净额 | | -151 000 |
| 二、投资活动所产生的现金流量： | | |
| 收回投资所收到的现金 | | |
| 取得投资收益所收到的现金 | | |
| 处置固定资产、无形资产和其他长期资产所收回的现金净额 | | 4 500 |
| 处置子公司及其他营业单位所收回的现金净额 | | |
| 收到其他与投资活动有关的现金 | | |
| 投资活动现金流入小计 | | 4 500 |
| 购建固定资产、无形资产和其他长期资产所支付的现金 | | |
| 投资所支付的现金 | | |
| 支付的其他与投资活动有关的现金 | | |
| 投资活动现金流出小计 | | |
| 投资活动所产生的现金流量净额 | | 4 500 |
| 三、筹资活动所产生的现金流量： | | |
| 吸收投资所收到的现金 | | 400 000 |
| 取得借款所收到的现金 | | |
| 收到的其他与筹资活动有关的现金 | | |
| 筹资活动现金流入小计 | | 400 000 |
| 偿还债务所支付的现金 | | |
| 分配股利、利润或偿还利息所支付的现金 | | 180 000 |
| 支付的其他与筹资活动有关的现金 | | |
| 筹资活动现金流出小计 | | 180 000 |
| 筹资活动所产生的现金流量净额 | | 220 000 |
| 四、汇率变动对现金及现金等价物的影响 | | |
| 五、现金及现金等价物净增加额 | | 73 500 |
| 加：期初现金及现金等价物余额 | | 169 000 |
| 六、期末现金及现金等价物余额 | | 242 500 |

**业务呈现2**

请采用间接法编制福建金欧云超市 2025 年 4 月份的现金流量表。

相关资料：

（1）福建金欧云超市 2025 年 4 月份实现净利润 98 000 元。

（2）本年度计提坏账准备 4 800 元。

（3）本年度固定资产折旧 45 000 元。

（4）本年度摊销无形资产 13 500 元。

（5）出售一台旧设备，原值 164 000 元，已计提折旧 61 000 元，收到款项 113 000 元。

（6）盘亏电脑一台，原价 8 500 元，已计提折旧 6 800 元。

（7）计提短期借款利息 4 000 元，长期借款利息（计入损益）4 500 元，将面值 118 000 元的票据到银行办理贴现，银行扣除贴现利息 7 000 元。

（8）公司长期股权投资采用成本法，现金股利 12 000 元收存银行并确认为投资收益。

（9）资产负债表中“存货”项目期初余额 1 032 000 元，期末余额 1 027 400 元。

（10）资产负债表经营性应收项目中，应收票据期初余额 98 400 元，期末余额 18 400 元；应收账款期初余额 125 000 元，期末余额 238 000 元；预付账款期初余额 80 000 元，期末余额 42 200 元。其余的经营性应收项目，期初、期末余额均为 0 元。

（11）资产负债表经营性应付项目中，应付票据期初余额 80 000 元，期末余额 50 000元；应付职工薪酬期初余额 43 000 元，期末余额 75 000 元（其中：12 500 元属于应付工程人员福利费）；应交税费的期初余额 15 640 元，期末余额 84 730 元（其中：34 000元是与在建工程有关的税费）。

（12）资产负债表中“货币资金”期初余额 2 354 960 元，期末余额 2 533 650 元。本企业最近几个报告期均没有发生现金等价物业务。

（13）本报告期结束之前，企业融资租入全自动生产线一条，总价 250 000 元，款项分 4 期在 2 年内付清，每半年支付一次，本报告期尚未支付任何相关款项。

**知识准备**

## 四、 现金流量表补充资料的填列

间接法是以企业本期净利润为起算点，调整有关项目，将以权责发生制为基础的净利润调整为以收付实现制为基础计算的经营活动的现金流量净值。

1. 间接法相关的计算公式

经营活动产生的现金净流量 = 净利润 + 报告期导致净利减少而没有现金流出的填列项目 - 报告期导致净利增加而没有现金流入的填列项目 + 报告期不涉及经营活动的现金支出 - 报告期不涉及经营活动的现金收入

2. 现金流量表补充资料各具体项目的填列

(1) 资产减值准备。

本项目根据利润表中的“资产减值损失”项目的金额直接填列。

(2) 信用减值准备。

本项目根据利润表中的“信用减值损失”项目的金额直接填列。

(3) 固定资产折旧、油气资产折耗、生产性生物资产折旧。

本项目根据资产负债表及其报表附注中“累计折旧”“累计折耗”“生产性生物资产累计折旧”“使用权资产累计折旧”“投资性房地产累计折旧”科目贷方发生额分析计算填列。

(4) 无形资产摊销。

本项目根据资产负债表及其报表附注中“累计摊销”科目贷方发生额分析计算填列。

(5) 长期待摊费用摊销。

本项目根据资产负债表及其附注中“长期待摊费用”科目贷方发生额分析计算填列。

(6) 处置固定资产、无形资产、其他长期资产的损失(收益以“-”号填列)。

处置固定资产(不含固定资产报废的处置)、无形资产、其他长期资产属于投资活动，其形成的损益，无论是否有相应的现金流入、流出，均应全额调整。本项目根据“资产处置损益”账户分析计算填列。

3. 固定资产报废损失(收益以“-”号填列)

固定资产报废最终计算结果，如果是净亏损，转入“营业外支出—处置非流动资产净损失”科目；如果是净盈利，则转入“营业外收入—处置非流动资产净收益”，因此本项目根据“营业外支出”或“营业外收入”账户及其明细账户的有关资料分析填列。

4. 公允价值变动损失(收益以“-”号填列)

本项目属于记入净利润项目的投资活动产生的现金流量，本项目可根据“利润表”中的“公允价值变动收益(损失以“-”号填列)”项目分析计算填列。

5. 财务费用(收益以“-”号填列)

本项目调整属于投资活动、筹资活动形成的财务费用以及由经营活动形成但没有产生现金流入、流出的财务费用。填列本项目时，将财务费用总额减去属于经营活动而且发生了现金流入、流出的财务费用即可。

各种借款利息属于筹资活动形成的现金流量，应收票据贴现利息、销售现金折扣、材料采购产生的汇兑损益、银行转账手续费等属于经营活动形成的现金流量。

6. 投资损失(收益以“-”号填列)

本项目属于记入净利润项目的投资活动产生的现金流量，本项目可根据“利润表”中的“投资收益(损失以“-”号填列)”项目分析计算填列。

7. 递延所得税资产减少(增加以"-"号填列)

本项目属于记入净利润中"所得税费用"项目的内容，但不构成报告期的现金流量，本项目应根据资产负债表中"递延所得税资产"期末期初的差额分析计算填列。

8. 递延所得税负债增加(减少以"-"号填列)

本项目属于记入净利润中"所得税费用"项目的内容，但不构成报告期的现金流量，本项目应根据资产负债表中"递延所得税负债"期末期初的差额分析计算填列。

9. 存货的减少(增加以"-"号填列)

存货减少既有属于经营活动现金流量的部分，也可能有属于投资活动或筹资活动的现金流量部分，填列该项目时需要分析计算调整非经营活动的现金流量。

本项目可根据资产负债表中"存货"项目期末期初的差额和报表附注中的"存货跌价准备"项目期末期初的差额分析计算填列。

10. 经营性应收项目的减少(增加以"-"号填列)

经营性应收项目包括应收账款、应收票据、预付账款、合同资产、其他应收款和长期应收款等项目中与经营活动有关的部分。

本项目可根据资产负债表中"经营性应收项目"期末期初的差额和报表附注中"坏账准备"项目的期末期初的差额分析计算填列。

11. 经营性应付项目的增加(减少以"-"号填列)

经营性应付项目包括应付账款、应付票据、预收账款、合同负债、其他应付款和长期应付款等项目中与经营活动有关的部分。

本项目可根据资产负债表中"经营性应付项目"期末期初数的差额分析计算填列。

12. 债务转为资本

本项目反映报告期内转为资本的债务金额，本项目根据资产负债表中的"应付债券""长期应付款""实收资本""资本公积"等项目分析计算填列。

13. 一年内到期的可转换公司债券

本项目反映报告期内到期的可转换债券的本息。本项目根据资产负债表中的"应付债券—优先股"等项目分析计算填列。

14. 融资租入固定资产

本项目反映报告期内融资租入的固定资产。本项目根据资产负债表中的"使用权资产""长期应付款""租赁负债"等项目分析计算填列。

**业务处理2**

根据有关资料编制福建金欧云超市 2025 年的现金流量表补充资料(简表)，如表 15-65所示。其中需要列出计算过程或加以说明的项目有：

1.“处置固定资产、无形资产、其他长期资产的损失(收益以“-”号填列)”项目

金额=113 000-(164 000-61 000)=10 000(元)

正数属于收益，所以本项目金额应填列为“-10 000”元。

2.“其他”项目

金额=8 500-6 800=1 700(元)

说明：在现金流量表补充资料中，没有列示“固定资产盘亏”损失项目，“固定资产盘亏损失”可在现金流量表补充资料中的“其他”项目填列。

3.“财务费用(收益以“-”号填列)”项目

金额=4 000+4 500=8 500(元)

说明：银行贴现利息 7 000 元属于经营活动形成并付现的财务费用，不包含在本项目内。

4.“经营性应收项目的减少(增加以“-”号填列)”项目

金额=(18 400-98 400)+(238 000+4 800-125 000)+(42 200-80 000)=0(元)

5.“经营性应付项目的增加(减少以“-”号填列)”项目

金额=(50 000-80 000)+(75 000-43 000)+(84 730-15 640)-12 500-34 000=24 590(元)

**表 15-65　现金流量表补充资料(简表)**

会企 03 表

编制单位：福建金欧云超市　　　　2025 年 4 月　　　　单位：元

| 项　　目 | 本期金额 | 上期金额 |
|---|---|---|
| 1. 将利润调节为经营活动现金流量 | | |
| 净利润 | 98 000 | |
| 加：资产减值准备 | | |
| 信用减值准备 | 4 800 | |
| 固定资产折旧、油气资产折耗、生产性生物资产折旧 | 45 000 | |
| 无形资产摊销 | 13 500 | |
| 长期待摊费用摊销 | 0 | |
| 处置固定资产、无形资产、其他长期资产的损失(收益以“-”号填列) | -10 000 | |
| 固定资产报废损失(收益以“-”号填列) | | |
| 公允价值变动损失(收益以“-”号填列) | | |
| 财务费用(收益以“-”号填列) | 8 500 | |
| 投资损失(收益以“-”号填列) | -12 000 | |
| 递延所得税资产减少(增加以“-”号填列) | 0 | |
| 递延所得税负债增加(减少以“-”号填列) | 0 | |
| 存货的减少(增加以“-”号填列) | 4 600 | |

续表

| 项　　目 | 本期金额 | 上期金额 |
|---|---|---|
| 经营性应收项目的减少（增加以"-"号填列） | 0 | |
| 经营性应付项目的增加（减少以"-"号填列） | 24 590 | |
| 其他 | 1 700 | |
| 经营活动产生的现金流量净额 | 178 690 | |
| 2. 不涉及现金收支的重大投资和筹资活动 | | |
| 债务转为资本 | 0 | |
| 一年内到期的可转换公司债券 | 0 | |
| 融资租入固定资产 | 250 000 | |
| 3. 现金及现金等价物净增加情况 | | |
| 现金的期末余额 | 2 533 650 | |
| 减：现金的期初余额 | 2 354 960 | |
| 加：现金等价物的期末余额 | 0 | |
| 减：现金等价物的期初余额 | 0 | |
| 现金及现金等价物净增加额 | 178 690 | |

# 子项目 5　所有者权益变动表

所有者权益（或股东权益）变动表是反映构成所有者权益的各组成部分当期增减变动情况的报表，它是对资产负债表的补充，进一步反映一定时期内所有者权益总的增减变动情况以及所有者权益内部结构的变动情况。

**业务呈现**

2025 年年初厦金科技股份有限公司所有者权益（或股东权益）总额 9 800 万元，其中：实收资本（或股本）5 000 万元，资本公积 1 500 万元，盈余公积 2 000 万元，未分配利润 1 300 万元。当年该企业实现综合收益总额 1 230 万元，提取盈余公积 123 万元，用盈余公积转增资本 500 万元，向所有股东分配现金股利 150 万元，不考虑其他因素，请计算该企业 2025 年度所有者权益（或股东权益）变动表中"本年年末余额"列报项目"实收资本（或股本）""资本公积""盈余公积""未分配利润""所有者权益（或股东权益）合计"的金额。

**知识准备**

## 一、 所有者权益（或股东权益）变动表的结构

所有者权益（或股东权益）变动表为纵横交叉的矩阵式结构，如表 15-66 所示。

**表 15-66　所有者权益(或股东权益)变动表(简表)**

会企 04 表

编制单位　　　　　　　　　　　　年度　　　　　　　　　　　　单位：元

| 项目 | 本年金额 | | | | | | | | | | | 上年金额 | | | | | | | | | | |
|---|---|---|---|---|---|---|---|---|---|---|---|---|---|---|---|---|---|---|---|---|---|---|
| | 实收资本(或股本) | 其他权益工具 | | | 资本公积 | 减：库存股 | 其他综合收益 | 专项储备 | 盈余公积 | 未分配利润 | 所有者权益(或股东权益)合计 | 实收资本(或股本) | 其他权益工具 | | | 资本公积 | 减：库存股 | 其他综合收益 | 专项储备 | 盈余公积 | 未分配利润 | 所有者权益(或股东权益)合计 |
| | | 优先股 | 永续债 | 其他 | | | | | | | | | 优先股 | 永续债 | 其他 | | | | | | | |
| 一、上年年末余额 | | | | | | | | | | | | | | | | | | | | | | |
| 加：会计政策变更 | | | | | | | | | | | | | | | | | | | | | | |
| 前期差错更正 | | | | | | | | | | | | | | | | | | | | | | |
| 其他 | | | | | | | | | | | | | | | | | | | | | | |
| 二、本年年初余额 | | | | | | | | | | | | | | | | | | | | | | |
| 三、本年增减变动金额(减少以“-”号填列) | | | | | | | | | | | | | | | | | | | | | | |
| (一)综合收益总额 | | | | | | | | | | | | | | | | | | | | | | |
| (二)所有者投入和减少资本 | | | | | | | | | | | | | | | | | | | | | | |
| 1. 所有者投入的普通股 | | | | | | | | | | | | | | | | | | | | | | |
| 2. 其他权益工具持有者投入资本 | | | | | | | | | | | | | | | | | | | | | | |
| 3. 股份支付计入所有者权益的金额 | | | | | | | | | | | | | | | | | | | | | | |
| 4. 其他 | | | | | | | | | | | | | | | | | | | | | | |

续表

| 项目 | 本年金额 | | | | | | | | | | | 上年金额 | | | | | | | | | | |
|---|---|---|---|---|---|---|---|---|---|---|---|---|---|---|---|---|---|---|---|---|---|---|
| | 实收资本（或股本） | 其他权益工具 | | | 资本公积 | 减：库存股 | 其他综合收益 | 专项储备 | 盈余公积 | 未分配利润 | 所有者权益（或股东权益）合计 | 实收资本（或股本） | 其他权益工具 | | | 资本公积 | 减：库存股 | 其他综合收益 | 专项储备 | 盈余公积 | 未分配利润 | 所有者权益（或股东权益）合计 |
| | | 优先股 | 永续债 | 其他 | | | | | | | | | 优先股 | 永续债 | 其他 | | | | | | | |
| （三）利润分配 | | | | | | | | | | | | | | | | | | | | | | |
| 1. 提取盈余公积 | | | | | | | | | | | | | | | | | | | | | | |
| 2. 对所有者（或股东）的分配 | | | | | | | | | | | | | | | | | | | | | | |
| 3. 其他 | | | | | | | | | | | | | | | | | | | | | | |
| （四）所有者权益内部结转 | | | | | | | | | | | | | | | | | | | | | | |
| 1. 资本公积转增资本（或股本） | | | | | | | | | | | | | | | | | | | | | | |
| 2. 盈余公积转增资本（或股本） | | | | | | | | | | | | | | | | | | | | | | |
| 3. 盈余公积弥补亏损 | | | | | | | | | | | | | | | | | | | | | | |
| 4. 设定受益计划变动额结转留存收益 | | | | | | | | | | | | | | | | | | | | | | |
| 5. 其他综合收益结转留存收益 | | | | | | | | | | | | | | | | | | | | | | |
| 6. 其他 | | | | | | | | | | | | | | | | | | | | | | |
| 四、本年年末余额 | | | | | | | | | | | | | | | | | | | | | | |

1. 纵向结构

纵向结构按所有者权益(或股东权益)变动表为分“上年年末余额”“本年年初余额”“本年增减变动金额”和“本年年末余额”四栏。

2. 横向结构

横向结构分为“本年金额”和“上年金额”两栏，每栏都由“实收资本(或股本)”“其他权益工具”“资本公积”“减：库存股”“其他综合收益”“专项储备”“盈余公积”“未分配利润”“所有者权益(或股东权益)合计”构成。

## 二、 所有者权益(或股东权益)变动表的填列

1. 纵向项目

(1) “上年年末余额”项目，数字取自上年度所有者权益(或股东权益)变动表的“本年年末余额”栏。

(2) “会计政策变更”项目，反映企业采用追溯调整法处理的会计政策变更的累积影响金额。

(3) ”前期差错更正”项目，反映企业采用追溯重述法处理的会计差错更正的累积影响金额。前期差错通常包括计算错误、应用会计政策错误、疏忽或曲解事实、舞弊产生的影响、固定资产盘盈等。

(4) “本年年初余额”项目，根据“本年年初余额=上年年末余额+本年会计政策变更+前期差错更正+其他变动”公式计算结果填列。

(5) “本年增减变动金额”项目的填列。

① “综合收益总额”项目，反映净利润和其他综合收益扣除所得税影响后净额相加后的合计金额。

② “所有者投入和减少资本”项目，本项目包括“所有者投入的普通股”“其他权益工具持有者投入资本”“股份支付计入所有者权益的金额”和“其他”。

③ “利润分配”项目，反映企业当年的利润分配金额。

④ “所有者权益内部结转”项目，包括：“资本公积转增资本(或股本)”“盈余公积转增资本(或股本)”“盈余公积弥补亏损”“设定受益计划变动额结转留存收益”“其他综合收益结转留存收益”“其他”。

此外，纵向项目之间的数量关系可以用下列公式反映：

本年年末余额=本年年初余额+本年增减变动金额

本年年初余额=上年年末余额+本年会计政策变更+前期差错更正+其他变动

2. 横向项目

(1) “本年金额”项目，是以上年度“所有者权益(或股东权益)变动表”、本年度已编制完成的“资产负债表”和“利润表”、会计政策变更记录、前期差错更正记录、相关

会计账户记录为资料，在分析计算后进行填列。

（2）“上年金额”项目，应根据上年度“所有者权益（或股东权益）变动表”中的“本年金额”栏所列数字填列。上年报表规定的项目名称和内容与本年度不一致的，应对上年报表的项目名称和内容按照本年度的相关规定进行调整，然后填入本年度“所有者权益（或股东权益）变动表”的“上年金额”栏内。

此外，横向项目之间的数量关系可以用下列公式反映：

所有者权益（或股东权益）合计=实收资本（或股本）+其他权益工具+资本公积-库存股+其他综合收益+专项储备+盈余公积+未分配利润

**知识拓展**

**追溯调整法与追溯重述法**

追溯调整法是指对某项交易或事项变更会计政策，视同该项交易或事项初次发生时采用变更后的会计政策，并以此对财务报表的相关项目进行调整的方法。

追溯重述法是指在发现前期差错时，视同该项差错从未发生过，从而对财务报表的相关项目进行更正的方法。

**业务处理**

2025 年度“所有者权益（或股东权益）变动表”中“本年年末余额”列报项目

（1）实收资本（或股本）= 5 000+500 = 5 500（万元）

（2）资本公积 = 1 500（万元）

（3）盈余公积 = 2 000+123-500 = 1 623（万元）

（4）未分配利润 = 1 300+1 230-123-150 = 2 257（万元）

（5）所有者权益（或股东权益）合计 = 5 500+1 500+1 623+2 257 = 10 880（万元）

## 子项目 6　会计报表附注

**业务呈现**

会计报表附注在企业与财务报告使用者的交流与沟通中，可发挥哪些积极作用？

**知识准备**

### 一、 会计报表附注的含义

会计报表附注是会计报表的重要组成部分，是对会计报表的编制基础、编制原理和编制方法以及主要项目等所作的解释和进一步说明，以便会计报表的使用者全面、正确地理解会计报表。

## 二、 会计报表附注的主要内容

根据企业会计准则的规定，企业应当在附注中编制并披露的主要内容如下。

### 1. 企业的一般情况和主要财务指标

（1）企业名称、注册地、组织形式和总部地址。

（2）企业的业务性质和主要经营活动。

（3）母公司以及集团最终母公司的名称。

（4）财务报告的批准报出者和财务报告的批准报出日。

（5）营业期限有限的企业应当披露有关营业期限的信息。

（6）截至报告期末公司近 3 年的主要会计数据和财务指标。

### 2. 财务报表的编制基础

企业一般在持续经营的基础上编制财务报表。如果企业破产、清算，则应在非持续经营基础上编制财务报表。

### 3. 遵循《企业会计准则》的声明

企业应当声明所编制的财务报表完全遵循《企业会计准则》，真实、完整反映了企业的财务状况、经营成果和现金流量等会计信息。

### 4. 重要会计政策和会计估计说明

企业应当披露所采用的重要会计政策及其确定依据、会计估计及其所采用的关键假设和不确定因素以及财务报表项目的计量基础，从而增加财务报表的可理解性。

### 5. 会计政策和会计估计变更以及差错更正的说明

企业应当按照《企业会计准则第 28 号——会计政策、会计估计变更和差错更正》的规定在报表附注中披露以下事项：

（1）会计政策变更的内容、理由和影响数。

（2）会计政策变更累计影响数不能合理确定的理由。

（3）会计估计变更的内容、理由和影响数。

（4）会计估计变更累计影响数不能合理确定的理由。

（5）重大会计差错的内容及其更正金额。

### 6. 报表重要事项说明

报表重要项目主要有：应收款项、存货、长期股权投资、投资性房地产、固定资产、无形资产、职工薪酬、应交税费、短期借款和长期借款、应付债券、长期应付款、营业收入、公允价值变动收益、投资收益、资产减值损失、营业外收入、营业外支出、所得税费用、其他综合收益、政府补助、借款费用。

对报表重要项目，企业应当采用文字和数字描述相结合的方式进行披露。重要项目的明细金额合计应当与报表项目的金额相衔接。

7. 或有事项和承诺事项、资产负债表日后非调整事项、关联方关系及其交易等需要说明的事项

8. 有助于财务报告使用者评价企业管理资本的目标、政策及程序的信息

### 三、 会计报表附注的编制形式

会计报表附注编制的形式灵活多样，常用的有以下几种：

(1) 尾注说明：这是附注编制的主要形式，适用于说明内容较多的项目。

(2) 括号说明：常用于为会计报表主体提供补充信息，直观且不易被忽视，但包含的内容过短。

(3) 备抵与附加账户：设立备抵与附加账户，在会计报表中单独列示，适用于坏账准备等账户的设置，可以提供更多有意义的信息。

(4) 脚注说明：指在报表下端进行的说明。如：说明已贴现的商业承兑汇票、说明融资租入固定资产原价已包在固定资产原价内。

(5) 补充说明：对无法列入会计报表主体中的详细数据、分析资料，可用补充报表进行说明。如利用补充报表来揭示关联方的关系和交易等内容。

**业务处理**

会计报表附注在企业与财务报告使用者的交流与沟通中，可以在以下三个方面发挥积极作用。

(1) 财务报告使用者通过附注，可以了解企业的重要会计政策及其确定依据、企业在会计估计中所采用的关键假设和不确定因素以及企业财务报表项目的计量基础等信息，从而加深对财务报表主表的理解。

(2) 财务报告使用者通过附注，可以了解未在报表中列示项目的详细信息。如可以通过附注了解企业存货的分类信息，从而对企业存货的构成有更直观的认识。

(3) 通过附注与报表的相互参照，财务报告使用者可以全面了解企业的财务状况、经营成果、现金流量和所有者权益的情况。